FRANZ KUROWSKI

HANS-JOACHIM MARSEILLE

Der erfolgreichste Jagdflieger des Afrikafeldzuges

Die Biographie

Internationale Standard-Buchnummer
ISBN 386 118 0502

1. Auflage 1995

Postfach
82335 Berg

Lektorat: Walther Wübbe
Satz: A. Paclik, Seeshaupt
Gedruckt und gebunden in Neutra

FRANZ KUROWSKI

HANS-JOACHIM MARSEILLE

Der erfolgreichste Jagdflieger des Afrikafeldzuges

Die Biographie

EDITION KURT VOWINCKEL-VERLAG

INHALTSVERZEICHNIS

VORWORT

Kometengleich stieg er über der Wüste empor, schwang sich - allen Widerständen trotzend - in den Himmel, warf sich jedem Gegner entgegen: Hans-Joachim Marseille, Flugzeugführer und später Staffelkapitän im Jagdgeschwader 27 der deutschen Luftwaffe.

Bereits in seiner Anfangszeit als Flieger zeigte Marseille, was in ihm steckte. Ausgestattet mit allen körperlichen und geistigen Vorzügen, die einem wirklichen Flieger mitgegeben sein müssen, wenn er es mit den besten Gegnern der Welt aufnehmen wollte, stand er bereits in der Luftschlacht über England seinen Mann. Hier erzielte er seine ersten sieben Abschüsse und wurde selber insgesamt viermal abgeschossen oder zur Notlandung gezwungen.

Es ist nur schwer vorstellbar, daß dieser begnadete Flieger, der bereits sieben britische Gegner über England abgeschossen hatte, dennoch einen so schweren Start in die Offizierslaufbahn haben sollte.

Erst im Jagdgeschwader 27, in Afrika, unter dem Kommando des Gruppenkommandeurs Hauptmann Eduard Neumann wurde Marseille zu dem Kämpfer und Jäger, der oftmals an einem Tage drei, vier, sechs, sieben oder - wie am 1. September 1942 - gar siebzehn Gegner vom Himmel über der Wüste herunterschoß.

Er errang die höchsten deutschen Tapferkeitsauszeichnungen und nur er und Joachim Müncheberg bekamen die Goldene italienische Tapferkeitsmedaille (Medaglia d'Oro), die höchste Auszeichnung Italiens verliehen.

Hermann Göring verlieh ihm den Ehrenpokal der Luftwaffe.

Sechsmal wurde er binnen vier Monaten in Afrika im Wehrmachtbericht genannt. Die letzte Nennung war sein Abgesang.

Viermal zeigte die deutsche Wochenschau einen Filmbericht über ihn.

Generalfeldmarschall Erwin Rommel, der "Wüstenfuchs", erwies ihm eine besondere Ehre, indem er bei Marseilles Besuch im Hauptquartier der Panzerarmee Afrika seinen besten Rock anzog.

Vom Fahnenjunker-Gefreiten bis zum Hauptmann und Staffelkapitän zu avancieren, benötigte Marseille wenig mehr als drei Jahre. In dieser Zeit stieg er in den Fliegerolymp auf.

Allein vom 1. bis zum 30. September 1942 überwand er achtundfünfzig feindliche Flieger. Am 30. September 1942 schlug seine letzte Stunde. Vom Gegner unbesiegt, mußte er mit seiner gelben 14 untergehen. Er konnte die mit Motorschaden abstürzende Maschine noch verlassen, prallte aber gegen das Leitwerk, wurde bewußtlos und konnte die Reißleine seines Fallschirms nicht mehr ziehen.

Eduard Neumann berichtete in seinem Nachruf: "Einmalig sind seine Erfolge über unseren zähen Gegner - den Engländer. Wir dürfen glücklich sein und stolz dazu, ihn zu den Unsrigen zählen zu dürfen. Sein Tod hinterläßt uns die Verpflichtung, ihm als Menschen und Soldaten nachzueifern. Sein Geist wird in unserem Geschwader Vorbild bleiben."

Das Oberkommando der Wehrmacht gab am 1. Oktober 1942 bekannt: "Hauptmann Hans-Joachim Marseille, Träger der höchsten deutschen Tapferkeitsauszeichnung, fand, unbesiegt vom Feind, auf dem nordafrikanischen Kriegsschauplatz den Fliegertod.

Erfüllt von unbändigem Angriffsgeist, hat dieser junge Offizier in Luftkämpfen 158 britische Gegner bezwungen. Die Wehrmacht betrauert den Verlust eines wahrhaft heldenhaften Kämpfers."

Als er auf dem Ehrenfriedhof von Derna zur letzten Ruhe gebettet wurde, flogen seine Staffelkameraden in Ehrenformation über seinem Grab und gaben ihm so das letzte Geleit. Der donnernde Sang der Motoren war das Requiem für ihren "Jochen".

DIE KINDER- UND JUGENDZEIT

Das Elternhaus

Am 13. Dezember 1919 herrschte in Berlin, ein Jahr nach dem verlorenen Ersten Weltkrieg, politisches Chaos. Dennoch waren Frau Charlotte Marseille und ihr Mann, der Major Siegfried Marseille, glücklich, denn Frau Charlotte hatte ihrem Gatten einen Sohn geboren, den sie Hans-Joachim nannten. Hans-Joachim war zunächst ein schwächliches Kind. Einmal wäre er beinahe an einer starken Grippe gestorben.

Seit dem 27. März 1920, infolge der Reduzierung des Reichsheeres auf einhunderttausend Mann, verabschiedet, hatte Siegfried Marseille seinen Dienst bei der Berliner Polizei angetreten, so daß die Familie keine Sorgen hatte. Dennoch: Daß Hans-Joachim erst im Alter von drei Jahren richtig laufen konnte, erfüllte beide Eltern mit großer Besorgnis.

Eine Stunde bevor Hans-Joachim zu Hause geboren wurde, löste sich im Nebenzimmer ein Wandhaken. Eine Vitrine kippte um, und eine Kristallvase, Schalen und Gläser fielen krachend zu Boden.

Die werdende Mutter sah dies als gutes Omen, denn "Scherben bringen Glück".

Frau Charlotte berichtete über ihren Sohn Hans-Joachim:

"Der Junge hatte schon seinen eigenen Kopf, als er noch nicht auf den Beinen stehen konnte. Als wir einmal umzogen, um in eine größere und schönere Wohnung einzuziehen, trug ich ihn, im Flur stehend, auf dem Arm, um die Möbelpacker zu überwachen und ihnen die Anweisungen zu geben, wohin jedes Stück kommen sollte. Dabei schrie 'Jochen' wie am Spieß.

Einer der kräftigen Möbelträger, eine Kommode auf dem Rücken, meinte im Vorbeigehen: 'Der Kleine hat ein Mundwerk wie der Fritze Ebert. Aus ihm wird sicherlich auch noch ein großer Mann'. (Friedrich Ebert wurde nach dem Zusammenbruch des Kaiserreiches am 9. November 1918 vom Reichskanzler Prinz Max von Baden das Reichskanzleramt übergeben. Am 12. Februar 1919 wurde er zum vorläufigen Reichspräsidenten gewählt.)"

Allgemeine Lage 1919 - Marseilles Geburt - Die Herkunft seiner Familie

Im Jahre 1919 in Berlin geboren werden, hieß, den Schatten eines verlorenen Krieges mit Hunger und Not zu ertragen. Allgemein war man der Ansicht, daß Kinder, die in diese Zeit hineingeboren wurden, schwach sein würden an Körper und vielleicht auch an Geist.

Dezember 1919 in Berlin, das war ein schneereicher und kalter Winter. Streiks, die alles lahmlegten und die Versorgung der Hauptstadt des Reiches in Gefahr brachten. Die Straßenbahnen Berlins standen in ihren Depots. Alle Berliner, die dennoch zur Arbeit wollten, fuhren in notdürftig hergerichteten Pferdewagen durch die Stadt, und man fühlte sich um hundert Jahre zurückversetzt. In den Tageszeitungen gab es folgende Schlagzeilen:

"Das Gastgewerbe droht ebenfalls mit Streik!"
"Massenvergiftung durch Karbidlampen in einem
Café auf der Friedrichstraße!"
"Verhandlungen mit Poincaré!"
"Wieder ein schweres Verbrechen aufgeklärt!"
"Seebad Westerplatte für zweieinhalb Millionen Reichsmark
an den polnischen Staat verkauft!"

Die Marseilles stammten aus einer alten Hugenottenfamilie. In Frankreich Huguenots genannt, waren diese französischen Protestanten bereits unter Franz I. und dann auch unter Heinrich II. wegen ihrer "falschen" Religion verfolgt worden und wurden in mehreren Hugenottenkriegen bekämpft.

Im zehnten dieser unbarmherzigen Religionskriege wurden sie durch Kardinal Richelieu ihrer sicheren Heimstätten beraubt. Im Revokationsedikt von Fontainebleau am 18. Oktober 1685 wurden ihnen die letzten Rechte entrissen.

Nunmehr wanderten über zweihunderttausend Hugenotten aus und fanden vor allem auch in den reformierten Gebieten des Deutschen Reiches Unterschlupf. In Brandenburg-Preußen gewannen sie eine besondere Bedeutung, weil der Große Kurfürst ihre Aufnahme und Ansiedlung durch das Edikt von Potsdam vom 8. November 1685 förderte. Um das Jahr 1700 war jeder dritte Bewohner von Berlin ein Hugenotte. Die Männer dieses Glaubens waren in der Regel in Wirtschaft, Kunst und Wissenschaft, vor allem aber auch als Offiziere tätig. Einer dieser Offiziersfamilien entstammte Hans-Joachim Marseille.

In seiner ersten Schulzeit war "Jochen" jedoch gegenüber seinen Schulkameraden benachteiligt. Seine Mutter hatte sich früh von ihrem Mann scheiden lassen, der infolge seines Dienstes fast nie daheim war. Sie heiratete den Polizeibeamten Carl Reuter. So trug "Jochen" zunächst in der Schule den Namen seines Stiefvaters, womit er nur schwer fertig wurde. Es war ein Wunder, daß er trotz dieses einschneidenden Ereignisses bald wieder sein inneres Gleichgewicht fand.

Die Kinder- und Schulzeit

Hans-Jochachim Marseille war ein immer fröhliches und zu allen Streichen aufgelegtes Kind. Natürlich kannten alle den "Jochen". Die Milchfrau an der Ecke wußte von ihm ebenso zu erzählen wie der Kohlenhändler drei Straßen weiter. Das Fräulein vom Bäcker steckte ihm manches Stück Kuchen zu, um dem Kleinen etwas Gutes zu tun. Der Friseur schnitt ihm nach damaliger Mode die Haare, was "Jochen" stets zu seinen Gunsten veränderte. Seine Freunde und die Nachbarn mochten diesen munteren Jungen.

Als Hans-Joachim Marseille in die Volksschule kam, zeigte er sich als begabter und aufgeweckter Schüler, dem das Lernen leicht fiel.

Nach Eintritt in das Prinz-Heinrich-Gymnasium in Berlin-Schöneberg im Alter von zehn Jahren war "Jochen", wie er auch von seinen Freunden genannt wurde, überall dort zu finden, wo es etwas auszuhecken galt. Seine Lehrer meinten, daß er viel mehr leisten und ein Musterschüler werden könne, wenn er nicht so faul wäre. Aber "Jochen" war weder ein Streber noch ein Stubenhocker. Seine körperliche Unterlegenheit glich er durch Draufgängertum aus.

Von diesen Streichen wußte sein langjähriger Lehrer, Studienrat Dr. Paetzold, ein Lied zu singen. Sechs Jahre war dieser frische, schmale Jüngling sein Schüler gewesen. In der Quarta war ihm dieser schmächtige Junge das erstemal aufgefallen. Ihm vorausgeeilt waren die Klagen der Lehrer, die über sein Betragen entsetzt waren. Dr. Paetzold aber wußte, wie man mit solchen jugendlichen "Rebellen" umging, die sich - von der Natur aus nicht zu Führern der übrigen Jungen vorgesehen - durch besondere Streiche und Mutproben aller Art in den Mittelpunkt zu stellen wußten. Er nahm Hans-Joachim Marseille beiseite und erklärte ihm: "Hör mir einmal zu, Junge! Es gibt auf der Schule, wie überall im Leben, anständige Kerle und Flegel. Ein Flegel ist einer, der sich nur durch den Rohrstock und andere Strafen vom Schlechten abhalten läßt. Ein anständiger Junge jedoch bringt es viel eher durch Anerkennung und Belohnung zu einem rechten Burschen. Also: Es liegt an dir, uns zu beweisen, ob du ein anständiger Kerl oder ein Flegel bist. Ich habe eine Menge Klagen über dich und dein Betragen gehört. In Zukunft erwarte ich, nur Lobesworte über dich zu hören, um selbst dann und wann ein solches aussprechen zu können."

Hans-Joachim Marseille wurde nach dieser Standpauke zwar nicht zum Musterschüler, aber von dieser Stunde an hörten die Klagen auf. Er konzentrierte sich intensiver auf seine Schulaufgaben und führte sich bis zum Ende seiner Schulzeit hervorragend.

Als Schüler der realgymnasialen Abteilung der Schule arbeitete er sich rasch zur Spitze vor und bestand mit siebzehneinhalb Jahren als einer der Jüngsten das Abitur.

Seiner Mutter sagte er, als er zu Ostern 1938, das Zeugnis in der Hand, vor sie hintrat: "Jetzt kann ich mir meinen größten Wunschtraum erfüllen. Ich werde Fliegeroffizier!"

Marseilles Vater war bereits am 1. August 1935 zum Oberst befördert worden. Zwei Monate später wurde er als Kommandeur des Wehrbezirkskommandos II, Bremen, in die Wehrmacht übernommen und mußte nach Bremen umziehen. Aus diesem Grunde konnte sein Sohn ihm nicht persönlich seinen besonderen Wunsch vortragen. Doch der Vater erteilte die Genehmigung dazu, denn er war durch und durch Soldat.

Bei seinen Schulfreunden war "Jochen" trotz dieses Vorwärtsdranges und Lerneifers als guter Kamerad beliebt. Alle Lehrer schwenkten zu wohlwollendem Verhalten ein, als sie erkannten, was in diesem nur mittelgroßen und schmalen Jungen steckte.

Dazu Professor Paetzold: "Als 'Jochen' damals von der 12. Volksschule Berlins zu uns kam, war er ein auffallend zarter und blasser Junge. Durch sein Interesse an Leibesübungen entwickelte er sich körperlich zusehends und gehörte bald, obwohl immer noch einer der Kleinsten und körperlich Schwächsten der Klasse, zu denen, die stets im Mittelpunkt standen. Das war eine seiner Eigenheiten, die ich bald erkannte: Er fühlte sich nur im Mittelpunkt wohl, er wollte von seinen Kameraden geachtet und beachtet werden.

'Jochen' lernte leicht und schaffte es spielend, in einem Vierteljahr all das aufzuholen, was er im übrigen Jahr versäumt hatte. Je älter er wurde, desto auffälliger wurde seine gute Entwicklung. Das Besondere an ihm war seine gerade und aufrechte Haltung. Seine Umgangsformen waren gewandt, sein Benehmen höflich und gewinnend. Dabei zeigte er in den letzten Jahren vor dem Abitur ein ruhiges, beherrschtes Wesen und ein immer heiteres und hoffnungsfreudiges Temperament.

In sein Abgangszeugnis schrieb ich: 'Sein Charakter, der natürlich noch in der Entwicklung begriffen ist, verspricht gut zu werden. Besonders auffallend ist sein ausgeprägtes Ehrgefühl.' Ich freue mich, daß ich mich in 'Jochen' nicht getäuscht habe."

Der Arbeitsdienst - Zur Luftwaffe

Vor der Meldung zur Luftwaffe und dem Beginn seiner fliegerischen Ausbildung galt es jedoch noch, den Arbeitsdienst zu absolvieren. Das Frühjahr 1938 und der Sommer sahen Hans-Joachim Marseille in Osterholz-Scharmbeck bei Bremen, wo er mit seinen Kameraden Moorgebiete entwässerte und Wege anlegte. Er packte stets hart mit an und ließ sich durch keine noch so schwere Arbeit entmutigen. Daß er einer der Hauptakteure bei allen lustigen Streichen in seiner Gruppe war, schien vorherbestimmt.

Seine Kameraden mochten ihn wegen seiner frechen und dennoch witzigen Art. "Jochen" war einer der Ihren. Er packte mit an und war Kamerad unter Kameraden. Für ihn gab es auch keine bevorzugenden Ausnahmen. Auch auf seinem Spaten stand geschrieben: "Ob arm, ob reich, ich mach euch gleich."

Als er einmal von einem schwierigen Auftrag abgelöst werden sollte, weil er dazu "zu klein und zu schmächtig" war, faßte er dies als persönliche Beleidigung auf und ließ nicht eher locker, bis er wieder zu diesem Dienst herangezogen wurde. Dort bewies er seinem Vormann, daß er alles das schaffen konnte, was anderen auch gelang. Am 7. November 1938 ging Hans-Joachim Marseille nach einem Urlaub daheim in Berlin, wo er mit seiner Schwester und einigen Bekannten Konzert- und Kinobesuche und andere Veranstaltungen erlebte, zur Ableistung seines Militärdienstes nach Quedlinburg.

Seine infanteristische Grundausbildung, bei der jeder Soldat das "Gehen und Grüßen" lernen mußte, war für ihn trotz des Frühsports und der "Gewehr-in-Vorhalte-Übungen" zur Stärkung der Muskulatur keine besonders schwierige Hürde.

Marseille wurde im März 1939 als Fahnenjunker in die Luftwaffe übernommen und erhielt seine erste fliegerische Ausbildung auf der Luftkriegsschule Fürstenfeldbruck. Am 1. Mai 1939 wurde er hier zum Fahnenjunker-Gefreiten befördert. Seine weitere Beförderung zum Fahnenjunker-Unteroffizier erfolgte zwei Monate später am 1. Juli 1939.

Als Marseille hier auf dem "Stieglitz" seinen ersten Alleinflug absolviert hatte, drehte er wenige Tage später mit einigen anderen Schülern eine Platzrunde. Dabei "stach ihn der Hafer", und er übte gleichzeitig auch den Tiefflug und führte einen imaginären Luftkampf.

Dies war ein grober Verstoß gegen die Flugregeln, Marseille wurde verwarnt. Gerhard "Gerd" Stamp (er erhielt als Flugzeugführer in der 1. (K)/Lehrgeschwader 1 am 24. März 1943 das Ritterkreuz) brachte zum Ausdruck, was viele über Marseille dachten:

"Seine Aufsichtsoffiziere hatten große Mühe mit ihm. Hinter der vorgehaltenen Hand wurde getuschelt, daß es in seiner Familie kriselte."

Als Marseille am 1. November 1939 zur Jagdfliegerschule 5 nach Wien-Schwechat kommandiert wurde, erfolgte am selben Tag seine Beförderung zum Fähnrich.

Die Jagdfliegerschule 5 stand unter Führung des Jagdflieger-Asses des 1. Weltkrieges und Ritter des Ordens des Pour-le-mérite Generalmajor Eduard Ritter von Schleich.

In Wien-Schwechat sollten die angehenden Jagdflieger die Schulung auf das moderne Jagdflugzeug Me 109 erhalten. Damit würden sie allen Anforderungen des modernen Luftkampfes gewachsen sein. Die Ausbildung auf dieser schnellen und wendigen Maschine, die so rasant zu steigen vermochte, war für "Jochen" ein besonderes Erlebnis. Er flog diesen "Vogel" bald wie ein Alter. Spätestens hier zeigte es sich, daß Marseille alle Voraussetzungen zu einem erfolgreichen Jagdflieger mitbrachte.

Seine Vorgesetzten, der Lehrgangsleiter Hauptmann Schultz-Heyn ebenso wie sein Kompaniechef Hauptmann Mueller-Rohrmoser, waren einhellig der Überzeugung: "Marseille ist zwar kein vorbildlicher Soldat, weil ihm alles Kommissige fernliegt, ein großer Flieger ist er dennoch. Er wird es weit bringen, wenn er verständnisvolle Vorgesetzte erhält, die seine Besonderheiten erkennen."

In seiner Beurteilung stand: "Als Flugzeugführer besonders befähigt, besonders passionierter Jagdflieger."

Einer seiner Kameraden sagte über Marseilles Flugkünste: "Gebt dem 'Jochen' Flügel, und er hebt ab und fliegt los!"

Im Frühsommer 1940 wurden die besten Piloten von Wien-Schwechat nach Merseburg verlegt, wo sie für die Chemischen Werke in Leuna Werkschutzflüge durchzuführen hatten. Marseille war dabei und absolvierte seine Flüge mit großem Eifer, während sein "Innendienst" nicht so reibungslos verlief.

Über diese kurze Stippvisite weiß Major Werner Schröer, der selbst einhundertvierzehn Luftsiege errang und mit den Schwertern zum Ritterkreuz ausgezeichnet wurde, zu berichten:

"Der soldatische Typ war 'Jochen' nicht. Auf uns alle wirkte er etwas windig. Wenn er auffiel, dann - einmal abgesehen vom Fliegen - nur negativ. Deshalb wurde er an den Wochenenden oftmals dazu verdonnert, als Offizier vom Dienst im Horst zu bleiben. Dann fand ich meistenteils einen Zettel vor: 'Bin ausgegangen. Mach Du für mich Dienst.' Was ich dann auch immer tat. Man konnte ihm nicht böse sein und ihm nichts abschlagen."

Eine andere Eskapade, schon schwerwiegenderer Art, war seine Landung auf der Autobahn zwischen Magdeburg und Braunschweig. Ein Überlandflug stand an. Es war ein strahlender Sommertag, der Himmel war wolkenlos. Auf der Autobahn, die Marseille überflog, war kein Fahrzeug zu sehen. Leer und lockend zog sich dieses lange unendlich erscheinende Band unter ihm dahin. Er steuerte das Flugzeug darauf zu, nahm das Gas zurück, fuhr die Landeklappen und das Fahrgestell aus, und plötzlich rollte die Maschine zwischen den Feldern auf der Autobahn entlang. Ein paar Meter weiter entfernt arbeitende Bauern kamen auf ihn zugelaufen. Marseille sprang aus der Maschine und eilte hinter einen Baum, um sich zu erleichtern.

Als die Männer hilfsbereit herbeigeeilt waren, schlug ihnen bereits der harte Windstoß des rotierenden Propellers entgegen. Marseille winkte ihnen freundlich zu und startete durch. Sein silberner Vogel erhob sich von der Autobahn und stieg dem Himmel, seinem Element, entgegen.

Am anderen Morgen war die Geschichte bekannt. Auch der Kommandeur erfuhr davon. Dies war ein schwerer Verstoß gegen die Flugdisziplin, der zu einem Vermerk in der Personalakte und zu einer entsprechenden Strafe führte.

Dennoch waren sein Flugeifer und seine Flugfertigkeit für den Chef der Jagdgruppe Leuna Grund genug, Marseille zu nennen, als von der Kanalfront die Anforderung kam, gute Jagdflieger dorthin abzustellen.

AN DER KANALFRONT

Vorbemerkungen - Erste Einsätze

Gemäß der Führerweisung Nr. 1 "Fall Weiß", dem Angriff der deutschen Wehrmacht am 1. September 1939 auf Polen, begann der 2. Weltkrieg. Nach einem fünf Wochen dauernden Feldzug kapitulierten die Reste des polnischen Heeres am 6. Oktober.

Als Antwort auf den deutschen Angriff auf Polen erklärten England und Frankreich am 3. September dem Deutschen Reich den Krieg. Zunächst stand man sich abwartend an der Westgrenze des Reiches gegenüber und führte einen sogenannten "drôle de guerre" (drolliger Krieg), bei dem man sich zwar "Nadelstiche" zufügte, aber noch keine massiven Kampfhandlungen führte.

Um die unsichere Lage zu beenden, übernahm auf Weisung Adolf Hitlers die deutsche Wehrmacht am 10. Mai 1940 die Initiative und trat zum Angriff gegen die Niederlande, Luxemburg, Belgien und Frankreich an. Nach sechswöchigem Kampf war der Feldzug im Westen am 22. Juni zugunsten des Deutschen Reiches zunächst entschieden. Allein England mit seiner vorteilhaften Insellage bot dem Deutschen Reich jetzt noch die Stirn.

Mit der Führerweisung Nr. 16 vom 16. Juli 1940 erklärte Adolf Hitler, daß er sich entschlossen habe, mit den Vorbereitungen zu einer Invasion Englands zu beginnen und "notfalls die Insel zu erobern".

In seiner Reichstagsrede am 19. Juli 1940, während der auch zwölf verdiente Generale zu Feldmarschällen ernannt wurden, richtete Hitler noch einmal einen Friedensappell an England. Darin betonte er: "Ich sehe keinen Grund, der zur Fortsetzung des Kampfes zwingen könnte. Ich bedauere die Opfer, die er fordern wird. Die Fortführung der Kämpfe wird mit der völligen Zertrümmerung eines der beiden Kämpfenden enden. Mister Churchill mag glauben, daß dies Deutschland ist. Ich aber weiß: Es wird England sein."

Die Antwort von Lord Halifax, dem Außenminister Englands, lautete: "Hitlers einzige Argumente waren Drohungen, aber in Großbritannien herrscht ein Geist unerbittlicher Entschlossenheit. Wir werden nicht aufhören zu kämpfen."

Es gab also keinen Frieden mit England, und erst am 1. August 1940 erfolgte die Führerweisung Nr. 17, in welcher der "verschärfte Luft- und Seekrieg gegen England ab dem 5. August 1940" freigegeben wurde.

Hans Joachim Marseille

Rommel

Eine Ju 52 über dem Mittelmeer. Sie fliegt Richtung Afrika.

Das ist Werner Schroer, unmittelbar vor der Küste.

Die Männer der Me 110 sind zum Aufklärungsflug bereit.

So wurden sowohl in England als auch in Deutschland die Weichen für jene dramatischen Ereignisse gestellt, die als die "Luftschlacht um England" in die Annalen der Luftkriegsgeschichte eingegangen sind.

Zur Durchführung dieser Luftschlacht wurden die Luftflotten 2 und 3 unter ihren Generalfeldmarschällen Albert Kesselring und Hugo Sperrle mit ihren Bomber-, Zerstörer-, Stuka- und Jägerververbänden an der Kanalfront aufgestellt, unter ihnen auch die I. (Jagd)/Lehrgeschwader 2.

Am 10. August 1940 wurde der Fähnrich Hans-Jochen Marseille mit einer hervorragenden Beurteilung - vor allem, was seine fliegerische Befähigung und seinen Flugeifer anlangte - zur I. (Jagd)/Lehrgeschwader 2 nach Calais-Marck an die Kanalküste versetzt.

Dort wurde er der 1. Staffel dieser Gruppe zugeteilt. Kapitän der Staffel war Oberleutnant Adolf Buhl.

Als Marseille am 12. August dort eintraf, kam er zum Schwarm von Oberfeldwebel Helmut Goedert mit der Weisung, Rottenflieger des Schwarmführers zu sein. (siehe Prien, Jochen: Geschichte des JG 77 Teil 1.)

Am nächsten Tage startete er zu seinem ersten Feindflug gegen England. Ziel dieses Fluges war Detling. Sie hatten einen Ju-87-Verband dorthin zu begleiten und angreifende Feindjäger abzuwehren.

Dieser 13. August ging als "Adlertag" in die Luftkriegsgeschichte ein. Er kennzeichnete den Beginn der Luftschlacht über England. Ziel dieser Luftoffensive war es, die Luftherrschaft über England und dem Kanal zu erringen, die von der obersten deutschen Führung als Voraussetzung für die Operation "Seelöwe" - der deutschen Landung in Südengland - galt.

Die Luftflotten 2 und 3 hatten alles an Flugzeugen aufgeboten, was fliegen konnte.

Es waren achthundertfünfundsiebzig Bomber, dreihundertsechzehn Stukas, fünfundvierzig Fernaufklärer, siebenhundertzwei Jäger und zweihundertsiebenundzwanzig Zerstörer. Diese Luftwaffenverbände flogen - das sei vorausgeschickt - an diesem Tage vierhundertfünfundachtzig Bombereinsätze, während die Jäger mit eintausend Einsätzen mehrfach starten mußten. Vierunddreißig deutsche Flugzeuge gingen an diesem Tage verloren.

Doch zurück zum Einsatz der I. (J)/LG 2. Stets in der Position hinter seinem Schwarmführer bleibend, der dem Neuen am Vorabend seine Aufgabe genau erklärt hatte, sah Marseille als erster den näherkommenden Gegner und meldete: "Indianer halblinks voraus, Entfernung zehntausend, dreihundert Meter unter unserer Höhe. - Etwa zehn Maschinen", fügte er nach einer Sekunde Pause hinzu. "Angriff!" befahl Goedert und stürzte sich wenig später aus der inzwischen auf fünfhundert Meter angewachsenen

Überhöhung auf diesen Gegner, der versuchte, die Stukas am gezielten Bombenwurf zu hindern.

Marseille folgte Goedert dichtauf, bemüht, seiner Aufgabe gerecht zu werden und seinem Schwarmführer den Rücken freizuhalten, damit dieser den anvisierten Gegner abschießen konnte. Zwanzig Sekunden später sah er sich einem britischen Jäger gegenüber, der Goederts Me 109 weiträumig umkurvt hatte, um nunmehr, eindrehend, sich an Goedert heranzuarbeiten. Marseille drückte bereits aus dreihundert Meter Entfernung auf den Abfeuerknopf mit dem Erfolg, daß der Gegner aus seinem Kurs herausscherte und nun direkt auf Marseille selbst zuhielt.

"Jochen" zog die Me 109 steil nach oben und drehte dann in einer rasanten Messerkurve. Doch sein Gegner hatte diese Bewegung vorausgesehen und war mitgekurvt, so daß er nun aus halblinker Position das Feuer auf Marseilles Me 109 eröffnete. Es klackerte bedenklich in der Zelle der Me 109, aber Marseille, der das erste Aufblitzen der Abschußflammen gesehen hatte, stieß bereits nach unten weg, so daß die Hauptsalve über ihn hinwegpeitschte. Er zog sofort wieder hoch und versuchte, mit einer nach links gewendeten Rolle in eine günstige Schußposition zu kommen.

Aber auch er konnte keinen entscheidenden Treffer bei seinem Gegner erzielen.

Die Stukas hatten inzwischen ihre Bomben geworfen und befanden sich bereits auf dem Heimflug. Oberfeldwebel Goedert ließ den Rückflug antreten, und als sie mit dem ersten Aufleuchten der roten Warnlampe den eigenen Horst erreichten und landeten, kletterte Marseille etwas steifbeinig aus seiner Maschine und ging auf die Kameraden zu, die vor ihm gelandet waren. Goedert, der sich mit einigen Warten und Helfern unterhielt, wandte sich ihm zu:

"Danke, Jochen! Du warst mir eine große Hilfe. Es hätte böse enden können."

"Ich habe getan, was ich konnte, Herr Oberfeldwebel", erwiderte Marseille.

Nach diesem Feindflug wußte Marseille, was es hieß, auf ein ebenso bewegliches Ziel zu feuern, wie er eines für seinen Gegner war. Das waren keine "Schleppscheiben", die es zu treffen galt. Der Gegner schoß zurück und verkaufte sich ebenso teuer, wie er sich verkaufen wollte.

Der Einsatz ging weiter. Oberleutnant Buhl, der sich unauffällig um die Neulinge kümmerte, sah die Fortschritte, die Marseille machte. Sieben Feindflüge vergingen, bei denen er als "Kaczmarek" für Oberfeldwebel Goedert flog und diesem einige Feinde aus dem Rücken herausschoß, ohne zu einem wirklichen Abschuß gelangt zu sein.

Am Sonnabend, dem 24. August, war dies jedoch anders, denn an diesem Tag wurde nach der Begleitschutzaufgabe "freie Jagd über Kent" befohlen. Diesmal sollte auch Hans-Joachim Marseille aus sich herausgehen. Als sie den Luftraum über Kent erreichten, wurden sie von rasch aufsteigenden Gegnern angegriffen. Marseille hatte sie bereits aus einer Entfernung von etwa zehn Kilometern gesichtet und wenig später auch erkannt, daß es sich um die schnellen Spitfires handelte.

Goedert befahl den Einzelangriff, und sein Schwarm zog sich auseinander, um steil nach oben zu steigen. Nun kam es darauf an!

Hans-Joachim Marseille sah, hochziehend, eine der Spitfires auf sich einschwenken. Er drehte und versuchte, diese Maschine auszumanövrieren und noch mehr Überhöhung zu gewinnen. Dann kurvte er mit einer halben Rolle herum und drehte wenig später die Rolle zu Ende, um aus zweihundertfünfzig Metern Entfernung das Feuer zu eröffnen. Er schoß in dem Augenblick, als er sicher war, daß genau der richtige Vorhaltepunkt erreicht sei. Die Schüsse trafen zwar die Zelle des Gegners, jedoch ohne weitere Auswirkung. Etwa fünf Minuten kurvten sie umeinander herum, ehe es Marseille gelang, in einem Looping hochzuziehen und auf dem Scheitelpunkt desselben in einen steilen Abschwung nach links unten überzugehen und direkt auf seinen Gegner zuzustürzen. Er drückte rechtzeitig auf den Abfeuerknopf, und diese Salve traf den Gegner voll, wie Marseille im Vorbeistürzen erkannte. Die linke Tragflächenspitze der Spitfire war weggebrochen, und als Marseille wieder hochzog, trudelte die Spitfire an ihm vorbei nach unten und stürzte brennend in die See.

"Jochen, das war dein erster Erfolg!" rief Goedert über die Sprechfunk-Verbindung, der diesen Abschuß beobachtet hatte.

Als beim Rückflug einige Hurricanes - aus der Sonne kommend - zum Angriff anflogen, stieß Marseille in einem steilen Sturzflug auf die See hinunter. Ein paar Dutzend Meter über der Wasseroberfläche fing er sein Flugzeug ab und flog es, über den Wellen hüpfend, sicher nach Hause.

Bereits zu Beginn seiner zweijährigen Einsatzzeit zeigte es sich, daß Marseille dank seiner fliegerischen Fähigkeiten und seines sehr guten Auges, verbunden mit einer unheimlich raschen Reaktionsschnelligkeit, jedem Gegner gewachsen war. Was ihm noch an Erfahrung fehlte, ersetzte er durch die beinahe nachtwandlerische Sicherheit, mit der er sein Flugzeug steuerte und ebenso sicher schoß.

Für seinen ersten Abschuß erhielt Marseille das Eiserne Kreuz II. Klasse.

Als Jochen am Abend im Kasino mit seinen Kameraden über diesen ersten

Luftsieg sprach, bekannte er, daß dieser Gegner ihm leid getan habe. Papa Goedert - wie er als Ältester genannt wurde - warnte ihn: "Wenn du nicht schnell genug schießt und ebenso schnell aus dem Visier des Gegners verschwindest, dann bist du das Opfer! Es gibt keine andere Alternative, als schneller zu sein und dem Gegner zuvorzukommen, denn auch der will dich besiegen!"

An seine Mutter und seine Schwester schrieb Marseille am Abend dieses Tages: "Hier am Kanal weht ein rauher Wind, aber ich werde es schaffen. Habe endlich meinen ersten Abschuß und das EK II. - Jochen."

Am Montag, dem 2. September, gelang es Marseille, über Südengland eine Spitfire abzuschießen. Er selber war bei diesem Duell mehrfach getroffen worden und bemühte sich, mit dem letzten Tropfen Benzin den Kanal zu überwinden. Es gelang ihm, sein Flugzeug bei Cap Griz Nez in eines der sanften Dünentäler zu manövrieren und eine Bruchlandung zu fabrizieren. Immerhin hatte er seinen zweiten Gegner abgeschossen.

In seiner fälligen Beurteilung schrieb Oberleutnant Buhl unter "Bewährung vor dem Feind": "Marseille hat sich durch zwei Abschüsse während der kurzen Zugehörigkeit zur Staffel vor dem Feind bewährt." In der Rubrik Auszeichnungen stand: "Eisernes Kreuz II. Klasse"; und unter Bestrafungen war zu lesen:

"Ein strenger Verweis. – Drei Tage gelinder Arrest. – Fünf Tage Stubenarrest."

Die abschließende Beurteilung lautete: "Marseille ist ein offener, ehrlicher Charakter, er steht geistig über dem Durchschnitt. Gutes soldatisches Auftreten. Fliegt mit viel Schneid und Überlegung. Er ist schwierigen Situationen stets gewachsen, zeigt bei allen Feindflügen ein gesundes Draufgängertum. - Buhl, Oberleutnant und Staffelkapitän."

Als Marseille am Mittwoch, dem 11. September 1940, erneut als "Kaczmarek" für Helmut Goedert, der inzwischen zum Stabsfeldwebel befördert worden war, weil er seine zwölf Dienstjahre absolviert hatte, startete, stießen sie gegen 16.55 Uhr auf einen Pulk Spitfires. Marseille schützte seinen Schwarmführer und konnte einige der von rückwärts anfliegenden Gegner abwehren. Als sich dann eine Spitfire dicht hinter Goedert hängte, wurde sie sehr spät von Marseille entdeckt, der eine andere Maschine verfolgt und ihr zwei Salven nachgeschickt hatte. Marseille stieß im Steilflug auf Goederts Gegner hinunter, eröffnete rechtzeitig das Feuer und zwang ihn, von Goedert abzulassen, der wiederum Sekunden darauf seinen Gegner abschoß.

Der hinter Goedert aufgetauchte Gegner hatte abgedreht und flog eine Dreiviertelkurve. Marseille blieb am Feind und flog nun mit leichter Überhöhung hinter diesem.

Es war 17.05 Uhr, als Marseille seine große Chance erkannte. Er drehte, saß nun dem Gegner im Nacken, der offenbar wieder gegen Goedert vorstoßen wollte, und holte schnell auf. Aus nur einhundertvierzig Metern Entfernung schoß Marseille auf diesen Gegner eine volle Salve. Der Brite drehte jedoch aus seinem Kurs heraus und schoß selber in dem Moment, als Marseille ihn passierte, und traf dessen Maschine.

Mit einer Drehung gelangte Marseille wieder in Schußposition. Diese Salve ließ den Briten aufbrennen. Seine Maschine stellte sich auf den Kopf und stürzte der Erde entgegen, um mit einem Aufschlagbrand zu zerschellen.

"Danke, Jochen, gut gemacht!" rief Goedert über die Sprechfunk-Verbindung.

"Habe Treffer in der Zelle und offenbar auch irgendwo im Motor erhalten, der Leistungsabfall aufweist", meldete Marseille dem Schwarmführer.

"Abdrehen und schnellstens über den Bach zurück!" befahl Goedert.

Marseille flog die letzten Kilometer über See, die französische Küste war deutlich voraus zu erkennen, und es sah so aus, als wäre dies die gleiche Stelle, an der er bereits einmal heruntergekommen war. Der Motor begann zu stottern, setzte dann aus. Den Propeller in Segelstellung glitt die Me 109 bei Cap Griz Nez dem Erdboden entgegen. "Jochen" suchte ein ebenes Gelände zur Landung. Plötzlich sackte die Maschine durch, und mit einem krachenden Aufsetzer, bei dem das Fahrwerk zerbrach, landete er an ungefähr der gleichen Stelle, an der er auch beim erstenmal niedergegangen war. Um die Duplizität der Ereignisse voll zu machen, wurde er von dem Chef derselben Abteilung der Flak begrüßt, der ihn bereits wie einen alten Bekannten aufnahm und die notwendige Verbindung zum Fliegerhorst Marseilles herstellte.

Als Marseille zur Staffel zurückkehrte, wurde er mit Hallo empfangen. Nur Oberleutnant Buhl machte ein etwas gequältes Gesicht. Er meinte: "Sie haben wieder einen Gegner bezwungen, Marseille. Aber wenn Sie bei jedem Luftsieg ihre eigene Maschine in den Sand werfen, wird das für die Staffel zu teuer. Also, bitte, etwas mehr Wägen und weniger stures Draufgängertum".

"Jawohl, Herr Oberleutnant", tat Marseille zerknirscht. Buhl sah sich veranlaßt, zur Aufmunterung die Kritik etwas abzuschwächen.

"Immerhin haben Sie Goedert gut geholfen", sagte er versöhnlich.

Nachdem der 10. September wegen einer Schlechtwetterlage für einen

Start ausgefallen war, führte eine leichte Wetterbesserung am 11. September zum verstärkten Kampfeinsatz gegen England. Insgesamt wurden - dies sei vorangestellt - zweihundertachtzig Kampfeinsätze geflogen, während die als Jagdschutz eingesetzten Me 109-Verbände auf siebenhundertfünfzig Kampfeinsätze kamen. Sechsundneunzig Kampfflugzeuge des Typs He 111 kamen direkt gegen London zum Einsatz.

Die gesamte verfügbare I. (J)/LG 2 unter dem Kommando von Oberleutnant Herbert Ihlefeld wurde als Begleitschutz über dem Südostraum Englands eingesetzt. Oberleutnant Ihlefeld führte an diesem Tage die 1. Staffel dieses Verbandes. Es kam zu turbulenten Luftduellen, bei denen Ihlefeld seinen zwanzigsten und einundzwanzigsten Gegner abschoß. Dafür wurde ihm am 13. September 1940 das Ritterkreuz verliehen. Oberfeldwebel Schott, ebenfalls ein altbeschossener Hase, erzielte seinen neunten Abschuß. Neben den beiden Genannten konnten Unteroffizier Heckmaier, Feldwebel Steinbach und Unteroffizier Schneider ebenfalls je einen Gegner abschießen. Auch Marseille war wieder einmal siegreich.

Vier Tage darauf, am 15. September 1940, kurvte Marseille mit seinen Kameraden über der Themsemündung herum und versuchte, die Gegner, die sich immer wieder zeigten, zu packen. Er meldete als erster eine Staffel Hurricanes und griff - da Goedert bereits freie Jagd befohlen hatte - die erste Hurricane an.

Dieses Luftduell war eines der entscheidenden im Fliegerleben des Oberfähnrichs Marseille. Hier gelang es ihm bewußt zum erstenmal, nach einem unentschiedenen fünf Minuten dauernden Luftkampf, mit jähem Aufschwung und ebenso raschem steilen Abschwung auf den Gegner hinunterstoßend, diesen im Vorbeiflug genau im richtigen Moment mit seiner MG-Salve voll zu treffen.

Der Gegner drehte ab, geriet ins Trudeln und jagte, schneller und schneller werdend, dem Erdboden entgegen, um wie ein rotglühender Feuerball zu zerschellen.

Der Rückflug verlief ohne Komplikationen. Am Spätnachmittag steckte das Eiserne Kreuz I. Klasse an Marseilles Fliegerbluse.

Als sie am Abend dieses Einsatztages im Kasino hockten, fragte Marseille, der seine zweite Notlandung ja bereits unbeschadet hinter sich gebracht hatte, seinen Schwarmführer: "Papa, was muß ich denn tun, wenn ich über England einen Motorschaden habe oder über See abgeschossen werde und sofort aussteigen müßte?"

"Was fragst du mich?" stellte Goedert die Gegenfrage. "Dafür ist Gustav zuständig. Der ist schon zweimal mit dem Fallschirm ausgestiegen und hat die nötige Erfahrung."

Marseille wandte sich dem Oberfeldwebel zu, dessen Feldbluse ebenfalls bereits das EK I. zierte. "Also, Gustav, wie hast du das gemacht?"

"Nun, das war einfach", entgegnete der altgediente Oberfeldwebel; "ich lege die Maschine zuerst ganz gerade, damit sie mir nicht in den Rücken fällt. Dann bringe ich den Steuerknüppel nach vorn und katapultiere mich gleichzeitig hinaus."

"Ich glaube nicht, daß dies die richtige Methode ist", meinte Marseille nachdenklich. "Das Beste wäre es meiner Ansicht nach, die Maschine auf den Rücken zu legen und sich einfach hinausfallen zu lassen."

Dieses Gespräch, an das sich Goedert erinnerte, wurde noch vor dem wirklichen Aussteigen Marseilles aus seiner Me 109 geführt.

"Jochen", so Goedert, "machte seine ersten Feindflüge als mein 'Kaczmarek'. Er nannte mich damals Papa, und ich mochte ihn gern. Er war ein so frischer begeisterungsfähiger Junge, er brannte vor Ehrgeiz, es uns alten Hasen nachzumachen und wie Ihlefeld das Ritterkreuz zu tragen. Und eines stand für mich felsenfest: Er würde das Ritterkreuz bekommen."

Bevor der nächste Marseille-Einsatz dargestellt werden soll, ist es notwendig, auf die Besonderheit der I. (J)/LG 2 hinzuweisen. Dieser Verband hatte im Polenfeldzug bereits im Einsatz gestanden. Danach war er zum Küsten- und Grenzschutz gegen Dänemark eingesetzt worden.

Während des Westfeldzuges war die Gruppe dem JG 77 unterstellt worden. Als das Gros des JG 77 nach dem Westfeldzug zum Sondereinsatz und Sonderschutz Berlin nach Döberitz verlegt wurde, blieb die I.(J)/LG 2, seit dem 10. August 1940 von Oberleutnant Herbert Ihlefeld geführt, im Westen zurück und stand nunmehr in der Luftschlacht über England im Einsatz. Erst im Januar 1942 wurde die I. (J)/LG 2 in I./JG 77 umbenannt, nachdem sie zwischenzeitlich im Osten dem JG 3 unterstellt war. Doch zurück zur Luftschlacht über England.

Die weiteren Luftsiege Marseilles bei der I. (J)/LG 2

Bei seinem nächsten Start am 18. September 1940 konnte Hans-Joachim Marseille - diesmal selber als Rottenführer eingesetzt - im Südosten über England seinen fünften Luftsieg erringen. Es war eine Spitfire, die er nach kurzer Kurbelei, mit einem rasanten Sturzflug am Gegner vorbei, in seiner unnachahmlichen Art vom Himmel auf die Erde schickte.

Am Montag, dem 23. September, flog die I.(J)/LG 2 erneut als Begleitschutz nach England. Es kam zu einem turbulenten Luftkampf, denn die britischen Fliegerkräfte hatten sich in den letzten Wochen enorm verstärkt. Überwiegend waren die neuen schnellen Spitfires in den Kampf geworfen worden, die der Me 109 gleichwertig waren.

In diesem Luftkampf, bei dem sich Marseille hinter einen Gegner setzen konnte, wurde er plötzlich von rechts und links gleichzeitig angegriffen. Dem von links kommenden Gegner mit einer gedankenschnellen Reaktion ausweichend, flog "Jochen" direkt in die Salven des von rechts kommenden Gegners hinein. Bereits beim ersten Einschlag wußte Marseille, daß es diesmal ernst wurde. Er meldete: "Habe Motortreffer. Muß über See notlanden. Standort vermutlich dreitausend südlich Dover-Folkestone."

"So schnell wie möglich ab nach Hause, Jochen!" rief ihm Goedert über die Sprechfunk-Verbindung zu.

Marseille spürte im Flug nach Süden, daß die Leistung seines Motors abfiel, die Drehzahl sank beängstigend, und dann spürte er Rauch in der Kabine, womit seine Hoffnung, doch noch das Festland zu erreichen, geschwunden war.

Er hatte soeben die britische Küste überflogen, konnte aber die Maschine nicht mehr in der Horizontalen halten. Er warf das Kabinendach ab, drehte die Me 109 auf den Rücken und ließ sich hinausfallen, um sofort die Reißleine des Fallschirms zu ziehen.

Er sah die See verblüffend schnell näherkommen, dann tauchte er ins Wasser ein, befreite sich vom Fallschirmgurt und untertauchte die weiße Seidenglocke des Schirms. Erst als er völlig frei war, blies er die Schwimmweste auf.

Nun trieb er im Wasser. Zehn Minuten vergingen. Er sprach sich selber Mut zu, denn noch konnte keine Seenotmaschine in Sicht gekommen sein. Jede Minute, die verging, wurde für ihn bedrohlicher. Doch Marseille hatte großes Glück. Nach zwanzig Minuten tauchte eine niedrig fliegende He 59 auf. Er winkte ihr zu. Der Beobachter der Maschine sichtete ihn, und die He 59 setzte zur Wasserung an. Als sie aufgesetzt hatte, kam sie "zu Fuß" bis auf wenige Meter an ihn heran. Der Flieger wurde an Bord gehievt, und schon ging es zurück nach Schellingwoude, dem Einsatzhafen der He 59.

Von hier aus erfolgte sein Weitertransport zum eigenen Horst. Bei seiner Ankunft war er stark erschöpft und einem Nervenzusammenbruch nahe. Er wurde ins Lazarett gebracht, kehrte aber von dort nach drei Tagen zur Gruppe zurück.

Das aber machte den Flieger Marseille aus, daß er trotz der Furcht vor dem Ertrinken am folgenden Tage erneut startete. Es ging an diesem 27. September in den Raum London. Hier kam es zu einem weiteren Luftduell.

Marseille, der genau wußte, daß er nicht umkehren durfte, sondern kämpfen mußte, besiegte sich selbst und einen Gegner. Es war eine Hurricane, die nach zwei Salven der Me 109 in der Luft auseinanderbarst. Die Trümmer stürzten dicht an Marseilles Flugzeug vorbei der Erde entgegen.

Marseille marschierte auf der Siegesstraße weiter. Am Samstag, dem 28. September, errang er seinen siebten Luftsieg über Südostengland. Er sah unmittelbar vor Beginn des Kampfgeschehens etwa eintausend Meter unter sich eine Spitfire und ließ seine Me 109 tiefer sacken, bis er nur noch etwa zweihundert Meter über dem Gegner schwebte. Dann noch ein wenig tiefer, bis die Spitfire das Reflexvisier ausfüllte. Als der Verfolgte den Gegner erspähte, zog er mit einer leichten Rechtskurve weg. Marseille hielt vor und schoß, als der Zielstachel noch ein Stück vor der Kanzel des Gegners stand. Alle Waffen bellten los. Von Treffern durchsiebt, brannte der Gegner binnen weniger Sekunden auf. Marseille brach den Kampf ab, denn dieser Gegner war besiegt, er wandte sich einer weiteren Spitfire zu, die noch vor ihm das Feuer eröffnete.

Es krachte abermals bedenklich laut in der Zelle der Me 109. Marseille drehte ab, meldete die Treffer, von denen offenbar einer auch den Motor angekratzt hatte. Er erhielt Weisung, sofort zurückzufliegen.

Auch diesmal schaffte er es nur bis nach Cap Griz Nez, wo er mit seiner Messerschmitt an beinahe derselben Stelle ein drittesmal am Strand notlandete. Wieder wurde er von dem Hauptmann der Flak begrüßt und bewirtet, ehe der Wagen mit dem Stabsarzt gekommen war, der ihn zum Fliegerhorst zurückbrachte und ihn schmunzelnd dabei fragte, ob er hier nicht ständig auf ihn warten solle.

Über Marseilles Empfindungen nach der Fallschirmlandung und der Notwasserung im Kanal berichtete sein Bruder Hans-Rudolf nach dem Kriege in einem Brief:

"Beim drittenmal, nach zwei vorangegangenen (und einer noch folgenden späteren) Notlandungen, mußte er über See mit dem Fallschirm abspringen. Er trieb in seiner Schwimmweste etwa zwanzig Minuten im Wasser, bevor er durch ein Seenotflugzeug geborgen wurde.

Diesen Schock hat er lange nicht überwinden können. In seinem nächsten Urlaub wachte er des Nachts oft schweißgebadet aus Alpträumen auf. Er mußte dann von uns beruhigt werden. Wir hatten immer den Eindruck, daß er dieses Erlebnis nicht einmal in Afrika hat überwinden können." (siehe Prien, Jochen: Geschichte des JG 77 Teil 1)

Dieser kurze Hinweis beweist mehr als alle Spekulationen, daß Hans-Joachim Marseille kein seelenloser Roboter war, sondern ein Mensch mit allen

Ängsten vor dem Tode, und daß er mit einfach übermenschlicher Willenskraft die Furcht in sich überwand und weiterkämpfte.

Am Dienstag, dem 5. November, ging der Einsatz der I.(J)/LG 2 am Kanal zu Ende. Die Gruppe wurde nach Köln-Butzweilerhof verlegt, um dort aufzufrischen und Ersatz an Fliegern und Maschinen zu erhalten.

Bereits einige Wochen vorher, Anfang Oktober, war Marseille zur 3./JG 52 nach Peuplinge an die Kanalfront versetzt worden. Diese Staffel unter Oberleutnant Johannes Steinhoff hatte bereits am 25. September von Stade aus dorthin verlegt und benötigte Ersatz an Flugzeugführern.

Hauptmann Herbert Ihlefeld schrieb dem scheidenden Fähnrich Marseille folgende Beurteilung:

"Der Fähnrich Joachim Marseille wurde am 10. August 1940 zur I.(J)/LG 2 versetzt und dort der 1. Staffel zugeteilt. Dank seiner Gewandtheit lebte er sich sehr schnell ein.

M. zeigte ein jungenhaftes, frisches, selbstbewußtes Auftreten. Sein freier und offener Charakter veranlaßte ihn leicht zu vorlauten Bemerkungen, die ihm von älteren Kameraden manche Zurechtweisung eintrugen. Diese Erfahrungen veranlaßten ihn nunmehr zur nötigen Zurückhaltung.

Seine schlanke, mittelgroße Gestalt und seine gute Haltung lassen gute sportliche Veranlagung und Leistung erkennen. Darüber hinaus ist er an fast allen Gebieten des Sports stark interessiert. Bei seinen Englandflügen zeichnete er sich durch ausgezeichnete Rottenkameradschaft und Einsatzfreudigkeit aus. Sein Draufgängertum spiegelt sich in seinen Erfolgen: Drei Abschüsse und deren Anerkennung. (Vier weitere Abschüsse wurden in den nächsten Wochen noch anerkannt, durch Zeugenaussagen bestätigt und durch Verleihung des EK II und EK I gewürdigt.) In den letzten Einsätzen hat er sich als Rottenführer ausgezeichnet bewährt.

Entsprechend seiner charakterlichen Haltung ist er geistig äußerst beweglich. Er verfügt über eine gute Allgemeinbildung und hat sehr gute Anlagen, sich auf allen Gebieten einzuschalten und die ihm gestellten Aufgaben zu erfüllen. Ihlefeld, Hauptmann und Gruppenkommandeur." (siehe Prien, Jochen: Geschichte des JG 77, Teil 1)

Marseilles Alptraum

Wenn in vielen Veröffentlichungen aller Art Hans-Joachim Marseille stets als guter Flieger aber sehr schlechter Soldat dargestellt wird, so geht diese "Beurteilung" allein auf jenen Abschnitt zurück, der nach seiner Kommandierung zum JG 52 folgte. Bis dahin war er - wie bewiesen und durch zwei

Beurteilungen seiner Vorgesetzten erhärtet - als ausgezeichneter Soldat und Kämpfer bekannt geworden.

Seine Disziplinlosigkeiten beruhten niemals auf nichtsoldatischer Grundlage, sondern sie waren läßliche Sünden, wie sie bei Fähnrichen oftmals anzutreffen waren.

"Marseille hatte", so Oberleutnant Adolf Buhl, "einige bei Fähnrichen übliche Flausen im Kopf, die ihm schnell ausgetrieben wurden, ohne ihn überflüssigerweise harsch zurechtzustutzen." (siehe Prien, Jochen: Geschichte des JG 77, Teil 1)

Als Marseille zur 4./JG 52 kam, traf er bei seinem neuen Staffelkapitän Oberleutnant Johannes Steinhoff auf offenes Unverständnis. Steinhoff war nicht in der Lage, sich in diesen ausgezeichneten Flieger hineinzuversetzen und ihn zu verstehen. Er mißbilligte alles an Marseille: seine unvorschriftsmäßige Uniform, seinen zu langen Haarschnitt und die verwaschene Fliegerbluse. Marseilles Haltung ließ den sturen Gehorsam ebenso vermissen wie eine starre Selbstdisziplin.

Als er schließlich wie die anderen Fähnriche zur Beförderung zum Oberfähnrich anstand, wurde er als einziger im JG 52 nicht befördert. Oberleutnant Steinhoff hielt ihn in seiner Beurteilung zu Händen des Geschwaderkommodore für "nicht zum Offizier geeignet".

Diese Beurteilung kam einem Abschuß auf kaltem Wege gleich. Sie hing Marseille lange an. Ja, er hatte einige Schnitzer begangen und wurde durch diese Nichtbeförderung nicht etwa - wie dies Steinhoffs Absicht war - diszipliniert, sondern in seiner Laufbahn lange Zeit stark behindert. Nur dem glücklichen Umstand, bei seiner nächsten Versetzung auf einen anderen Vorgesetzten zu stoßen, der Marseilles Gehabe durchschaute und dementsprechend Enttäuschung und Minderwertigkeitsgefühl des Fähnrichs und Oberfähnrichs abbaute, war Marseilles weitere rasante Karriere zu verdanken.

Hier einige Kostproben jener "Verfehlungen", derer Marseille angeklagt wurde:

Marseille erhielt von seinem Staffelkapitän den Befehl, als "Kettenhund" für ihn zu fliegen. Natürlich wußten alle, daß die britischen Jäger auf das Auftauchen deutscher Flugzeuge lauerten. Marseille hatte also, wie alle "Kettenhunde" und "Kaczmareks", die schießende "Zunft" seiner Kameraden zu beschützen. Als plötzlich etwa vierzig Feindflugzeuge auftauchten und die achtzehn deutschen Maschinen angriffen, war er überrascht, als der Rottenführer, dem er zugeteilt war, den Befehl gab: "Kehrt und nichts wie weg!"

Marseille hatte noch genügend Treibstoff und vor allem Munition. Dies verbot es ihm, "Fersengeld zu geben", wie er sagte. Als er also sah, daß eine der Hurricanes der Maschine des drehenden Rottenführers nachjagte, um diesen abzuschießen, verließ er sofort seine Position, flog an seinem Rottenführer vorbei, und drehte in dessen Messerkurve ein, um diesen Gegner abzufangen. Er kam gut herum, sah für einen Augenblick die Feindmaschine im Visier und drückte den Abfeuerknopf. Der Motor der Hurricane erhielt einige Treffer. Flammen stoben aus ihm heraus, die Maschine stellte sich auf den Kopf und stürzte der Erde entgegen. Ob sie beim Aufprall auf dem Boden zerstört wurde oder sich noch fangen und eine Bruchlandung ausführen konnte, wurde nicht bekannt. Demzufolge wurde dieser Abschuß auch nicht anerkannt.

Statt einem "gut gemacht, Jochen, danke!" erhielt er, zum Horst zurückgekehrt, einen Anpfiff von seinem Staffelkapitän, der ihn außerdem noch mit drei Tagen verschärftem Arrest bestrafte, wegen "Befehlsverweigerung".

Als Marseille sich zur Wehr setzte und die Notwendigkeit dieses Angriffs herausstellte, wurde er gemaßregelt:

"Sie sollten weiterfliegen und hatten außerdem Schießverbot. Die Hurricanes hätten auch andere abschießen können."

"Ich war am nächsten dran, und mein Rottenführer war in größter Gefahr, Herr Oberleutnant", versuchte Marseille sich zu rechtfertigen. Aber die Bestrafung galt.

Über diese schreiende Ungerechtigkeit war Marseille zu Recht empört. Er, der gegen jede ungerechte Behandlung von mimosenhafter Empfindlichkeit war, empfand diese Bestrafung nicht nur als falsch, sondern als eine ihm bewußt angetane Schmach. Was hatte er denn getan?

Er hatte einen Gegner weggeschossen, der seinen ahnungslosen Rottenführer mit Sicherheit abgeschossen hätte, wenn er nicht eingegriffen hätte.

Egal was Marseille auch anstellte, ob im Einsatz in der Luft oder am Boden. Nie konnte er es Johannes Steinhoff rechtmachen. Die Antipathie Steinhoffs gegenüber Marseille wirkte sich auch enorm auf dessen Leistungen im Luftkampf aus. Hinzu kamen seine fast ausschließlichen Aufgaben als "Kaczmarek" bei den Feindflügen.

Marseille gelang während seiner Zeit beim JG 52 kein einziger Abschuß mehr. Zu seinem Gefühl des Unwohlseins und Unverstandenseins gesellte sich auch das der Unsicherheit, verbunden mit aufkommender, wenn auch versteckter Renitenz. Schließlich kam es zu der für beide Seiten besten Lösung, die sich dann für Marseille schicksalhaft auswirken sollte.

Oberleutnant Steinhoff betrieb nachdrücklich die Abschiebung von Marseille aus dem JG 52. Bis dahin hatte Marseille die Verlegungen des JG 52 am 22. Dezember nach Leuwarden, die des 15. Januar 1941 nach Ypenburg und jene des 10. Februar nach Berck sur Mer mitgemacht, und als er am 21. Februar 1941 zu der in Döberitz liegenden 3./JG 27 versetzt wurde, war er glücklich. Das JG 52 war seine Heimat nicht. Er konnte nunmehr eine persönliche Hölle verlassen, in der er niemals zu seiner eigenen persönlichen Entfaltung gekommen wäre.

In Döberitz, wo er sich am 21. Februar 1941 meldete, stieß er auf den Kapitän der 3. Staffel des Geschwaders, dem er zugeteilt worden war. Hauptmann Eduard Neumann, wohl einer der besten Verbandsführer der Luftwaffe, bekannt als Spanienflieger und "Kran Ede" (weil er einmal auf einem Kran notgelandet war), wurde für Marseille so etwas wie ein zweiter Vater. Auch wenn sich Marseille in unvorteilhaftester Art seinem neuen Staffelkapitän präsentierte, war Neumann ein unbestechlicher und unvoreingenommener Offizier.

Dazu erklärte er nach dem Kriege:

"Marseille trug eine Uniformbluse, die so verschossen, verknittert und verwaschen war, daß sie eher wie eine der heutigen Jeansjacken aussah. Seine Haare waren zu lang, und auf die damaligen Verhältnisse bezogen, stellte er sich als ausgewachsener "Beatle" dar, der seinen Vater nicht sonderlich gemocht hat, seine Mutter aber sehr liebte.

Der Fähnrich Marseille hatte eine - wie wir es damals nannten - 'Bugwelle'. Er neigte ein bisserl zur Angeberei, womit er wohl seine Komplexe kompensieren wollte. Er war versessen darauf, in unserem Kreis unbedingt ein großer Mann zu sein.

Auf der Jagd nach einem dementsprechenden 'Image' scheute er auch nicht davor zurück, anzudeuten, daß er nicht nur mit vielen Mädchen, sondern auch mit einer berühmten Filmschaupspielerin eng liiert gewesen sei. Er war zu temperamentvoll, zu ungezügelt und zu unruhig. Heute hätte man ihn wohl einen Playboy genannt."

Daß Hans-Joachim Marseille unter diesen extremen zusätzlichen Belastungen nicht zerbrach, war seiner Lebensauffassung als Bohemien zu verdanken. Sie hielt ihn aufrecht.

Bei ihm gab es nichts Förmliches. Er frönte seinem zivilen Geschmack durch das Anlegen von Halstüchern und anderen Dingen. Dies trug ihm zunächst Tadel über Tadel ein, wurde aber später, nachdem er gewissermaßen zum Nationalhelden geworden war, als für ihn selbstverständlich akzeptiert.

Und in dem Maße, in welchem Marseille von seinen Kameraden akzeptiert wurde, ging er aus sich heraus, wurde er zum Kameraden, zum Freund und Helfer in vielen Lagen, vor allem auch im Kampf.

Hohe deutsche und italienische Offiziere waren später bei ihm zu Gast. In seiner Unterkunft herrschte eine Art von Kaffeehausatmosphäre. Das war der Ausgleich, den er ebenso wie seine Staffelkameraden und das gesamte Geschwader brauchten.

Vor allem Hauptmann Neumann hatte dies rechtzeitig erkannt und mit seiner "Bunten Bühne" in Afrika diesen Ausgleich geschaffen.

Als Marseille vor seiner Verlegung nach Afrika noch einmal in Heimaturlaub fahren durfte, schilderte er seiner Mutter das Dilemma, weshalb er nicht befördert wurde.

"Weißt du, Mutter, die hatten nur ihre eigenen Erfolge und Abschüsse im Kopf. Die ließen andere für sich die Sicherungsarbeit verrichten, um selber abschießen und den Ruhm ernten zu können. Für die war ich nur ein erbärmliches Würstchen."

Es war sein Gruppenkommandeur Neumann, der ihm diese Meinung nahm, ihn zum Flieger und Offizier erzog und sich um den jungen Rebellen bemühte, der unbedingt eine neue Jägertaktik einführen wollte. Er erkannte schon sehr früh unter all der Flapsigkeit und Lässigkeit das Genie, den begnadeten Flieger und den prächtigen Kameraden.

Die Worte von Charlotte Reuter nach dem Tode ihres Sohnes waren:

"Sein Wahlspruch lautete: 'Nicht umdrehen, immer nach vorne blicken!' Damit ist sein Charakter am besten gekennzeichnet. Ich war und bin stolz auf meinen Jungen, der so ganz den Vorstellungen eines deutschen Offiziers entsprach, wie ich ihn mir ausmalte, als ich das kleine Bündel Mensch kurz nach seiner Geburt in den Armen hielt.

Tapfer, anständig und treu, das war mein Jochen!"

DER KRIEGSSCHAUPLATZ AFRIKA

Vorbemerkungen

Was am Morgen des 24. Februar 1941 mit einem Gefecht zwischen deutschen und britischen Spähtrupps in der Wüste Libyens begann und am 12. Mai 1943 mit der Kapitulation der Heeresgruppe Afrika in Tunesien endete, ist die Geschichte des FELDZUGES IN AFRIKA.

Dieses dramatische Geschehen der zwei Jahre und drei Monate in Nordafrika ging als ein Ringen zwischen Gegnern in die Historie ein, deren oberstes Gebot die Fairneß war, die Achtung vor dem Menschen in anderer Uniform jenseits des Zaunes.

Von diesem Krieg in der Sonnenhölle der Wüste, im Gluthauch der Sandstürme, mit Schlachten, die in der Geschichte des Zweiten Weltkrieges einen besonderen Raum einnehmen, muß auch die Rede sein, wenn es darum geht, Leben, Kampfeinsatz, Erfolge und Tod eines der besten Flieger der Welt darzustellen.

Neben den großen Persönlichkeiten der obersten Führung in diesem Ringen in der Wüste, deren kämpferische und strategische Größe beispielhaft war, steht diese Fliegerpersönlichkeit. Sie erlangte schon sehr bald jenen legendären Ruf, der bis zum heutigen Tage andauert und ihn zum STERN VON AFRIKA machte: Hans-Joachim Marseille.

Sie alle, die mit Panzern und Spähwagen durch die Wüste fuhren oder als Adler ihre Spuren durch den nordafrikanischen Himmel zogen, erlebten hier die Stunden ihrer Bewährung. In der Schreckenswelt des Wüstenkrieges, dessen Schlachtfeld sich von Horizont zu Horizont weitete, vollbrachten sie derartige Leistungen, daß diese trotz der gegenteiligen Erkenntnisse vom Gegner einfach nicht geglaubt wurden. So sehr waren diese Erfolge dem Möglichen entrückt und in einen Bereich aufgestiegen, der sich jeder nüchternen und logischen Beschreibung entzog.

Wie es geschah, daß der Name eines der Tapfersten Geschichte wurde, das soll auf den folgenden Seiten dieses Werkes aus dem Dunkel der Vergangenheit und der vagen Erinnerung in die Gegenwart zurückgeholt werden.

Zwischen dem ersten deutschen Wehrmachtbericht über den nordafrikanischen Kriegsschauplatz vom 26. Februar 1941 bis zu jenem abschließenden Bericht des 13. Mai 1943 lag jene Periode, an die sich die Überlebenden des Afrikafeldzuges nur mit Grauen zurückerinnern: Diese unermeßliche Hitze, der dichte Staub, Dreck und Kälte. Hochwasser und Wüstenstürme,

Salzwasser und Schlamm. Hautausschläge und Geschwüre, Skorpione, Mücken, Malaria und Fliegen. Feindliche Bomben und Granaten, Siege und Niederlagen. Überleben oder Tod.

Das Deutsche Afrika-Korps kommt

Als Italien am 13. September 1940 von Libyen aus seine Offensive gegen Ägypten begann, blieb diese bereits nach achtzig Kilometern Bodengewinn liegen.

Der britische Gegenangriff, als Großoffensive in Szene gesetzt, begann am 9. Dezember 1940 und schlug voll durch. Bis zum 16. Dezember wurde die gesamte 10. italienische Armee vernichtet oder gefangengenommen.

Am selben Tage fielen Sollum und der Halfayapaß in britische Hände. Capuzzo und Sidi Omar gingen ebenfalls verloren. Bardia sollte unter allen Umständen gehalten werden, versicherten die Italiener den deutschen Stellen.

Am 19. Dezember rief der Duce Adolf Hitler an und erbat dringend um Hilfe in Nordafrika. Ende Dezember ließ Hitler das X. Fliegerkorps unter Generalleutnant Hans Geisler mit etwa einhundert Kampfflugzeugen und Stukas, zwanzig Jagdflugzeugen und dreißig Ju 52-Transportern nach Sizilien verlegen.

Anfang Januar 1941 verloren die Italiener nacheinander Bardia und El Adem. Tobruk geriet in Gefahr, eingeschlossen zu werden. Ganz Libyen schien verloren.

Hitlers Entschluß stand nunmehr fest:

"Italien muß geholfen werden. Es ist entscheidend, einen deutschen Sperrverband nach Libyen zu entsenden, der den britischen Vorstoß stoppt und örtliche Gegenstöße gegen die schwachen Stellen des Gegners führt."

Aus den verschiedensten Teilen der 3. Panzerdivision, darunter das Panzerregiment 5, die Panzerjägerabteilung 39 und die Aufklärungsabteilung 3, sollte durch Oberstleutnant Gerhard Graf von Schwerin, Kommandeur des Panzerregiments 5, die 5. Leichte Afrikadivision aufgestellt werden. Erster Chef des Generalstabes dieser neuen Division wurde Oberstleutnant i. G. Kreuzwendedich von dem Borne.

Als sich am 19. Januar 1941 Hitler und Mussolini abermals in Berchtesgaden trafen, konnte Generalfeldmarschall Wilhelm Keitel mit General Guzzoni reden . Dieser nahm den Vorschlag des Chefs des OKW, einen Sperrverband in Stärke einer Division nach Nordafrika zu schicken, dankbar an. Er erklärte, daß die deutschen Truppen um den 15. Februar nach Afrika

Hans-Joachim Marseille im Frühjahr 1942.

Marseille (rechts) mit Männern seiner Staffel. Bereit zu einer der Ausfahrten in die Wüste.

Pöttgen (links) und Marseille mit ihren Helfern.

Ludwig Franzisket bei der Morgentoilette.

Neumanns Bunte Bühne, der von Gruppenkommandeur Edu Neumann gekaufte Zirkuswagen.

Die „Bunte Bühne“ unter dem „Zirkuszelt“. Bewacht vom Esel Iwan.

Gruppenesel Iwan war Feinschmecker. Seine bevorzugte Mahlzeit: Gruppenbefehle und amtliche Papiere.

Homuth, Marseille und ein italienischer Offizier im Gespräch.

Eine Inspektion mit Wartung des Fahrwerks einer Me 109.

Das Jagdgeschwaderzeichen mit den drei Gruppenwappen des JG 27.

Edu Neumann, 3. von links, mit Staffelkapitän Homuth (rechts).

Marseille wird von seinem Kaczmarek Pöttgen beglückwünscht.

Wieder auf sicherem Boden und von seinen Kameraden erwartet, wischt sich Marseille den Sand aus den Augen.

Bereit zu einer neuen Ausfahrt. Am Steuer des Wagens Marseille.

überführt werden könnten.

Am 20. Januar 1941 eröffneten die Flugzeuge der Western Desert Air Force den Angriff auf die Festung Tobruk. Von See her fiel die britische Flotte in das Gefecht ein. Danach traten die Divisionen der britischen Wüstenstreitkräfte zum Angriff an. Am Morgen des 23. Januar war die "uneinnehmbare Festung" in britischer Hand. Siebenundzwanzigtausend Italiener traten den Weg in die Gefangenschaft an. Nun stürmten die Wüstenstreitkräfte rasch nach Westen. Das einhundertfünfzig Kilometer westlich von Tobruk gelegene Derna fiel am 30. Januar.

Am 3. Februar war in Nordafrika Cirene gefallen. Die nächsten Ziele der Wüstenstreitkräfte waren Barce und Bengasi. Es war nur noch eine Frage der Zeit, bis Italien vom nordafrikanischen Kriegsschauplatz hinweggefegt sein würde.

Unmittelbar nachdem Generalfeldmarschall Keitel am 6. Februar 1941 die letzten Weisungen für "Sonnenblume" - das Eingreifen in Afrika - gegeben hatte und die ersten Transporte so schnell wie möglich überführen ließ, kündigte er an, daß der Verband einem deutschen Generalkommando unterstellt werden würde.

Generalmajor Erwin Rommel erhielt in seinem Urlaubsort aus dem Führerhauptquartier Nachricht, sich sofort nach Berchtesgaden zu begeben.

Dort angekommen, erteilte der Oberbefehlshaber des Heeres, Generalfeldmarschall Walther von Brauchitsch, dem Kommandeur der 7. Panzerdivision, die sich als "Gespensterdivision" in Frankreich einen Namen gemacht hatte, die Weisung, ein Armeekorps zu übernehmen, das aus einem Sperrverband und einer nachfolgenden Panzerdivision bestehen würde.

Am 11. Februar flog Rommel, inzwischen zum Generalleutnant befördert, mit seiner Begleitung nach Rom. Nach einer Besprechung mit Mussolini und General Guzzoni flogen sie noch am selben Nachmittag in Begleitung von General Roatta nach Catania, wo sich Rommel mit Generalleutnant Geisler besprach. Rommel erfuhr hier, daß Bengasi inzwischen von den Briten genommen worden war. Er bat Geisler, noch in der Nacht zum 12. Februar den Hafen von Bengasi anzugreifen und am nächsten Morgen mit dem ersten Büchsenlicht die britischen Kolonnen zu bombardieren.

Der erste Einsatz der deutschen Luftwaffe gegen britische Truppen in Nordafrika hatte begonnen. Vorausgegangen war ein Angriff gegen alliierte Schiffe im Suezkanal, der fehlschlug.

Am 14. Februar landeten die ersten deutschen Truppen im Hafen von Tripolis. Von nun an fielen die ersten deutschen Fliegerverbände auf den italienischen Flugplätzen von Castel Benito, Sirte und jenem am Arco

Philaenorum ein.

Es war zunächst die III. Gruppe des Zerstörergeschwaders 26 unter Major Karl Kaschka mit zweimotorigen Me 110 C.

Gleichzeitig mit den ersten Zerstörern kamen die ersten Sturzkampfbomber des Typs Ju 87 B der II. Gruppe des Stukageschwaders 3 nach Birdufan zur Unterstützung des bald darauf in Afrika eintreffenden DAK.

Am 15. Februar fand der erste Luftkampf einer deutschen Ju 88 der III./Kampflehrgeschwader 1 unter Leutnant Hans Grotz gegen Flight Officer Saunders statt, bei dem Grotz abgeschossen wurde.

Als drei Tage darauf zwölf Ju 87 der I./Stukageschwader 1 englische Stellungen bei Marsa el Brega angriffen, gelang es der 3. australischen RAF Squadron, acht dieser Ju 87 abzuschießen. Bereits hier machte sich das Fehlen von deutschen Jägern als Begleitschutz stark bemerkbar.

Diese Erkenntnis setzte sich in den folgenden Tagen fort.

Am 24. Februar kam es zum ersten Gefecht mit englischen Spähwagen, bei dem drei Gegner abgeschossen wurden. Der erste Wehrmachtbericht aus Afrika gab am 26. Februar diese erste Gefechtsberührung bekannt.

Die 5. Leichte Afrikadivision unter Generalmajor Johannes Streich traf in den folgenden Tagen in Afrika ein. General Streich betrat am 25. Februar afrikanischen Boden.

Der Vorstoß der 5. Leichten Afrikadivision begann am 15. März. El Agheila wurde am 24. März genommen. Der Angriff auf Marsa el Brega am Morgen des 30. März schlug zunächst nicht durch. Erst nach einem Nachtangriff des MG-Bataillons 2 unter Major Heinrich Voigtsberger wich der Gegner zurück. Marsa el Brega wurde von der 5. Leichten AD erobert. Die Panzer der Division unter Oberst Herbert Olbrich stießen hier das erstemal auf Kampfwagen der 2. britischen PD und schlugen sie zurück.

Derna war das nächste wichtige Ziel. Zunächst aber mußte Mechili erobert werden, was am 6. April geschah. Am nächsten Morgen war die Piste nach Derna erreicht. Zwei Tage später war Derna in deutscher Hand.

Der weitere Vorstoß gestaltete sich schwierig. Am Gründonnerstag, dem 10. April 1941, lagen die Reste der 5. Leichten AD mit der Kampfgruppe Gustav Ponath am Kilometerstein 31 vor Tobruk. Hier gab Rommel der Truppe seinen persönlichen Befehl bekannt, Tobruk im Handstreich zu nehmen.

Der erste Angriff auf Tobruk begann am 12. April und endete einen Tag später. Tobruk hielt allen deutschen Angriffen stand. Die deutschen Kampfflugzeuge und Stukas, die sich auf die Festung stürzten, wurden von der britischen Wüstenluftwaffe schwer angeschlagen.

Um diese Zeit verfügte die deutsche Luftwaffe in Afrika noch über keinen einzigen Jäger. So konnten die britischen Bomber ungehindert ihre Bombenlasten überall dort abwerfen, wo sie wollten.

Fieberhaft versuchte General Stefan Fröhlich, Jäger zu bekommen. Am 18. April erfüllte sich sein größter Wunsch, die 1. Staffel der I./JG 27 unter Oberleutnant Karl-Wolfgang Redlich traf in Afrika ein. Die 2. Staffel unter Hauptmann Erich Gerlitz folgte nach, und den Schluß machte die 3. Staffel unter Oberleutnant Gerhard Homuth.

Unter den Fliegern der ersten Stunde aber befanden sich zwei Oberfähnriche, die sehr bald von sich reden machen sollten:

Oberfähnrich Hans-Arnold Stahlschmidt und Oberfähnrich Hans-Joachim Marseille.

Bereits am 19. April machte die britische Wüstenluftwaffe Bekanntschaft mit den Me 109, als Oberleutnant Redlich zwei Hurricanes abschoß und Leutnant Schröer einen Abschuß erzielte.

Bei seinem zweiten Einsatz an diesem Tage wurde Leutnant Werner Schröer von einem Engländer abgeschossen. Ihm gelang eine Bauchlandung. Unverletzt konnte er seine Maschine verlassen.

Damit hatte der Zweikampf deutscher gegen britische Jäger am Himmel über der Wüste begonnen.

Mit dem JG 27 nach Afrika
Von Döberitz über Italien und den Balkan in die Wüste

Am 3. November 1940 übernahm Major Wolfgang Schellmann als Nachfolger von Major Bernhard Woldenga noch am Kanal das JG 27 als Kommodore. Zu dieser Zeit waren die Vorbereitungen zur Verlegung nach Deutschland bereits weit gediehen. Das Geschwader hatte seinen Einsatz am Kanal und über England bereits beendet. Dort hatte es insgesamt einhundertsiebenundvierzig Luftsiege errungen, und seit dem 10. Mai 1940 waren neunzehn Flugzeugführer gefallen, neunundzwanzig gerieten in Gefangenschaft, und vierzehn blieben vermißt.

An der Kanalfront hatte Oberleutnant Gustav Rödel zehn Abschüsse erzielt und führte die Liste der Erfolge an, gefolgt von Oberleutnant Erbo Graf von Kageneck mit neun, Hauptmann Max Dobislav mit sieben und Hauptmann Eduard Neumann mit sechs Luftsiegen. Oberleutnant Gerhard Homuth hatte bis zu diesem Zeitpunkt insgesamt vierzehn Abschüsse erzielt. Mit sechs, fünf und vier Abschüssen folgten Hauptmann Wolfgang Lippert, die Oberleutnante Ernst Düllberg, Ludwig Franzisket und Wilhelm Wiesinger sowie Unteroffizier Karl Born.

Im Laufe des November trafen alle Teile des Geschwaders in Detmold (Geschwaderstab und II. Gruppe), Diepholz (III. Gruppe) und am 27. November die I. Gruppe in Döberitz ein. Von hier aus ging es zunächst in den Urlaub.

Am 21. Februar 1941 wurde Hans-Joachim Marseille zur 3./JG 27 nach Döberitz versetzt. In den darauffolgenden Wochen erfolgte seine datenmäßig nicht mehr exakt zu ermittelnde, längst überfällige Beförderung zum Oberfähnrich.

Anfang März erfolgte die Verlegung der I./JG 27 nach Norditalien in den Raum Brescia auf den Platz von Ghedi. Von hier aus sollte der Weiterflug nach Forli angetreten werden. Doch dazu kam es nicht. Die sich krisenhaft zuspitzende Lage im Südostraum veranlaßte die Luftwaffenführung, diese Maschinen für ein Eingreifen auf dem Balkan bereitzuhalten. Die Verlegung nach Graz zeigte, daß dies bald der Fall sein würde.

Der italienische Griechenlandfeldzug, von Hitler als "entsetzlich dumm" bezeichnet, erforderte dennoch deutsche Hilfe, die Hitler seinem Freund Mussolini nicht versagen wollte.

In der Führerweisung Nr. 20 vom 13. Dezember 1940 befahl er die Vorbereitungen zur Operation "Marita", wie der Feldzug auf dem Balkan mit Decknamen genannt wurde.

Der darin vorgesehene deutsche Griechenlandfeldzug hatte den Sinn, dem italienischen Bundesgenossen zu Hilfe zu kommen. Andererseits aber sollte auch die von den Engländern angestrebte Bildung einer zweiten Front auf der Balkanhalbinsel verhindert werden. Als dritte wichtige Komponente kam die Sicherung der rumänischen Erdölfelder hinzu, die durch britische Luftangriffe aus Griechenland heraus gefährdet waren.

Nachdem die Zustimmung der bulgarischen Regierung vorlag, rückten Anfang März 1941 Verbände der 12. Armee unter Generalfeldmarschall Wilhelm List nach Bulgarien ein und marschierten bis zum Ende des Monats an der bulgarisch-griechischen Grenze auf.

Jugoslawien wurde nicht in den Aufmarsch einbezogen, weil zwischen diesem Land und Deutschland eine Vereinbarung getroffen worden war, daß sich Jugoslawien neutral verhalten und im Gegenzug kein deutscher Soldat jugoslawischen Boden betreten werde.

Am 27. März aber erfolgte in Belgrad ein Staatsstreich. Unter dem Chef des jugoslawischen Generalstabes, General Simovic, wurde eine neue Regierung gebildet. Dabei kam es zu antideutschen Demonstrationen in Belgrad und anderen Städten des Landes. Erst aufgrund dieser Meldungen versammelte Hitler am Mittag des 27. März alle Spitzen der Wehrmacht und des Staates in der Reichskanzlei und verkündete seinen Entschluß, "Jugoslawien als Staatsgebilde und auch militärisch zu zerschlagen."

Das Unternehmen "Barbarossa", der Feldzug gegen die Sowjetunion, sollte um vier Wochen zurückgestellt werden. Noch am Abend des 27. März wurde die Führerweisung Nr. 25: "Blitzkrieg gegen Jugoslawien" unterzeichnet. Er sollte mit dem Griechenlandfeldzug zugleich gestartet werden.

Der für 1. April geplante Beginn des Griechenlandfeldzuges wurde auf den 6. April verschoben. Dann würde auch der deutsche Aufmarsch gegen Jugoslawien vollzogen sein.

Bis dahin hatte das Heer noch die "Nordgruppe" aus der 2. Armee unter Generaloberst Freiherr Maximilian von Weichs aufzustellen und in der Steiermark zum Angriff bereitzustellen.

Der deutsche Angriff gegen Jugoslawien begann am Morgen des 6. April 1941 um 5.15 Uhr mit fünf aufeinanderfolgenden heftigen Luftangriffen der Luftflotte 4 unter General der Flieger Alexander Löhr.

Auch die 3. Staffel des JG 27 unter dem Kommando von Oberleutnant Gerhard Homuth erhielt am Morgen des 6. April ihren Einsatzbefehl.

Das erste Ziel war der Flugplatz Laibach (Slowenien). Dort wurde der Verband von dichtem Flakfeuer empfangen und teilte sich in zwei Schwärme auf. Während Leutnant Schmidt mit dem zweiten Schwarm etwa viertausend Meter hoch über dem Platz kurvte, griff der erste Schwarm unter Oberleutnant Homuth im Tiefflug die gegnerischen Flakbatterien an, um diese zum Schweigen zu bringen.

Im Höhenschwarm flog auch der seit einigen Wochen zur I. Gruppe kommandierte Oberfähnrich Hans-Joachim Marseille mit seinem Rottenflieger, Unteroffizier Rainer Pöttgen.

Bei diesem Einsatz erhielt Marseilles Maschine einen Flaktreffer in die linke Rumpfseite. Marseille spürte den Einschlag, konnte die Me 109 aber sicher wieder in Graz landen.

Am 10. April verließ die Gruppe Graz, um nach Agram (Kroatien) zu verlegen. Von dort aus kehrte sie über Graz nach München-Riem zurück. Von hier aus sollte sie nach Afrika verlegen.

Seit den ersten Märztagen 1941 befand sich die 1. Staffel der I. Gruppe auf Sizilien und hatte die ersten Begleitaufgaben zu den Angriffen der Kampfflieger gegen Malta geflogen. Sie sollten als erste nach Nordafrika gelangen. Und zwar trafen sie am 18. April 1941 auf dem Flugplatz von Ain el Gazala ein.

Die I. Gruppe des Jagdgeschwaders 27 führte als Gruppenabzeichen einen

Kreis, der auf den Motorhauben aufgemalt war. Die Umrisse von Afrika wurden zum Teil von einem Negerkopf, zum anderen Teil vom Kopf eines Panthers überdeckt. Dieses Gruppenabzeichen, das so gut zur I. Gruppe paßte, die als erste nach Afrika gelangen sollte, war jedoch nicht erst nach Bekanntwerden des neuen Einsatzortes geschaffen worden. Der damalige Gruppenkommandeur Hauptmann Helmut Riegel, ein kolonialbegeisterter Offizier, hatte es bereits im Frühjahr 1940 geschaffen. Dennoch: Es paßte wie kein anderes zur I. Gruppe, die als erster Jagdverband über der Wüste kämpfte.

Kommandeur dieser Gruppe, deren erste Teile am 18. April in Nordafrika eintrafen, war Hauptmann Eduard Neumann. Eine Führerpersönlichkeit, wie es kaum eine zweite in der gesamten Fliegertruppe gab. Seine besondere Begabung für den Einsatz in der Wüste sollte bald offenbar werden.

"Edu" Neumann hatte bereits im Spanienfeldzug bei der "Legion Condor" seine ersten beiden Abschußerfolge erzielt.

Mit nach Afrika brachte er einen in Krefeld gekauften Zirkuswagen, in dem er lebte. Der Wagen wurde bald allen Afrikanern so vertraut, daß er auch noch der ganzen Gruppe seinen Namen gab: "Neumanns bunte Bühne."

Die Staffelkapitäne der I./JG 27 waren:

1. Staffel:	Oberleutnant Karl-Wolfgang Redlich (10 Luftsiege)
2. Staffel:	Hauptmann Erich Gerlitz (3 Luftsiege)
3. Staffel:	Oberleutnant Gerhard Homuth (15 Luftsiege)
Gruppenadjutant:	Oberleutnant Ludwig Franzisket (14 Luftsiege)

Der Ablauf der Ereignisse

Die II. Gruppe des JG 27 gelangte Anfang Januar 1941 von Detmold nach Wien-Schwechat. Von hier aus ging es teilweise per Bahn nach Hermannstadt weiter. Von dort wurde im Lastkraftwagentransport Bukarest erreicht.

Die III. Gruppe und der Geschwaderstab trafen am 2. Februar in Bukarest-Baneasa ein. Von dort aus ging das gesamte Geschwader - ohne die I. Gruppe

- nach Bulgarien in den Raum Radomir, südwestlich Sofia. Die nächste Etappe war Belica, wo in Zelten Unterkunft gefunden wurde.

Am 6. April flogen diese Maschinen ihren ersten Griechenlandeinsatz im Südosten gegen die Bunkerlinie des Rupelpasses. Der Ostfronteinsatz folgte. Hier zeichneten sich vor allem Oberleutnant Erbo Graf von Kageneck und Feldwebel Ernst Riepe aus. Am 14. August 1941 erzielte Oberleutnant Graf von Kageneck fünf Abschüsse an einem Tag und war mit siebenundvierzig Abschüssen einer der erfolgreichsten Flugzeugführer des Geschwaders.

Anfang Juli erhielt die II. Gruppe Befehl, ihre Maschinen des Typs Me 109 E abzugeben und nach Deutschland zurückzukehren, um nach einem Urlaub auf die neue Me 109 F umzurüsten. Die alten Maschinen wurden an die III. JG 27 abgegeben, die nun allein an der Ostfront zurückblieb.

Wann diese beiden Gruppen nach Afrika kamen, ist im Abschnitt über die Kämpfe dargelegt. Zunächst zurück zur I. Gruppe und ihrem ersten Einsatz in Afrika.

Flug der I./JG 27 nach Afrika - mit Hindernissen

Am 26. Februar 1941 starteten einige Transportflugzeuge des Hauptkommandos Berlin - Bodenpersonal, Werftleute und Verwaltungstrupps - des JG 27 mit allem Material für die Errichtung eines ersten Stützpunktes in der Wüste. Ihr Ziel war zunächst Neapel. Dort wurden im Hafen das Kommando und das Material auf den Frachter "Reichenfels" verladen. Als letztes wurden einige auseinandergenommene und in Kisten verpackte Fieseler"Störche" für die Wüstenaufklärung an Bord gehievt.

Am Abend des 20. März ging die "Reichenfels" ankerauf. Neben ihr waren vier weitere Dampfer an der Überführungsfahrt für das Deutsche Afrikakorps beteiligt. Diese Schiffe wurden von vier italienischen Torpedobooten begleitet.

Afrika wurde wohlbehalten erreicht. Im Hafen von Tripolis erfolgten die Ausschiffung, Ausladung von Personal und Material. Das Kommando Afrika des Geschwaders zog im Lager Fatma zwischen Tripolis und Castel Benito unter. Tripolis wurde in den folgenden Tagen von den Männern des Geschwaders erkundet. Währenddessen kämpften Teilgruppen des Geschwaders, wie dargestellt, auf dem Balkan.

Als ein Teil dieses Kommandos nach Bengasi verlegt wurde und wenig später nach dem rasanten Vorstoß Rommels dem DAK nach Ain el Gazala nachfolgte, war klar, daß dort der Einsatzhafen der I./JG 27 eingerichtet werden sollte. Über Derna, das am 11. April erreicht wurde, ging es weiter, und am 15. April zogen die ersten Männer des Geschwaders auf dem Flugplatz von Gazala unter. An der nahegelegenen Bombabucht blieb die I./JG 27 sieben Monate lang.

Als erster fliegender Verband traf die 1. Staffel unter Oberleutnant Redlich am 18. April in Gazala ein. Am nächsten Tag erfolgte ihr erster Start auf afrikanischem Boden. Er brachte für den Staffelkapitän, Oberleutnant Redlich, den Abschuß zweier Hurricanes, während Leutnant Schröer eine weitere abschoß. Der vierte Abschuß gelang Unteroffizier Hans Sippel. Sippel war es auch, der am anderen Morgen über Gazala einen Wellington Bomber bezwang.

Oberleutnant Albert Espenlaub, ein Bruder des weltbekannten Segelfliegers Gottlieb Espenlaub, setzte die Abschußserie am 21. April fort. Die von ihm abgeschossene Hurricane wurde von Sergeant Castlenau von der 73. Squadron geflogen. Unteroffizier Sippel fiel im Luftduell mit einem erfahrenen Gegner, und Leutnant Schröer wurde abgeschossen und dabei leicht verwundet.

Am 21. April landete auch der Gruppenkommandeur, Hauptmann Eduard Neumann, in Ain el Gazala. Unmittelbar nach ihm traf auch die 2./JG 27 hier ein. Doch was war mit der 3. Staffel unter Oberleutnant Homuth?

Diese hatte nach einer Zwischenlandung in Gela auf Sizilien bei der 7./JG 26 unter Oberleutnant Joachim Müncheberg den Flug über das Mittelmeer angetreten. Ihr Weiterflug sollte zunächst nach Castel Benito gehen. Dieser Platz wurde erreicht, aber als die Staffel die letzte Etappe zum sogenannten "Skorpionenplatz" antrat, der vierzig Kilometer südlich des Arco Philaenorum lag, auf dem ein Tankkommando auf sie warten sollte, fanden sie den Platz verlassen vor.

Selbst einige MG-Salven, dicht vor die dort stehenden Zelte gesetzt, lockten niemanden ins Freie. Die Staffel landete dennoch. Vom Tankkommando war keine Spur zu sehen. Ein Pilot mußte also nach Sirte zurückfliegen, um von dort Hilfe zu holen.

Oberleutnant Homuths Wahl fiel auf den Oberfähnrich Marseille; während die sieben Piloten in den ungemütlichen Zelten zurückblieben, flog Marseille los.

Als er am anderen Morgen noch immer kein Lebenszeichen von sich gab, starteten die sieben Me 109 E nach rückwärts in das fünfunddreißig Kilometer weiter westlich gelegene En-Nofilia. Von hier aus wurde Oberfeldwebel Herbert Kowalski mit dem letzten Tropfen Benzin nach Sirte geschickt.

Mittag war vorüber, als aus Richtung Sirte eine zweimotorige Maschine auftauchte und eine Meldekapsel abwarf. Sie wurde Oberleutnant Homuth gebracht, und dieser las, daß Oberfeldwebel Kowalski wegen Treibstoffmangels kurz vor Sirte eine Bauchlandung hatte machen müssen. Als Nebensatz wurde berichtet, daß auch Marseille wegen Motorschadens neben der Straße hatte niedergehen müssen.

Einige Stunden später erschien Marseille als Beifahrer eines Lastkraftwagens, auf dem Wasserkanister und reichlich Verpflegung geladen waren. Er meldete seinem Staffelkapitän, daß ein Fahrzeug mit Treibstoff in Kürze folgen werde.

Als dieses eintraf, wurden alle Maschinen aus den Fässern mit Handpumpen aufgetankt. Wenig später starteten diese dann in Richtung angegebenes Ziel. Allerdings ohne Marseille. Als dieser fragte, was er tun solle, antwortete ihm Homuth:

"Sie haben Ihre Maschine zu Bruch geflogen, nun sehen Sie zu, wie Sie an die Front kommen."

Die Staffel erreichte - das sei hier vorgegeben - Gazala am Mittag des 22. April. Was aber war mit Marseille?

Oberfähnrich Marseille war - wie dies bereits anklang - in Richtung Sirte gestartet. Er flog eine Maschine, die eine gelbe 13 als Kennzeichen trug, was ihn zunächst nicht weiter störte.

Plötzlich stellte er fest, daß der Öldruck nachließ. Die Tourenzahl sackte ab, und die Me 109 verlor mehr und mehr an Höhe. Es schien ein Kolbenfresser zu sein. Der Motor spuckte und knallte. Rauch wölkte in die Kabine. Marseille schob den Steuerknüppel nach vorn und zog die Fallschirmgurte fest. Die öde Sandfläche des Erdbodens kam rasch näher. Wenige Dutzend Meter über Grund riß Marseille den Gashebel zurück und nahm die Zündung heraus. Alles Aktionen, die jeder Flieger mechanisch beherrschen muß, wenn er in einer solchen Situation seine Überlebenschancen wahrnehmen will. Der Motor erstarb.

Noch zehn Meter bis zum Aufsetzen. Die Straße war nicht geeignet, doch hart daneben sah Marseille eine schmale Fläche ebenen Bodens.

Dennoch: Eine Roll-Landung war ausgeschlossen. Noch fünf Meter, dann erfolgte der harte Aufschlag. Es knirschte und kreischte von Stahl auf Sand, Fels und Kies.

Die Nase der Me 109 bohrte sich in eine kleine Bodenwelle und stob durch. Sandwolken quollen empor und hüllten sie ein. Dann wurde die "Krähe" langsamer, bockte noch einmal und lag fest.

"Jochen" Marseille stemmte das Kabinendach hoch und löste die Gurte.

Er verließ die Maschine, stand kurz auf der Tragfläche und sprang dann in den Sand, in den er mit seinen Füßen tief einsank.

Er ging auf einen der niedrigen Kameldornbüsche zu, die sporadisch die Straße säumten.

Der Motor schien noch immer zu kochen. Marseille ließ sich unter einem Busch in den Schatten sinken, holte eine Zigarette aus der Schachtel und zündete sie an. Der erste tief inhalierte Zug beruhigte ihn etwas. Er konnte nichts dazu, aber dennoch: Wieder hatte er eine Maschine nicht heil zurückbringen können. Das war nach den vier Bruchlandungen nach Beschuß aus britischen MG die fünfte, und das ärgerte ihn sehr; zumal er wußte, daß sein Staffelkapitän es als seine, Marseilles, ureigene und persönliche Schuld auslegen würde.

Als er die Zigarette zu Ende geraucht hatte, stapfte Marseille durch den Sand zur Maschine zurück, zerrte den Fallschirm heraus, nahm die wichtigsten Utensilien, dabei auch das Flugbuch, an sich und ging zur Straße.

Ein italienischer Lastkraftwagen, der nach Sirte fuhr, hielt mit kreischenden Bremsen. Der Fahrer grinste ihn freundlich an und deutete mit einer Handbewegung neben sich.

Marseille wurde von der brütenden Hitze empfangen, die im Führerhaus des Lkw herrschte. Dennoch, er würde Sirte bald erreichen, und der Fahrer versicherte, daß er ihn direkt zur Kommandantur fahren und dort absetzen werde.

Kurze Zeit später stand Marseille vor dem Quartiermeister und meldete seine Staffel auf dem Wege nach Bengasi und daß sie auf dem "Skorpionenplatz" das zugesagte Benzin nicht vorgefunden habe und nun dringend Treibstoff benötige.

"Benzin können Sie haben, aber der nächste Tankwagen wird erst beladen", antwortete der Quartiermeister.

Als der Lastkraftwagen eben losfahren sollte, traf Oberfeldwebel Kowalski in Sirte ein und berichtete, daß die Staffel nach En Nofilia weitergeflogen und daß alles dorthin zu senden sei. Auch Kowalski hatte eine Notlandung unternehmen müssen.

Während Marseille mit dem ersten Lastkraftwagen losfuhr, auf dem Trinkwasser und Verpflegung geladen waren, würde Kowalski direkt nach Beladung des zweiten Wagens mit dem Treibstoff nachfolgen.

Im Wagen des Generals

Marseille hatte also wegen der fehlenden Maschine in En Nofilia zurückbleiben müssen, während die Staffel in Richtung Gazala startete, um nach einer weiteren Zwischenlandung am 22. April Gazala zu erreichen.

Währenddessen hatte Marseille erfahren, daß in etwa einer Stunde ein Lastkraftwagenkonvoi der Italiener durchkommen würde. Er machte sich mit seinem Gepäck auf den Weg zur Straße und harrte der Dinge, die da kommen mußten.

Als die Spitze der Kolonne aus dem wabernden Staub auftauchte, sah Marseille, daß es Italiener waren. Gleich der erste Wagen scherte nach rechts aus und hielt. Noch ehe Marseille etwas sagen konnte, hatte der kleine behende Fahrer seinen Sitz hinter dem Lenkrad verlassen, ergriff Marseilles Gepäck und wuchtete es auf den Wagen.

Marseille stieg ein und fand einen jungen italienischen Leutnant vor, der ein leidliches Deutsch sprach, so daß sie sich miteinander verständigen konnten.

Auf Marseilles Frage, wann sie denn in Gazala seien, wobei er hinzufügte, daß er morgen mittag dort sein müsse, lachte der Italiener amüsiert auf.

"Doppo domani - übermorgen", sagte er, "frühestens!", fügte er hinzu.

"Aber ich muß schon morgen in Gazala sein", sagte Marseille leicht resigniert.

Selbst der Fahrer gestattete sich nun eine verzweifelte Armbewegung, mit der er andeutete, daß der junge deutsche Flieger mit dem Eisernen Kreuz auf der Feldbluse Unmögliches verlange.

Als die Abenddämmerung einsetzte, tauchte vor ihnen ein hohes Gebilde auf. Während Marseille seinen Nebenmann fragend anblickte, erklärte dieser: "Der Arco Philaenorum - der Triumphbogen!"

"Welche Bedeutung hat er?" fragte der Deutsche, vom Anblick dieses monumentalen Bauwerkes mitten in der Ödnis der Wüste überrascht. Marseille erfuhr folgendes:

"Der Arco dei Fileni, wie wir den Triumphbogen nennen, ist ein Denkmal für die beiden Brüder Fileni, die du im oberen Teil oberhalb des Bogens liegen sehen kannst. Ihnen zu Ehren wurde dieser Bogen geschaffen. Die Karthager hatten in der Nähe des griechisch-syrtischen Antomala - heute heißt dieser Ort Mugtáa el Chebrit - einen Schiffslandeplatz eingerichtet. Um den Besitz dieses Hafens entspann sich ein langer blutiger Kampf zwischen Griechen und Karthagern. Erst um 350 vor Christus kamen beide

Gegner überein, daß sie sich folgender Entscheidung unterwerfen würden.
Von Karthago und Cirene sollten gleichzeitig jeweils zwei Läufer starten. Die zukünftige Grenze sollte dort liegen, wo die beiden Läuferpaare einander begegneten.
Karthago wählte als Läufer die Brüder Fileni, die als hervorragende Athleten bekannt waren. Aber auch die Cirener waren ausgesuchte Kämpfer. Doch sie wurden durch Unwetter und Regen behindert. Sie wurden überholt, und an dieser Stelle sollte nun die Grenze sein.
Die Cirener als Verlierer sagten den Karthagern, daß sie diese Grenze nur anerkennen würden, wenn sich die beiden Fileni-Brüder dort lebendig begraben lassen würden.
Die Brüder Fileni erklärten sich dazu bereit. Sie wurden geopfert, um diese günstige Grenze zu halten. Dort, wo sie den Tod fanden, wurde die Arcea Philaenorum gesetzt - der Arco dei Fileni der Italiener. Dies sollte für alle Zeiten die Grenze zwischen Cirene und Karthago sein."
"Jochen" Marseille hatte mit steigendem Interesse diesem Erklärungsversuch gelauscht. Als der Tenente geendet hatte, sagte Marseille: "Aber der Bogen sieht sehr neu aus."
"Stimmt!", erwiderte der Leutnant. "Luftmarschall Balbo hat ihn 1937 an der mutmaßlichen Grabstelle der beiden Brüder neu errichten lassen. Dieser Bogen trennt nunmehr Tripolitanien von der Cyrenaika."
Es dämmerte bereits, als sie einen der Feldflugplätze an der Via Balbia erreichten. Marseille verabschiedete sich von seinem italienischen Kameraden, nahm sein Gepäck entgegen, und ging zur Flugleitung hinüber. Dort erfuhr er von dem wachhabenden Feldwebel, daß morgen nicht mit einer Maschine nach Derna zu rechnen sei.
"Ich habe keinerlei Anmeldung und fürchte, daß du hier tagelang festliegst, Kamerad. Du kommst am besten mit einem Lkw weiter."
"Dann kann ich ja erst übermorgen in Gazala sein, aber ich muß morgen schon gegen Mittag dort sein."
"Vielleicht geht es mit einem Pkw", meinte der Feldwebel. "Dann mußt du zum Quartiermeisterstab hinübergehen und nach dem diensthabenden Offizier fragen."
Marseille ergriff sein Gepäck und ging an den am Rande des Flugfeldes liegenden Flugzeugwracks vorbei in die gewiesene Richtung.
Es war rasch dunkel geworden, aber ein Posten zeigte ihm das Zelt des Stabes. Marseille trat ein, machte Meldung und bat um die Zurverfügungstellung eines Wagens nach Derna.
"Ich bin Schwarmführer, und morgen müssen wir von Gazala aus starten",

erklärte er seine Eile.

"Verstehe", sagte der behäbige ältere Hauptmann, der die Spangen beider Eisernen Kreuze trug. "Aber helfen kann ich Ihnen nicht. Möglicherweise stellt Ihnen der General seinen Wagen zur Verfügung."

Das breite Lächeln auf dem Gesicht des Hauptmanns zeigte, daß dies als Scherz gemeint war. Doch Marseille bat nun, den Herrn General sprechen zu dürfen.

Genau zehn Minuten später meldete sich Oberfähnrich Marseille bei dem Heeresgeneral und trug diesem sein Mißgeschick vor. Zum Schluß sagte er:

"Ich muß morgen bei meiner Staffel sein, denn wenn ich nicht dort bin, kann mein Schwarm nicht starten."

Sein Schwarm, das waren jene zwei Rotten zu jeweils zwei Maschinen, die er zu führen hatte.

Das Seltsame geschah hier, wie oftmals nachher, auch anderswo. Anstatt den aufmüpfigen und vorlauten Oberfähnrich vor die Tür zu setzen, war der General eher amüsiert und erfreut über die Forschheit dieses jungen Soldaten, der zudem noch das Eiserne Kreuz I. Klasse trug, also kein schlechter Flieger sein konnte.

"Dann erzählen Sie mal, was Sie am Kanal erlebt haben", forderte der General den Oberfähnrich auf und bot ihm einen Platz an.

Marseille berichtete in seiner frischen Art von seinen Abschüssen und auch davon, wie er selber dreimal beinahe und einmal wirklich am Ärmelkanal "in den Bach gefallen" war.

Als er geendet hatte, nickte der General. "Sie bekommen den Wagen, aber erst müssen Sie mit mir zu Abend essen." Er rief nach dem Hauptmann und fragte diesen, welcher Wagen zur Verfügung stehe. Es waren zwei Volkswagen und der "Admiral" des Generals, den der General aber selber benötige.

Der General drehte sich zu Marseille um. "Sie können morgen früh bei Tagesanbruch mit meinem Wagen losfahren. Oder wollen Sie sofort weiter? Es herrscht Neumond und ab 23.00 Uhr ist es beinahe taghell."

"Ich bitte darum, sofort fahren zu dürfen, Herr General!" sagte Marseille.

"Also gut! Lassen Sie den Wagen vorfahren. Sehen Sie nach, ob er aufgetankt ist!" bat der General den Hauptmann.

"Und Ihnen, Marseille, Hals und Beinbruch! Sie wissen ja hoffentlich, daß Sie sich für dieses Entgegenkommen nur mit fünfzig weiteren Abschüssen revanchieren können. Ich hoffe also, Entsprechendes von Ihnen zu hören."

"Jawohl, Herr General!" rief Marseille erleichtert.

In dem geräumigen Wagen mit dem Berliner Unteroffizier Schultze am Steuer flogen sie beinahe über die hier asphaltierte Via Balbia. Es herrschte sofort ein kameradschaftliches Verhältnis zwischen den beiden Berlinern.

Der Fahrer berichtete von der bitteren Kälte der ersten Wochen in Afrika, von Rommel und von einem Major Irnfried von Wechmar, der eine Aufklärungsabteilung führte und den sie nun alle den Herrn des Vorfeldes nannten. Er sprach von den ersten Sandstürmen und den Fliegen, dem Salzkaffee und vielen anderen Dingen, um schließlich nachdenklich zu bemerken:

"Ihr da oben am Himmel habt es gut. Immer gute Luft und alles staubfrei."

"Dafür aber ab und zu ziemlich eisenhaltige Luft", warf "Jochen" Marseille ein.

"Stimmt! Und deshalb bleibe ich lieber hier unten in meinem Auto."

Agedabia war längst passiert. Rechts und links der Straße huschten die wenigen Häuser vorbei. Einmal verfuhren sie sich, als sie den Spuren einer abbiegenden Kolonne folgten. Doch der Fahrer erkannte bald seinen Irrtum.

Sie drehten und fuhren am 22. April um 2.00 Uhr früh in Bengasi ein. Es war eine europäisch anmutende Straße, die sie durch die Stadt führte, von Chausseebäumen flankiert. Aber der Unteroffizier sah die Straße ebenso wenig wie Bengasi, denn er schlief tief und fest. "Jochen" Marseille fuhr den Wagen des Generals.

Hinter Tocra stieg die Littoranea (ital., Küstenstraße) an und führte an der Flanke des Djebel Achkar entlang. Unteroffizier Schultze übernahm wieder das Steuer, weil er dieses schwierige Gelände kannte. Die Reihe zu schlafen war nun an Marseille.

Als der Oberfähnrich aufwachte, war es bereits nach 7.00 Uhr. Die Küstenstraße fraß sich jetzt durch das Kalksteingebirge hindurch. Sie passierten Landschaftsteile von wildromantischem Aussehen, kamen durch Häuserreihen italienischer Siedler mit Johannisbrotbäumen und anderen Pflanzen. Hier lagen - nach den italienischen Bewässerungsaktionen - die fruchtbaren Siedlungen der Cyrenaika, als da waren: Gasr el Elua, Sidi Abd el Uahed, Zauia el Beda und Beda Littoria. Sie durchfuhren bei Luigi Raza einen langgestreckten Eichenhain. Die meisten der Siedlungen waren nun verlassen. Die Siedler und ihre Familien waren nach dem Rückzug der italienischen Truppen im Dezember 1940 mit diesen zurückgefahren.

Es war Mittag, als sie den Flugplatz von Derna erreichten. Hier wurde eine Tankpause gemacht, die "Jochen" Marseille dazu benutzte, um bei dem Oberzahlmeister des Platzes seinen Wehrsold in Empfang zu nehmen.

Als dieser den Betrag ins Soldbuch Marseilles eintragen wollte, schlug er die Seite auf, auf der die beiden Eisernen Kreuze eingetragen waren.

"Bitte nicht auf dieser Seite!" fiel der Oberfähnrich dem Oberzahlmeister in den Arm.

"Glauben Sie denn, daß Sie ausgerechnet hier noch mehr kriegen als die Eisernen Kreuze eins und zwei?" fragte dieser.

"Selbstverständlich!", lautete Marseilles Antwort. Der Oberzahlmeister gab nach und trug den Sold auf einer anderen Seite ein.

Es ging nun dem Hochplateau der Cyrenaika entgegen. In langen Serpentinen, von dichten Staubschleiern umweht, fuhren sie zum Halfayapaß aufwärts. An den Rändern der steilen Hänge lagen ausgebrannte und zerschrottete Fahrzeugwracks, darunter auch einige Panzer. Eine größere Anzahl lag in den Senken und Schluchten, wohin sie vom Räumungskommando hinuntergeworfen worden waren, um die Straße freizuhalten.

Auf der Straßc wcrkten Arbeitertrupps, welche die Schlaglöcher ausbesserten. Als sie eine der Kehren erreichten und auf Derna zurückschauen konnten, sahen sie, wie soeben zwölf Ju 87 des StG 3 zum Feindflug starteten. Als sie sich von der Erde gelöst hatten, schwebten zwölf rostrote Sandschleppen in der Luft, die sich endlich miteinander vereinten und dann als undurchdringlich braune Wolke das Feld einhüllten. Bald entschwanden sie den Blicken Marseilles.

"Die fliegen nach Tobruk. Rommel will diese Festung unbedingt erobern. Sie ist der Angelpunkt der Front", erklärte Unteroffizier Schultze.

Es war 17.00 Uhr, als Marseille auf den Platz von Ain el Gazala eindrehte und zu seiner Staffel fuhr. Er verabschiedete sich von Unteroffizier Schultze und meldete sich anschließend bei Oberleutnant Homuth zurück.

Marseille war nur zwei Stunden nach der Staffel hier eingetroffen. Eigentlich war Homuth mit dieser Leistung des Oberfähnrichs sehr zufrieden. Aber über seine Lippen kam kein Wort des Lobes.

Von seinen Kameraden erfuhr Marseille, daß die 2. Staffel bereits am Vortage hier eingetroffen war und daß mit ihrer 3. Staffel die gesamte I. Gruppe auf dem Platz von Gazala versammelt sei.

Die fliegenden Verbände - Der Fliegerführer Afrika

Nach dem Eintreffen der ersten Jäger konnten die Stukas endlich mit Begleitschutz nach Tobruk fliegen, das Rommels erklärtes Ziel war.

Damit waren neben den ersten Staffeln der III./ZG 76 unter Major Karl Kaschka einige Stukas des StG 3 und der 2./Heeresaufklärungsstaffel 14 auch die ersten Jägerstaffeln in Afrika im Einsatz. Bereits seit Januar 1941 waren Teile des mit He 111 ausgerüsteten Kampfgeschwaders 26 nach

Nordafrika verlegt worden. Das Geschwader stammte aus den Verbänden des X. Fliegerkorps, das im Dezember 1940 vorsorglich von der Kanalfront in den Mittelmeerraum nach Sizilien verlegt worden war.

Der Auftrag für das X. Fliegerkorps lautete: "Bekämpfung der englischen Geleitzüge im Mittelmeer, der englischen Seezufuhr durch den Suezkanal und Behinderung des Vorstoßes der britischen Armee in Libyen." Später kam noch hinzu: "Schutz der Seetransporte für das deutsche Afrikakorps von Italien nach Tripolis."

Da noch mehr Fliegerverbände nach Afrika kommen würden, um den starken Druck britischer Fliegerverbände nicht nur auszugleichen, sondern darüber hinaus die von ihnen ausgehende Gefahr für das Afrikakorps auszuschalten, wurde zunächst Oberstleutnant i. G. Martin Harlinghausen Einsatzführer für die in Nordafrika eingesetzten Teile des X. Fliegerkorps und vorläufiger Fliegerführer Afrika.

Sehr bald jedoch zeigte sich, daß eine Kommandostruktur fehlte - und daß man bei weiterem Aufstocken der deutschen Luftstreitkräfte in Nordafrika einen wirklichen Fliegerführer Afrika mit Stab errichten und einsetzen mußte. Ohne einen solchen Stab wäre ein koordinierter Einsatz in der geplanten Stärke nicht möglich.

Als das Oberkommando der Luftwaffe am 20. Februar 1941 die neue Dienststellung des "Fliegerführer Afrika" ins Leben rief, wurde am selben Tag der damalige Generalmajor Stefan Fröhlich zum Fliegerführer Afrika bestellt.

Bis Mitte März standen Stefan Fröhlich folgende Fliegerverbände zur Verfügung:

1. Je eine Stukagruppe auf dem Flugplatz Castel Benito von Tripolis und südlich des Ortes Sirte
2. Eine Staffel der III./Zerstörergeschwader 26 auf dem Flugplatz bei Sirte. (Das Gros des Geschwaders befand sich noch auf Sizilien.)
3. Teile des Stukageschwaders 3 (II./StG 3 ab Ende Januar 1941, und I./StG 3 ab Februar 1941.)

Mit diesen wenigen Maschinen mußten alle Einsätze bestritten werden, die Rommels elanvollen Vorstoß in die ostwärtige Wüste unterstützen sollten.

Für den Lufttransport Sizilien - Afrika wurden Transportgruppen mit Ju 52 eingesetzt, die vorwiegend Treibstoff beförderten.

Ende März 1941 wirkten Stuka- und Zerstörer-Einheiten des Fliegerführers Afrika bei der Eroberung von El Agheila mit. Ansonsten wurde für das

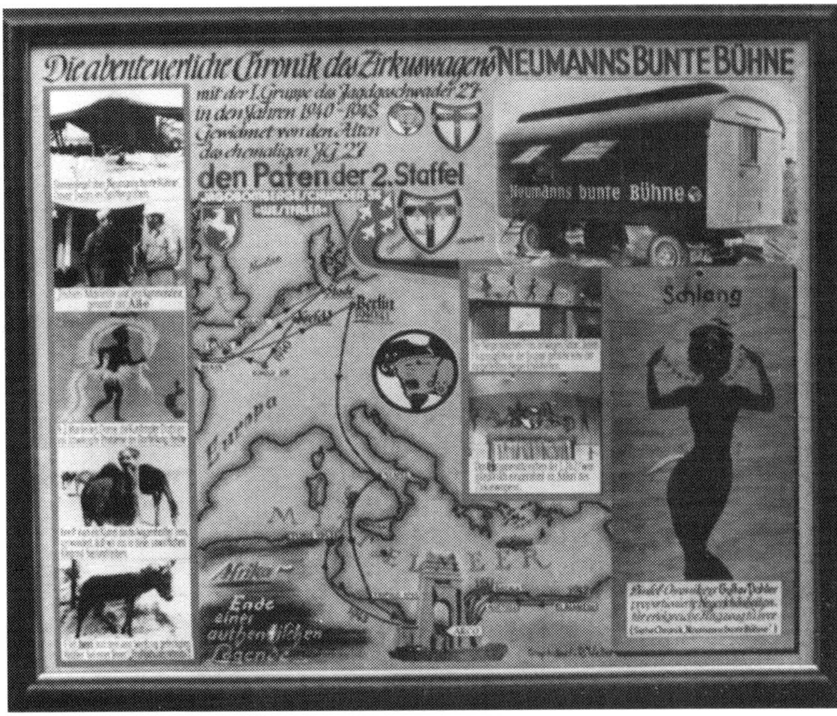

Die abenteuerliche Chronik des Zirkus Neumann in bunten Bildern des Gruppenmalers Gustav Pahler.

Eine Me 109 der II./JG 27

Vorn das Gruppenzelt. Im Hintergrund die Zelte der Staffeln.

Ein Wegweiser in der Wüste. Nach Königsberg 2 999,9 km.

Die gelbe 14 wird startklar gemacht. „Jochen" wartet schon.

Unmittelbar vor dem Start. Der Erste Wart leistet Hilfestellung.

Ein gefundenes Wrack wird wieder ein Boot und mit allen Kräften zu Wasser gebracht.

Das Zelt von Marseille mit Bilderschmuck.

„So stieß ich durch den Abwehrkreis“, zeigt Hans-Joachim seinen Kameraden.

Auch Pöttgen (links) wird mit einem Stein „die Sache erklärt“.

Marseille vor seiner Maschine, Inmitten seiner Staffel ist er zu Hause.

Seine „Mühle“ wird durchgesehen. Er wartet auf den nächsten Einsatz.

Der General der Jagdflieger, Adolf Galland, zu Besuch in der Wüste. Hptm. Neumann erstattet den ersten Bericht.

„Da vorn geht es entlang zum Start" zeigt Jochen der Staffel.

Waffenreinigen im Rahmen einer Gesamtreparatur der Me 109.

Das Leitwerk wird neu mit Segeltuch bespannt. Links die Nähmaschine!

Afrikakorps Aufklärung geflogen.

Der Fliegerführer Afrika erhielt Weisung, den Vorstoß des DAK am 31. März durch die beiden vorhandenen Stukagruppen zu unterstützen und die Zerstörerstaffel als Schlachtflieger einzusetzen.

Bis zu diesem Zeitpunkt war auch die Feindluftwaffe nur wenig in Erscheinung getreten. Die deutschen Aufklärungsflüge wurden in der Luft nicht oder kaum gestört. Erst nachdem das DAK zu seinem Vorstoß durch die Cyrenaika antrat, stießen ihnen britische Fliegerverbände entgegen.

Während der nächsten Tage griffen Stukas und die Me 110 als Zerstörer und Schlachtflieger in den Erdkampf ein. Alle erkannten Bodenziele wurden gebombt oder beschossen. Besetzte Feindstellungen wurden in Sturzangriffen der Ju 87 vernichtet, Bereitstellungen zersprengt.

Die nach En Nofilia zurückkehrenden Maschinen berichteten von guten Erfolgen. Aber es hatte schwere Verluste durch die nun in stärkerer Zahl auftretenden Feindjäger gegeben.

Während General Fröhlich seinen Gefechtsstand weiter und weiter nach Osten verlegte, bat er beinahe täglich Rommel darum, im Führerhauptquartier darauf einzuwirken, daß so schnell wie möglich deutsche Jäger nach Nordafrika überführt würden, um die Verluste an Kampfflugzeugen und Zerstörern durch die britische Wüstenluftwaffe zu verhindern, zumindest zu vermindern.

Die vorverlegenden Flieger zogen in Derna ein, sie erreichten im Vorstoß des DAK schließlich Bengasi.

Während der Kampf um Tobruk tobte, war es dann soweit. Die ersten deutschen Jagdflieger stellten sich auf dem Balkan, in Italien und auf Sizilien zum Überflug nach Afrika bereit. Es war, wie bereits geschildert, die I. Gruppe des Jagdgeschwaders 27.

Damit waren die "Holidays" der britischen Bomber zu Ende. Einer der abgeschossenen Bomberpiloten hatte bei seiner Befragung durch Stefan Fröhlich gemeint:

"Jeder Tag ohne deutsche Jagdflieger war ein glücklicher Tag für uns."

Nunmehr aber sollten die glücklichen Tage für die britischen Bomberpiloten ebenso wie für die anderen Angehörigen der britischen Wüstenluftwaffe vorüber sein.

In der Dislozierung der eigenen Fliegerkräfte waren am 1. Mai 1941 zu den vorhandenen Fliegerkräften die I./JG 53 und die I./JG 27 hinzugekommen. Wenig später tauchte leider nur für einige Wochen noch eine Staffel des JG 77 auf, dessen Gros sich auf den Ostfeldzug vorbereitet hatte, und ab dem 22. Juni 1941 an der Ostfront kämpfte.

Während die Stukagruppen und Zerstörer auf dem Flugplatz von Derna lagen, befanden sich die Jäger auf dem Flugplatz von Ain el Gazala. Eine Ju 88-Gruppe war auf dem Platz von Benina bei Bengasi eingefallen.

Doch nun zum Einsatz des JG 27 in Afrika.

Das Jagdgeschwader 27 in Afrika
Begleitschutz über Tobruk

Nach Ankunft der I./JG 27 übernahm diese Jägergruppe vom ersten Tage an die Begleitsicherung der Stukas nach und über Tobruk. Generalleutnant Rommel wollte diese wichtige Festung mit ihrem Hafen noch immer in seine Hand bringen und scheute nicht davor zurück, trotz stärkster Verluste bei den ersten Angriffen neue Versuche zur Inbesitznahme von Hafen und Festung zu unternehmen. Nun hatte er wenigstens eine Jagdfliegergruppe zur Begleitaufgabe für die Kampfflieger und Sturzkampfflieger zur Hand.

Die 3. Staffel der I./JG 27 war in Ain el Gazala ohne den Oberfähnrich Marseille gelandet. Während sich die Piloten erfrischten, machten sich die Warte über die Maschinen her. Munition wurde gegurtet, Treibstoff nachgefüllt und die Motoren überprüft. Staffelkapitän Oberleutnant Homuth hatte seine Männer um sich versammelt und erklärte ihnen die Lage. Über ihnen zogen einige Stukas Richtung Tobruk dahin. Sie wurden von zwei Me 110 der III./JG 26 begleitet.

Währenddessen waren die Zelte aufgebaut, und die Flugzeugführer bezogen ihre zukünftigen Unterkünfte. Die Hitze hatte sie wie eine Mauer aus Feuer empfangen. Sie schwitzten und lagen keuchend auf ihren Feldbetten, als einer der vor dem Zelt stehenden Flieger einen verwunderten Ausruf ausstieß.

Unteroffizier Pöttgen hörte so etwas wie "Marseille". Er eilte ins Freie und sah, wie soeben Hans-Joachim Marseille sich bei Oberleutnant Homuth zurückmeldete. Als der Oberfähnrich seine Kameraden erreichte, wurde er von diesen umringt.

"Wo kommst du denn her? Es ist doch gar keine Maschine gelandet!" rief Pöttgen verblüfft.

"Mit dem Wagen des Nachschubgenerals natürlich!" erwiderte Marseille, was die anderen gar nicht so natürlich fanden. Marseille berichtete von seinem unwahrscheinlichen Glück und davon, daß er gewissermaßen als Gegenleistung dem General versprochen hatte, mindestens fünfzig Tommies vom Himmel herunterzuholen.

"Dann solltest du dich hübsch ranhalten", meinte einer der anderen Flugzeugführer. "Der Herr General wird Vollzugsmeldung erwarten."

"Darauf könnt ihr euch verlassen", sagte der Oberfähnrich.

"Der Mensch denkt, und Gott lenkt, Jochen", fiel Oberfähnrich Stahlschmidt, Marseilles Freund, in das Gespräch ein.

"Man muß aber auch selber etwas dazu tun", beendete Marseille diesen Dialog.

Wenig später stand Marseille vor seiner neuen Maschine, die von den beiden Warten Meyer und Schulze vorgestellt wurde. Sie trug eine mit gelber Farbe aufgemalte 6 auf den Seiten.

Am Morgen des 23. April starteten die ersten Me 109 um 10.00 Uhr zur Begleitsicherung jener Stukas, die Tobruk zum Ziel erhalten hatten. Zusätzlich flogen noch zehn Me 110 Begleitschutz. Dieser Start brachte für Marseille keinen Erfolg.

Kurz vor Mittag aber erfolgte der zweite Start. Als eine der letzten war die Rotte Marseille-Pöttgen startbereit. Hans-Joachim Marseille blickte nach links. Dort saß Pöttgen im Sitz der Nachbarmaschine. Er hob die Hand und signalisierte, daß er bereit sei.

Am Platzrand sah Marseille eine Reihe Kameraden. Unter ihnen die unverwechselbare Gestalt des Gruppenkommandeurs, Hauptmann Eduard Neumann; neben diesem sein Freund Stahlschmidt.

Die Startflagge ging für die gelbe 6 hoch. Marseille schob den Gashebel nach vorn. Der Daimler-Benz-Motor DB 601 E brüllte auf. Die Maschine setzte sich in Bewegung. Das Leitwerk gehorchte dem Steuerdruck und hob sich in die Horizontale. Die Me 109 rollte, schneller und schneller werdend, über die Sandpiste und hob dann ab, mitten in den Sandvorhang hinein, den die vorher gestarteten Maschinen aufgewirbelt hatten.

Hans-Joachim Marseille drückte den schwarzen Knopf links vor dem Gashebel. Das Fahrwerk rastete deutlich hörbar in der Versenkung ein. Die Landeklappen gingen ebenfalls zurück, und im leichten Steigflug zog die Me 109 nach Nordosten, wo irgendwo direkt am Meer Tobruk liegen mußte.

Wenig später hatte sein Rottenflieger Rainer Pöttgen zu ihm aufgeschlossen. Marseille nickte ihm zu und hob die in einem Handschuh steckende Hand. Pöttgen erwiderte diese Geste. Sehr bald hatten sie zu den führenden Maschinen aufgeschlossen. Unter ihnen flogen die Stukas ihrem Ziel entgegen.

Nach vorn spähend versuchte Marseille, voraus etwas am Himmel vom Gegner zu entdecken, aber er sah nichts. Keine Spur einer feindlichen Maschine war zu erkennen. Linkerhand tauchte blinkend und glitzernd der

Spiegel des Mittelmeeres auf. Ein Blick auf den Höhenmesser zeigte ihm, daß er die vorgeschriebenen viertausend Meter Höhe erreicht hatte. Er ging in den Horizontalflug über.

Kurz darauf tauchte voraus die Bucht von Tobruk auf. Von den Befestigungen eröffnete die Feindflak das Feuer auf die bereits auf ihre Ziele hinunterstürzenden Ju 87, die mit Sirenengeheul bis auf wenige hundert Meter über Grund abtauchten und dann ihre Bomben warfen.

Grelle Blitze, dicke Staubwolken zeigten den Begleitjägern, daß die Stukas ihre Bomben geworfen hatten und nun hochzogen und in einer langgezogenen Linkskurve über See abdrehten, um so schnell wie möglich aus dem Wirkungsbereich der feindlichen Flak herauszukommen. Auch die Me 109 wichen, weiter steigend, auf das Meer hinaus.

Marseille sah plötzlich einige winzig kleine Punkte, die sich rasch vergrößerten. "Indianer aus Osten, tausend Meter tief!" meldete er den dort auftauchenden Gegner. Es handelte sich um Hurricanes der 73. Squadron. Insgesamt zählte Marseille sieben.

Schon stieß die erste Rotte mit Oberleutnant Ludwig Franzisket, dem Gruppenadjutanten, und Leutnant Eugen von Moller auf diese Gegner hinunter.

Auch Marseille und sein Rottenflieger jagten auf die Hurricanes zu. In einer leichten Kurve drehte Marseille und sah dabei, daß Pöttgens Maschine die leichte Bewegung mit ausführte und dicht hinter ihm blieb. Voraus erblickte Marseille das bizarre Muster der Schlacht. Dort kämpften sie bereits gegeneinander. Die erste Hurricane stürzte steil der Erde entgegen. Dann erwischte es eine Me 109, die versuchte, auf das Meer hin auszuweichen, dann aber plötzlich steil auf das Wasser hinunterstieß und zerschellte.

Jetzt sichtete Marseille einige hundert Meter unter sich und noch etwas voraus zwei Hurricanes. Er drückte den Steuerknüppel. Die Maschine drehte sich in die Rückenlage. Pfeifend rauschte der Fahrtwind um die Zelle, als sich die Motorspitze dem Leitwerk der ersten Hurricane entgegenreckte. Schon wanderte die Rumpfoberseite dieses Gegners ins Reflexvisier, die Mittelpartie des Rumpfes folgte. Noch eine blitzschnelle Korrektur, und die polternden Abschüsse der Kanone ließen die Maschine erzittern. Vom Motor her gegen die Kabine zu sägten sich die Geschosse ihre Bahn durch die Frontpartie der Hurricane. Sekunden nur, dann leckten Flammenzungen aus der getroffenen Maschine heraus, und mit stark überhöhter Geschwindigkeit stürzte die Me 109 an diesem vernichteten Gegner vorbei.

"Gratuliere, Jochen!" schallte Pöttgens Stimme durch die Sprechfunk-Verbindung. Marseille legte die Me 109 in eine Steilkurve und sah, wie die

Hurricane in engen unkontrollierten Spiralen der Erde entgegenstürzte und mit einem Aufschlagbrand zerschellte.

Als Marseille sich wieder emporschwang, um den nächsten Gegner anzugehen, hingen plötzlich vier dieser Maschinen hinter ihm. Mit großer Fahrtüberhöhung zog er empor und konnte sich so den nachgeschickten MG-Salven entziehen.

Als Marseille den eigenen Horst erreichte und mit seinem Flugzeug sicher landete, wurde er von seinen Kameraden beglückwünscht. Er hatte seinen ersten Gegner in Afrika abgeschossen.

Als es Abend wurde, mußte Marseille zu seinem dritten Einsatz an diesem 23. April starten. Es waren insgesamt zwanzig Maschinen, die zwanzig Stukas zu einem weiteren Angriff gegen Tobruk begleiten sollten.

Marseille wollte es wieder wissen. Als sich der Gegner näherte, stürzte er aus überhöhter Position direkt auf diesen hinunter, um im Vorbeifliegen einen von ihnen abzuschießen. Diesmal gelang es nicht, und ehe sich Marseille versah, wurde er von drei Seiten mit MG-Salven eingedeckt. Er hörte die krachenden Einschläge in der Zelle. Wenn der Motor getroffen würde, dann "ade, lieb Heimatland", ging es ihm durch den Kopf. Drei, vier Geschosse klatschten hinter ihm durch das Kabinendach, als er sich gerade nach vorn beugte.

Diese Bewegung rettete ihn, denn zwei weitere Kugeln zischten um wenige Zentimeter hinter seinem Nacken vorbei. Seine Maschine verlor an Fahrt, dann begann der Motor leicht zu qualmen. Marseille drückte steil nach unten. Mit letzter Kraft gelang es ihm, die Maschine in die Nähe des Horstes zurückzubringen, ehe er sie mit eingezogenem Fahrwerk auf den Bauch warf. Er wuchtete die Kabinenabdeckung hoch, kletterte ins Freie, und rannte zur Seite. Glücklicherweise explodierte das Flugzeug nicht.

Als seine Warte wenig später das Maschinenwrack besichtigten, zählten sie mehr als dreißig Treffer. Es war der französische Pilot Sous Lieutenant Denis gewesen, der in diesem Duell fast zum Sieger über jenen Flieger geworden wäre, der später als Stern von Afrika bei Freund und Feind berühmt werden sollte.

Neumanns Bunte Bühne

Als ein Teil der 3. Staffel am Morgen des 28. April startbereit war, landete zur gleichen Zeit eine Bristol Blenheim der 45. Squadron in Tobruk. Der Pilot hatte Weisung, fünf Männer aus der belagerten Festung auszufliegen. Es waren dies: ein Geschwaderkommodore, ein Squadronleader, ein Priester sowie zwei Stabsoffiziere.

Als diese Maschine wieder startete, hatte die Rotte Marseille-Pöttgen die Peripherie von Tobruk erreicht. Wieder einmal mehr bewies Marseille sein besonderes Sehvermögen. Er erkannte diesen Gegner bereits aus mehreren Kilometern Entfernung und aus großer Höhe.

"Scheint ein Bomber zu sein, ich hole ihn mir, Rainer!" rief Marseille seinem Rottenflieger über die Sprechfunk-Verbindung zu, ehe er eindrehte, um der über See nach Osten abdrehenden Blenheim den Weg abzuschneiden. Aus großer Höhe und aus der Sonne heraus stieß Marseille auf diesen Gegner hinunter, jagte mit seiner Me 109 beinahe auf Rammdistanz an diese Maschine heran, ehe er aus kürzester Entfernung das Feuer eröffnete. Binnen weniger Sekunden, länger dauerten die Feuerstöße seiner Waffen nicht, stürzte die Blenheim in die See, um wie ein Stein zu versinken. Marseille legte seine Maschine in eine Linkskurve und drehte aus dem aufbrüllenden Flakfeuer heraus.

Als Rommel am 30. April den zweiten Versuch unternahm, Tobruk zu erobern, beteiligte sich auch die I./JG 27 an diesem Kampf. Doch nur Oberleutnant Redlich gelang es, eine Hurricane abzuschießen. Dann zog der zweite Tag der Schlacht, der 1. Mai 1941, herauf.

Oberleutnant Homuth gab am frühen Morgen den Einsatzauftrag seiner Staffel bekannt: "Begleitschutz für einen Stukaverband!"

Acht Me 109 waren startbereit. Während Oberleutnant Homuth den tiefer fliegenden Schwarm führte, übernahm Oberfähnrich Marseille den Höhenschutz. Es sah zunächst so aus, als sollte es für die Jäger ein Tag wie jeder andere werden. Dann aber wurde dem Staffelkapitän ein Aufklärer über Fort Acroma gemeldet. Homuth befahl über die Sprechfunk-Verbindung, nach Süden einzuschwenken.

Als sie nahe genug an das Fort herangekommen waren, sichtete Marseille als erster eine Staffel von sechs Feindflugzeugen, die ebenfalls in etwa viertausend Meter Höhe über dem Fort standen.

"Steigflug!" befahl Homuth. Die Piloten zogen die Steuerknüppel an und stiegen höher empor, dann korrigierten sie den Kurs so, daß sie aus der Sonne heraus angreifen konnten. Als sie die Kokarden erkannten, drückte Homuth mit seinem Schwarm zur Seite weg, um dem Höhenschwarm Marseilles die Chance des ersten Schusses zu geben.

Marseilles Maschine stürzte als erste auf den Gegner hinunter. Der Rottenflieger des angegriffenen Gegners kurvte nach links weg. Marseille stürzte an dem anvisierten Gegner vorbei, drückte im Sekundenbruchteil der exakten Schußrichtung den Abfeuerknopf. Der erste Feuerstoß ließ diesen Engländer zur Seite kippen und über den eigenen Linien abstürzen.

Es waren Maschinen der 274. Squadron. Marseille verfolgte nun den Rottenflieger, der in Richtung Tobruk zu entkommen trachtete. Er kam schnell näher und schoß auch diesen Gegner ab.

Während dieser Zeit hatte Oberleutnant Homuth zwanzig Kilometer südlich von Tobruk die vier übrigen Hurricanes gestellt. Es gelang Homuth, zwei weitere Gegner abzuschießen.

Bei diesem Gefecht wurde die gelbe 4 des Gefreiten Hermann Köhne vom Gegner getroffen. Schwer verwundet gelang es Köhne dennoch, den eigenen Horst zu erreichen und sicher zu landen.

Im Tiefflug kehrte die Staffel zum Platz zurück. Zwei Me 109 wackelten jeweils zweimal mit den Tragflächen, die von Marseille und jene von Homuth.

Der Gruppenkommandeur stand am Rollfeld und beglückwünschte die beiden erfolgreichen Jäger. Als er sich an den Oberfähnrich wandte, meinte er gelassen: "Aus Ihnen wird wohl doch noch ein ordentlicher Flieger. Aber seien Sie vorsichtig, ich will diese Verrücktheiten nicht mehr sehen, wie Sie mitten in einen englischen Pulk hineinfliegen und wie ein Sieb durchlöchert heimkommen!" (siehe Ring, Hans und Girbig, Werner: Jagdgeschwader 27 - Die Dokumentation über seinen Einsatz an allen Fronten 1939 - 1945)

Am Abend dieses Tages waren auf dem Leitwerk der gelben 14 elf Abschußbalken zu zählen, während Oberleutnant Homuth seinen sechzehnten und siebzehnten Gegner abgeschossen hatte.

Die Staffeldörfer - Besuch in die Vergangenheit

In diesen Tagen der ersten Luftduelle über der Wüste waren bei Gazala die Staffeldörfer entstanden und untereinander mit Wegen verbunden worden. Zum Flugplatz führte eine Straße, die nur mit einer Geschwindigkeit bis zu fünfundzwanzig km/h befahren werden durfte. Dies war die "Via Neumann".

Hauptmann Eduard Neumann hatte, um mit den Worten von Fritz Dettmann, dem Chronisten der I./JG 27 und Kriegsberichter zu sprechen, "einen Zweifrontenkrieg zu führen. Einmal gegen den Feind in der Luft, zum anderen gegen die sich ausbreitende Lethargie, die durch das afrikanische Klima und das Abgeschlossensein der Flieger hervorgerufen wurde."

Hier erwies sich Eduard Neumann als der glänzende Kommandeur und Psychologe. Da es in Afrika keine Wehrbetreuung gab, mußte er selber für

Kurzweil und Zerstreuung sorgen. Die Männer mußten in den Ruhezeiten abgelenkt und beschäftigt werden. Neumanns Menschenkenntnis, sein Verständnis für die jungen Soldaten und sein großes fliegerisches Können kamen ihm bei dieser Aufgabe zu Hilfe.

Durch sein Studium an der Technischen Hochschule zu Berlin hatte Neumann, aus der Bukowina stammend, die Fliegerei kennen- und liebengelernt. Er wurde sehr rasch Mitglied der Akademischen Fliegergruppe und erlernte in Johannisthal und Berlin-Staaken das Einmaleins der Fliegerei.

All dies kam ihm hier zugute, und nicht zuletzt seine besondere Eigenschaft, daß er selber sehr jung und frisch wirkte und zugleich eine väterliche Art hatte, die die jungen Flieger ansprach.

Er war es, der dank seiner technischen Kenntnisse allerlei in Bewegung setzte. Die Duschbäder der einzelnen Staffeln, aus alten Benzinfässern und einigen Rohrleitungen hergestellt, waren seine Erfindung. Er initiierte auch die Reparatur des Motors eines angeschwemmten Fischerbootes, mit dem die Flieger in ihrer Freizeit zum Fischen hinausfahren konnten.

Seine größte Leistung aus der Sicht der Flieger war die Höhlenbar in der Nähe des Flugplatzes, deren Einweihung große Kreise zog und sogar Männer aus dem Stab des Fliegerführers Afrika anlockte.

So wurde "Edu" Neumann so etwas wie ein Wahrzeichen für die in Afrika kämpfenden Flieger des Wüstenjagdgeschwaders 27. Er war es auch, der die Besuche in den alten römischen Ruinenstädten anregte.

Auf diese Weise lernte auch Hans-Joachim Marseille die Stadt Cyrene kennen, die antike Hauptstadt der Cyrenaika, die an der Quelle Kyra, fünfzehn Kilometer von der Küste entfernt, um 630 vor Christus von Theräern erbaut worden war.

Der junge Flieger war vom Apollontempel ebenso beeindruckt wie vom Tempel der Artemis aus dem 4. vorchristlichen Jahrhundert.

"Wer hätte das gedacht, als wir als Pennäler jenen Teil der Weltgeschichte lernten, daß wir dies alles hier mit eigenen Augen sehen würden", sagte er zu seinem Freund Stahlschmidt. "Einfach umwerfend", bestätigte dieser. "Hier waren Alexander der Große ebenso wie Ptolemaios I. Vielleicht stehen wir sogar jetzt an der Stelle, an der einer der beiden 331 und 332 vor unserer Zeitrechnung gestanden hat."

"Nun aber 'mal langsam. Wir wollen doch nicht übertreiben", meinte Marseille schmunzelnd.

"Wie kamen nun die Italiener hierher?" fragte Marseille den "Professor", wie sie den Waffenwart Unteroffizier Stöcker nannten, der sich bereits mehrfach als Kenner der Geschichte der Cyrenaika erwiesen hatte.

"Aber bitte in Kurzfassung", warf Stahlschmidt ein. Stöcker legte los:
"Nach den Ptolemäern, die das Land bis 96 vor Chr. beherrschten, kamen die Römer und machten daraus 74 vor Chr. eine römische Provinz. Diese wurde zwischen 641 und 643 nach Christus von den Arabern besetzt, die das Land Barka nannten, und von hier aus zur Eroberung des Maghreb antraten. Die Beduinisierung erlebte ihren Höhepunkt um 1051, als die arabischen Stämme der Hilal und Sulaim hier eintrafen.

1517 wurde die Cyrenaika zusammen mit Ägypten von den Türken unterworfen und 1551 türkische Provinz. Ab 1711 entstanden unter türkischen Beys unabhängige Kleinstaaten, bis 1885 die türkische Herrschaft gefestigt wurde. Zu dieser Zeit stand das Gebiet, formell Tripolis unterstellt, unter dem Einfluß der Senussi.

1912 eroberte Italien Tripolitanien. Im ersten Weltkrieg fiel ein Großteil der Cyrenaika unter die Herrschaft der Senussi und konnte erst nach neunjährigem Kampf, von 1923 bis 1931, von Italien zurückgewonnen werden.

Der letzte große Gegner der italienischen Truppen war der Senussi-Führer Omar el Mukhtar. Er wurde gefangengenommen und am 16. September 1931 in Bengasi hingerichtet.

1934 vereinigte Italien seine beiden Kolonien Cyrenaika und Tripolis zur Kolonie Libyen. Das ist die Geschichte in kurzen Zügen."

"Und was können wir uns später noch ansehen?" fragte Stahlschmidt den "Professor".

"Ich würde die römischen Kolonialstädte Oea, Sabratha und Leptis Magna vorschlagen, denn diese sind am besten erhalten und hochinteressant."

"Wenn du uns wieder zur Verfügung stehen würdest, Professor", meinte Marseille, "würden wir uns freuen".

Leptis Magna war das Ziel des nächsten Ausfluges einiger Männer der Gruppe. Unter ihnen auch Marseille. Von hier aus, so erfuhren sie aus dem berufenen Mund des "Professors", waren in der Kaiserzeit die afrikanischen Tiere nach Rom verladen worden, um dort in den Arenen zu kämpfen. Unter Diokletian wurde Leptis Magna zum Hauptort der verkleinerten Provinz Tripolitanien. Sie wurde von den Wandalen erobert, von Justinian zurückgewonnen, dann von den Arabern in Besitz genommen.

Hans-Joachim Marseille wunderte sich darüber, daß auch jetzt während des Krieges die italienischen Ausgrabungen noch in vollem Gange waren.

Diese Exkursionen waren für Marseille eine willkommene Ergänzung seines Schulwissens, und es kam später schon einmal vor, daß er in einem seiner beiden großen Urlaube vor seiner Freundin mit seinem frisch erworbenen Wissen zu glänzen wußte.

Wie auch immer: Es war Hauptmann Eduard Neumann, der es verstand, die Kampfbereitschaft seiner Gruppe auf dem Höchststand zu halten, ohne mit der Knute der Strafe drohen zu müssen. Er ging alles locker an und - siegte auf der ganzen Linie. Der spätere General der Flieger Stefan Fröhlich drückte dies anläßlich eines Gesprächs mit dem Autor so aus:

"Neumann war in Wahrheit der Turm in der Schlacht. Er flog nur noch selten Kampfeinsätze, aber er war für alle ein großes Vorbild. Seine Persönlichkeit überragte alle anderen. Er war der geborene Führer im Kampf und ebenso in der Ruhezeit."

Neumann sorgte auch dafür, daß seine Männer über die Ursachen der in der Anfangszeit stark auftretenden Darmstörungen und der anderen Krankheiten und deren Ursachen aufgeklärt wurden. Für ihn und seine Truppe war der "Spatengang" ein wichtiges Ereignis und die Entsorgung des Ergebnisses desselben vordringliche Handlung, um Epidemien zu verhindern.

In den ersten Maitagen gab es kaum Feindberührung. Inzwischen traf am 1. Juni 1941 auch die 7./JG 26 mit sechs Me 109 E-7 unter ihrem Staffelkapitän Hauptmann Joachim Müncheberg, aus Sizilien kommend, in Afrika ein. Müncheberg war zu dieser Zeit mit seinen dreiundvierzig Luftsiegen einer der erfolgreichsten deutschen Jagdflieger. Er trug bereits das Eichenlaub zum Ritterkreuz.

Die Staffel wurde der I./JG 27 unterstellt. Aber "Edu" Neumann sah dies nicht so eng. So konnte Müncheberg seine Einsätze selber bestimmen und führen.

Als der Gegner in diesen Tagen mit den ersten Angriffen gegen die deutschen Feldflugplätze um Ain el Gazala begann, mußte die I./JG 27 ihre Zelte zwischen den Dünen am Strand aufschlagen.

Der Gegner blieb, auch was seine weitere Ausstattung mit Maschinen betraf, nicht stehen. Er stellte die 250. Jäger-Squadron im Raume Alexandria auf, die mit den neuen Flugzeugtypen Curtiss-P40-"Tomahawk" ausgerüstet war. Diese Maschinen waren besser als die Hurricane. Sie waren etwas schneller und vor allem stärker bewaffnet. Da diese Maschine der Me 109 in gewisser Weise gleichwertig war, drängte die Front auf die Heranbringung des neuen Typs Me 109 F. (Siehe Typenliste der in Afrika eingesetzten Flugzeuge beider Seiten.)

Als die I./JG 27 am 4. Juni den Geburtstag ihres Kommandeurs feierte, schenkte sie ihm einen Esel, der den Namen "Iwan" erhielt. Er und seine "Freundin", eine Eselin der 2. Staffel, entwickelten sich sehr bald zum Schreckgespenst für alle Köche. Bis eines Tages beide Tiere "spurlos in der Wüste verschwanden."

Am 12. Juni startete auch die 2. Südafrikanische Squadron zu ihren ersten Einsätzen in Afrika.

Die britischen Vorbereitungen zur Offensive "Battleaxe" (Streitaxt) wurden bis zum Abend des 14. Juni beendet. Den Briten standen dazu an Jagdfliegern insgesamt zehn Squadrons mit einhundert einsatzbereiten Jägern zur Verfügung. Ihre Bomberkräfte beliefen sich ebenfalls auf etwa einhundert Maschinen.

Zur gleichen Zeit verfügte die Achsenluftwaffe über die I./JG 27, die 7./JG 26, die III./ZG 26, den Stab StG 3, die I./StG 1 und die II./StG 2, die I., II. und III./LG 1, die 2. (H) 14 sowie die 1. (F) 121 und die 2. (F) 123.

Dies waren insgesamt sechzig einsatzbereite Jäger und Zerstörer, sechzig Stukas und etwa zehn bis zwölf Aufklärer.

Siebzig italienische Jäger und fünfundzwanzig Bomber kamen hinzu.

Kurzübersicht über die Operation "Battleaxe"
Die Sommerschlacht bei Sollum

Nachdem in der Operation "Tigerwurf" zweihundertfünfundneunzig britische Panzer auf fünf großen Transportern nach Alexandria durchgekommen waren, rüstete sich die britische Führung in Kairo zum großen Schlag. Ihr Oberkommandierender, General Wavell, meldete am 10. Juni dem Chef des Empiregeneralstabes den Plan, den Raum Halfaya-Capuzzo zu erobern, mit Teilkräften nach Süden um Sidi Omar herumzuschwenken und dem Gegner in den Rücken zu fallen, während die 4. Panzerbrigade und die 22. Gardebrigade direkt auf Fort Capuzzo angesetzt werden sollten.

Er beendete die Meldung: "Wenn die Bewegungen im Süden zum Zusammenstoß mit den gepanzerten Kräften des Gegners führen, wird dieser zerschlagen werden."

Diese Feindbewegungen waren dank des deutschen Funkhorchdienstes Südost nicht unbekannt geblieben. Rommel stellte seine Kräfte in den günstigsten Stellungen zur Abwehr bereit.

Als der britische Angriff am frühen Morgen des 15. Juni 1941 um 5.00 Uhr begann, wurde der gegen den Halfayapaß angreifende Gegner durch die Truppe unter Hauptmann Wilhelm Bach - ein Bataillon des Schützenregiments 104 und die diesem unterstellte Flak - zusammengeschossen. Ein Teil der Angreifer rollte in das deutsche Minenfeld hinein und blieb liegen.

Am frühen Morgen des 16. Juni stießen schnelle britische Truppen, an der Spitze Teile der 7. PD, westlich am Halfayapaß vorbei nach Norden. Die dreihundert Panzer erreichten Capuzzo und Musaid. Beide Stellungen fielen in ihre Hand. Nun trafen die Panzerspitzen auf die Stellungen der 5. Leichten Afrikadivision. Der 7. britischen Panzerdivison gelang der Durchbruch. Vor ihr lag nur noch die Höhe 208. Dort aber stand eine deutsche Flakbatterie unter Oberleutnant Herbert von Paulewicz.

Als die Britenpanzer hier angriffen, wurden sie von den vier 8,8 cm Flak abgewiesen.

Nach einem Artilleriefeuerschlag rollte der britische Panzerangriff ein weiteresmal gegen diese Höhe. Es waren siebzig an der Zahl. Elf dieser Mark II-Tanks wurden abgeschossen.

Der dritte Angriff begann am Nachmittag mit zunächst vierzig und weiteren zwanzig ihnen folgenden Panzern. Das Duell der Flak gegen Panzer begann abermals. Erneut wurden mehr als zehn Panzer abgeschossen.

Der vierte Angriff, der mit fünfundachtzig Feindpanzern erfolgte, wurde gemeinsam von der Flak und den in letzter Sekunde eingetroffenen Kampfwagen des PR 5 abgewiesen.

Damit war die Entscheidung in der Sommerschlacht bei Sollum gefallen. Das britische Generalstabswerk, United Kingdom History of the Second World War, das 1956 erschien, berichtete:

"Die so hoffnungsvoll begonnene Operation 'Battleaxe' scheiterte, weil es nicht gelang, die entscheidende Halfayastellung zu nehmen und an dem deutschen Stützpunkt 208 vorbeizukommen. Die deutsche 8,8 cm Flak erwies sich als tödliche Waffe gegen alle britischen Panzertypen. Das Zusammenwirken von Panzern mit ganz weit vorn eingesetzten 8,8 cm-Flakbatterien war für die britische Führung eine Überraschung. Der Sieg Rommels war ein Sieg seiner Führung, seiner überlegen kämpfenden Soldaten und seiner besseren Waffen."

Neben der Flak, der 3. Batterie des Flakregiments 33 unter Oberleutnant von Paulewicz und den beiden anderen Batterien am Halfayapaß unter der Führung des Abteilungskommandeurs Hauptmann Walter Fromm waren es noch die Panzer des PR 8 unter Oberstleutnant Hans Cramer, die der Offensive der Engländer den Todesstoß versetzten. Major Günther Fenski, Abteilungskommandeur der I./PR 8, sein Kompaniechef, Hauptmann Johannes Kümmel, und Oberleutnant Otto Stiefelmayer stoppten den Panzerfeind, die 7. PD, als dieser sich nach der Erstürmung von Capuzzo und Sollum mit fünfzig Kampfwagen auf Bardia zubewegte.

Als alles auf des Messers Schneide stand, ließ Rommel den Schwerpunkt der Kämpfe verlagern, denn das PR 8 hatte von seinen achtzig Panzern nur noch dreißig übrig behalten und lag gestoppt, während das PR 5 aus dem Raum westlich von Sidi Azeiz auf Sidi Suleiman angriff.

Rommel fuhr zur 5. Leichten AD, setzte sich an die Spitze der Panzer und trieb die Division in schneller Fahrt kämpfend bis in den Raum nordostwärts Sidi Omar. Von dort aus setzte sie den Angriff auf Sidi Suleiman fort.

Dies war die entscheidende Wende in der Sommerschlacht. Sidi Suleiman wurde erreicht, der weitere Vorstoß mit einer deutschen Gegenoffensive eingeleitet, die am 17. Juni im Rücken des Gegners begann. Beide Panzerdivisionen trafen auf den Gegner. Ein heftiger Panzerkampf setzte ein, der auf Seiten der britischen Verbände schwerste Opfer forderte, so daß um 9.25 Uhr dieses Tages Generalmajor Creagh an den Befehlshaber der Wüstenstreitkräfte funken ließ, daß er nicht mehr wisse, was er tun solle, man möge doch General Beresford-Peirse schicken, damit dieser die verworrene Lage kläre. Wenig später erreichten die Panzer des PR 5 den Befehlsstand von Brigadegeneral Messervy und überrannten ihn. Die 4. britische Panzerbrigade war führerlos.

Als wenig später General Wavell mit General Beresford-Peirse den Gefechtsstand der 7. PD erreichte, mußte letzterer nach Einweisung in die Lage den Rückzugsbefehl für alle geben. Danach flog General Wavell, der diesen Befehl erzwungen hatte, nach Kairo zurück und meldete über Funk nach London:

"Ich bedaure, melden zu müssen, daß 'Battleaxe' mißlungen ist."

Als die deutschen Verbände den Halfayapaß erreichten und aus dem Rücken des Gegners angriffen, ging dieser durch eine Lücke zwischen Sidi Omar und dem Halfayapaß fluchtartig zurück und setzte sich nach Osten ab. Erst in Sidi Barani wurde wieder Halt gemacht. Die britischen Wüstenstreitkräfte hatten insgesamt zweihundertzwanzig Panzer verloren; von den deutschen Panzerverlusten waren nur fünfundzwanzig Totalverluste.

Neben dem Gefreiten Arnold Huebner erhielt auch Unteroffizier Erich Heintze von der 3./Flakregiment 33 das Ritterkreuz. Hauptmann Walter Fromm wurde bereits am 5. Juli mit dieser hohen Auszeichnung geehrt.

Von den Panzermännern war es Hauptmann Johannes Kümmel, der am 9. Juli aus der Hand Rommels diese Auszeichnung erhielt. Hauptmann Curt Ehle, Führer der 1./Kradschützen-Bataillon 15, erhielt für diese Sommerschlacht am 22. Juli das Ritterkreuz.

"Battleaxe", die bisher größte Panzerschlacht in der Wüste, war für den Gegner zu einem Desaster geworden. Die Fronten erstarrten. Der afrikanische Sommer schien alle Bewegungen zu lähmen.

Was aber war mit der Luftwaffe beider Seiten? Welchen Anteil hatte sie an der Sommeroffensive des Jahres 1941?

Luftwaffeneinsätze im Sommer 1941
Britische Bomber greifen an

Am 14. Juni mit dem ersten Büchsenlicht eröffnete die britische Wüstenluftwaffe ihren Einsatz mit Höhenangriffen der Bomber und Tiefangriffen ihrer Jäger. Erstes Ziel war der Fliegerhorst Ain el Gazala und damit die Paralysierung der deutschen Jägerwaffe.

Der Liegeplatz der 3. Staffel war eines der Ziele. Als der Angriff vorüber war, startete von der Westseite des Platzes eine Rotte und folgte den in Richtung Tobruk zurückfliegenden Hurricanes.

Hier der Bericht von Oberleutnant Ludwig Franzisket zu diesem Ereignis:

"In den wenigen Minuten, die zwischen der ersten und zweiten Bombenserie lagen, sprang ich aus dem Bett und startete mit meiner Me 109 vom Südrand des Platzes aus. Als ich gerade das Kabinendach schließen wollte, rief mein erster Wart:

'Da, eine Zweimotorige, Herr Oberleutnant!' und wies mir die Richtung nach Osten, von woher ein einzelnes Flugzeug direkt auf den Platz zuhielt.

Ich zog hoch und stieß in einer langen Rechtskurve auf dieses Flugzeug zu, dabei wurde ich von der eigenen Flak heftig beschossen. Im Steigflug erreichte ich etwa eintausendfünfhundert Meter Höhe, als von vorn aus einer Überhöhung eine Hurricane auf mich zustieß. Da meine Me 109 sehr langsam stieg, hatte ich nur noch eine Chance, wenn ich den Bug meiner Maschine auf den Bug der anfliegenden Hurricane richtete.

Ich schoß! Der Gegner feuerte ebenfalls. Seine Garben lagen zu hoch, wie ich an der Leuchtspur erkennen konnte. Wir schossen bis zum letzten Moment. Unsere Maschinen berührten sich, aber ich hatte unmittelbar zuvor einen Treffer im Motor der Hurricane erzielt, wie mir deren Pilot, Captain Driver, später bestätigte. Meine Luftschraube traf die rechte Flügelspitze der Hurricane. Drivers Luftschraube wiederum zerschlug den Randbogen der rechten Tragfläche meiner Me 109.

Ich sah den Gegner brennend steil hinuntergehen und beobachtete den Fallschirmabsprung des Piloten. Einige hundert Meter südlich unseres Platzes schlug die Hurricane auf, und Driver ging nicht weit davon nieder.

Als ich drehte, um in Richtung Gazala zurückzufliegen, sah ich einige hundert Meter nördlich des Platzes in 1.500 Meter Höhe eine Martin Maryland. Obwohl meine Maschine wegen des beschädigten Randbogens leicht hing, griff ich sie an. Ich schoß, die Maryland ging in eine leichte Rechtskurve, und ich feuerte einen zweiten Feuerstoß auf sie. Dieser ging vom rechten Motor aus durch den ganzen Rumpf bis hin zum Leitwerk.

Der Motor fing Feuer, und die Maryland trudelte flach der Erde entgegen. Ein Fallschirm löste sich von dem abstürzenden leichten Bomber, der ein paarhundert Meter nördlich der Via Balbia aufschlug." (Siehe Bericht von Ludwig Franzisket.)

Captain Driver wurde gefangengenommen. Er bat um Benachrichtigung seiner Squadron, und Franzisket versprach ihm, über Sidi Barani eine Nachricht abzuwerfen, daß er gesund sei.

An diesem Tage errangen weitere Flieger des JG 27 Erfolge. Es waren Oberleutnant Karl-Wolfgang Redlich, Oberleutnant Hugo Schneider und Leutnant Friedrich Hoffmann.

Im Juni 1941 führte Oberleutnant Franzisket anstelle des erkrankten Oberleutnants Homuth die 3. Staffel. In dieser Zeit wurde Marseille von dem erfahrenen Flieger und Psychologen Franzisket systematisch aufgebaut. Dieser erkannte nicht nur die Qualität des Fliegers Marseille, sondern auch seine Bemühungen, sich als Flieger, Kamerad und Kämpfer zu bewähren.

Marseille erlebte in diesen Wochen besondere Anerkennung und blühte auf. Er sah sich eingeschlossen in den großen Kreis der Wüstenflieger.

Es kann über diese Zeit mit vollem Recht gesagt werden, daß Ludwig Franzisket neben Eduard Neumann die auslösende Kraft war, die Marseille beflügelte, ihn aus seinen heimlichen Selbstzweifeln herausriß und zu seiner ureigenen Persönlichkeit hinführte.

Dies wiederum half Marseille auch, seine besondere Kampftaktik zu vervollkommnen und zum "Stern von Afrika" zu werden, der alles überstrahlte.

Stahlschmidt und Marseille - Eine Fliegerfreundschaft

In Hauptmann "Edu" Neumanns Gruppe befanden sich Flieger, die sich bereits in Frankreich und Jugoslawien ausgezeichnet hatten.

Aber es waren auch ein paar "Junge Adler" unter ihnen, die erst in Afrika zur Höhe ihres Ruhmes aufsteigen sollten. Zwei Oberfähnriche zum Beispiel: Hans-Joachim Marseille und Hans-Arnold Stahlschmidt.

Hans-Arnold Stahlschmidt wurde am 15. September 1920 in Kreuztal in Westfalen als Sohn des Fabrikanten Arno Stahlschmidt geboren. Er besuchte die Volksschule in Kreuztal, absolvierte die Oberschule zu Weidenau/Sieg und legte im April 1939 sein Abitur ab.

Seine Arbeitsdienstzeit leistete Stahlschmidt in Eichelsachsen bei Gleiwitz/Oberschlesien. Anschließend ging er als Berufssoldat nach Salzwedel. Hier durchlief er die Grundausbildung zum Jagdflieger. Die Flugzeugführerschule Breslau und die Kriegsschule in Wien-Schwechat waren die folgenden Etappen des militärischen Werdeganges. Er kam zum Jagdgeschwader 27 und fand in dem damaligen Hauptmann Eduard Neumann einen vorbildlichen Offizier und Vorgesetzten.

Mit seiner Gruppe ging Stahlschmidt im Frühjahr 1941 nach Afrika. Er und Hans-Joachim Marseille wurden bald Freunde.

Durch das Wadi am äußersten Rande des Flugplatzes strich ein Windhauch, der Meeresluft mit sich brachte. Die Kameldornbüsche bewegten sich leicht, und die dunkle, riesig gewölbte Kuppel des nächtlichen Himmels funkelte und glitzerte. Der Oberfähnrich vor dem Zelt sah ein paar Sternschnuppen in schräger Fahrt vom Himmel zur Erde verglühen.

"Soldatenglück", dachte Marseille. Er schnippte seine Zigarette fort, sah rechts auf dem Platz die Schatten der Maschinen. Vorsichtig ging er zur zweiten Staffel hinüber. Im Zelt seines Kameraden brannte noch Licht.

"Hans!" rief Marseille halblaut.

"Wer kraucht denn da noch 'rum?" kam eine Stimme aus dem Innern des Zeltes.

"Marseille, der älteste Oberfähnrich der Luftwaffe!" erwiderte der Eintretende.

Hans-Arnold Stahlschmidt schob die Kiste, auf der er einen Brief geschrieben hatte, zurück und schraubte den Füllfederhalter zu.

"Ich habe an meine Mutter geschrieben", erklärte er.

Es war ein schmales Zelt. Man konnte nur gebückt darin stehen. Links das eine Feldbett, neben dem Kopfende zwei Tropenkisten. Das zweite Bett rechterhand war seit vierundzwanzig Stunden frei. Der Unteroffizier, dem es gehört hatte, war irgendwo über der Wüste abgeschossen worden.

Die beiden Oberfähnriche setzten sich auf die Pritschen. Sie waren etwa gleich groß. Stahlschmidt gedrungener, kräftiger. Seine breiten Schultern deuteten auf Kraft hin. Die braunen Augen blickten fest und bestimmt. Das rechtsgescheitelte Haar war dunkelblond, und wenn er sprach, dann hörte man den etwas singenden Dialekt der Siegerländer heraus.

Marseille, Berliner von Geburt, wirkte gegen Stahlschmidt lebhafter, geschmeidiger. Sie unterhielten sich über Afrika und die Fliegerei. Stahlschmidt fragte den Kameraden:

"Du willst also hier in Afrika ein großer Adler werden?"

Marseilles Antwort kam sofort. "Ein ganz großer", erwiderte er ernst. Dann packte er Stahlschmidt an der Schulter. "Hast du nicht auch schon einmal wachend von der Zukunft geträumt? Das tut doch jeder! Der eine

Stukas im Formationsflug zur Front. Dazwischen ein Schwarm Me 109 als Nahsicherung. Solche Aufgaben hat auch Marseille immer wieder übernommen und sich als „Lebensversicherung" für die Stukas erwiesen.

Die Tarnung in der Wüste muß perfekt sein. Hier ist sie es bei einer Me 109.

Dieses Zeltlager mit Funkwagen ist aus der Luft nicht zu erkennen.

Erwin Rommel mit dem Fliegerführer Afrika, Generalmajor Stefan Fröhlich, der dafür sorgte, daß das JG 27 nach Afrika kam.

General der Flieger Geisler. KommGen. des X. Fliegerkorps, zeichnet seine Wüstenflieger aus.

Das Bildgerät wird herangeschleppt, während die Warte noch bei der Inspektion sind.

Alarmstart.

sieht sich als Olympiasieger, der andere erhält einen Dichterpreis, und ein dritter wünscht, Besitzer einer gigantischen Fabrik zu sein. Wenn ich wach liege", fuhr Marseille fort, "dann erlebe ich oft den Luftkampf so, wie er meiner Meinung nach sein muß. Ich sehe mich inmitten britischer Pulks, schießend aus jeder Lage, treffend aus jeder Position, und selbst nicht zu erwischen."

"So als eine Art fliegender Siegfried. Nur an einer Stelle verwundbar, und die ist ja in der Luft nicht zu sehen", fiel Stahlschmidt dem Kameraden ins Wort. "Mensch, Jochen!"

In den nächsten Minuten erzählte Marseille dem Kameraden seine Vorstellung von der Jagdfliegerei:

"Unsere Maschinen sind das Grundelement, Hans, das man zu beherrschen hat. Aus jeder Lage muß man schießen können. Aus Links- und Rechtskurven, aus der Rolle, aus der Rückenlage, wenn es sein muß. Nur so läßt sich eine eigene Taktik entwickeln. Eine Angriffstaktik, die während des gesamten Kampfes eine für den Gegner unberechenbare und nicht vorauszusehende Aneinanderreihung blitzschneller Bewegungen und Aktionen sein muß. Niemals gleich, immer wieder aus der sich ergebenden Situation erstehend. Nur so kann man in einen gegnerischen Pulk einbrechen und ihn von innen heraus sprengen."

Hans-Arnold Stahlschmidt sollte diese Worte des Freundes nicht vergessen und ihre Verwirklichung am nordafrikanischen Himmel erleben. In dieser Nacht lag er noch lange, nachdem Marseille gegangen war, wach. Er dachte an die Worte, die sein Geschichtslehrer ihm und den anderen sieben Abiturienten mit auf den Weg gab, die Offizier werden wollten:

"Sie werden Offizier. Woher stammt das Wort? Aus dem Lateinischen: officium - Pflicht! Auf gut Deutsch können Sie sich also Verpflichtete nennen. Verpflichtet Ihrer Ehre, Ihrem Beruf, Ihrer Heimat. Achten Sie darauf, daß von Ihren Rechten nicht die Rede ist! Diese ergeben sich zwangsläufig aus der Erfüllung Ihrer Pflichten, und somit können wir sagen, daß Ihr oberstes Recht ist, Ihre Pflicht zu erfüllen!"

Lange Monate später, Stahlschmidt trug nun ebenfalls das Ritterkreuz und war zweimal abgeschossen worden, hatten die beiden wieder eines ihrer Gespräche, in denen sie sich nahe kamen wie Brüder. Diesmal sprach Stahlschmidt über sich und meinte versonnen:

"Weißt du, Jochen, es ist mir manchmal sehr schwer geworden, aber gerade in den vergangenen vier Wochen habe ich eine Verwandlung durchgemacht. Ich bin inzwischen noch einmal bei einem Tiefangriff abgeschossen worden, konnte aber auf eigenem Gebiet notlanden. Der Leichtsinn ist mir verflogen. Überlegenheit, glaube ich, wächst auch mit der Überlegung.

Und ein guter Jagdflieger darf auch im erbittersten Luftkampf kein rotes Tuch sehen, sondern muß eiskalt seine Chance wahrnehmen."

Marseille sah den Freund noch ernster als vorher, verhaltener. Den Abend verbrachten die beiden beim Kommodore. Als sie in ihre Zelte zurückgingen, meinte Stahlschmidt:

"Unser Kommodore, Jochen, ist einer von denen, die sich wirklich noch freuen können. Er mag uns, mit dem ganzen Unsinn, den wir manchmal machen. Er hat Verständnis für uns."

"Ja", bestätigte Marseille, "auch mir hat der Kommodore oft den Kopf zurechtgesetzt, und jetzt weiß ich, daß alles richtig war, was er mir gesagt hat."

"Wir hoffen immer, die Sieger zu sein, aber manchmal denke ich, daß dies einfach nicht sein kann. Einmal kommt auch unsere Stunde. Wenn es dann soweit ist, dann wünsche ich mir, daß es mit einem Schlage aus ist."

"Wir haben sicher noch lange Zeit, und bis dahin wollen wir uns freuen und starten!"

Beide verstummten. Der Himmel über der Wüste war wie ein schwarzes Tuch, in dem die silbernen Sterne schwammen. Nur noch ein aufgeschreckter Vogel zupfte einen Laut in die Nacht.

Als die 3. Staffel am 14. Juni über Tobruk stand, um angreifende Stukas zu sichern, kurvte auch Marseille zum Kampf gegen eine Staffel Hurricanes ein. Noch ehe er in Angriffsposition gelangt war, sah er, daß sich sein Rottenflieger Pöttgen, der sich links von ihm abgesetzt hatte, an eine Hurricane heranschob. In der gleichen Sekunde sah er aber auch eine Hurricane, die sich hinter Pöttgen schob und bald in gute Schußposition zu kommen schien.

"Achtung, Rainer, hinter dir Indianer!" warnte er den Kameraden. Gleichzeitig riß er seine Maschine herum, drehte in einem weiten Bogen und saß auch schon hinter dieser Hurricane, die noch immer stur hinter Pöttgen flog und näher heranzukommen trachtete.

Jäh zog Pöttgen nach links weg. Marseille stieß rasch auf die günstige Schußentfernung vor. Als er sich nur noch etwa einhundert Meter hinter diesem Gegner befand und soeben den Abfeuerknopf drücken wollte, klatschten einige satte Schläge durch seine Kabine. Ein scharfer zischender Laut war zu vernehmen, ein starker Luftzug fegte über sein Gesicht. Er zog den Steuerknüppel an, um zu steigen, merkte aber sofort, daß der Motor es nicht schaffte. Wie eine reife Pflaume hing er am Himmel.

Beißender Rauchgeruch drang in seine Kabine, dann sprühten feine Ölstrahlen gegen die Frontscheibe. Eine langwehende weiße Kühlerfahne zog hinter ihm her.

"Habe Motortreffer!" meldete Marseille seinem Staffelkapitän.
"Hoffentlich brennt die Maschine nicht", dachte er.
"Adler, bitte melden! Adler melden!" hörte Marseille die Rufe seines Rottenfliegers.
Der Klang seines Motors wurde schwächer und leiser. Die Instrumente zeigten einen Geschwindigkeitsabfall und abnehmende Höhe an. Der Öltemperaturmesser stand auf einhundert Grad Celsius. Der Höhenmesser blieb bei eintausendzweihundert Meter stehen. Was war zu tun? An Tobruk vorbei nach Westen würde er es nicht mehr schaffen. Marseille erkannte, daß er nach Südwesten fliegen mußte, um eigene Truppen zu erreichen.
Die Landeklappen auf zwanzig Grad gestellt, abwechselnd die Zündung herein- und dann wieder herausnehmend, um die Öltemperatur nicht weiter ansteigen zu lassen, konnte er dennoch nicht vermeiden, daß die Öltemperatur auf einhundertfünfzig Grad Celsius anstieg.
Ständig sackte die Me 109 tiefer hinunter. Als Marseille dreihundert Meter Höhe erreicht hatte, sah er unter sich ein Gelände mit tief umgewühlten Bombentrichtern. Er befand sich also noch im Festungsgürtel, der Tobruk in einem weiten Umkreis von etwa vierzig Kilometern umschloß.
Die Maschine sackte ständig weiter durch. Von den Pedalen her drang jetzt der Qualm in die Kabine und machte das Atmen zur Qual.
Marseille zog die Schnapper für die Festschnallgurte des Fallschirms an. Er erblickte im Bruchteil einer Sekunde günstiges Gelände, drückte die Maschine hinunter und machte eine krachende Bauchlandung. Plötzlich war Stille. Er schwang sich aus der Maschine und rannte zur Seite, um vor einer möglichen Explosion oder einem ausbrechenden Brand geschützt zu sein. Seit dem Start waren neunzig Minuten vergangen. Die Kurbelei über Tobruk hatte allein etwa vierzig Minuten gedauert. Als er sich eine Zigarette anzündete, sah er, daß seine Hand zitterte. Er ging wieder zur Maschine. Die wichtigsten Instrumente baute er soweit wie möglich aus oder machte sie unbrauchbar. Einen Augenblick hatte er daran gedacht, die Maschine zu verbrennen. Aber das war ja unzweckmäßig, denn es würde in diesem unübersichtlichen Gelände sofort seinen Notlandeplatz und auch sehr schnell seine Spur verraten.
Erst vorsichtig spähend, dann schneller ausschreitend, machte er sich mit allem, was er tragen konnte, auf den Weg nach Süden, wo sich irgendwo die ersten deutschen Stellungen befanden. Als er etwa fünfzehn Minuten unterwegs war, vernahm er plötzlich Geräusche. Voraus erkannte er einige Männer, die ihre Karabiner auf ihn angelegt hatten.
Das mußte der Gegner sein. Marseille stolperte auf die Männer zu, von

denen er infolge der gleißenden Sonne, gegen die er anging, nur Umrisse und ein englisches Tropenhemd erkannte. Er mußte sich als Australier oder Neuseeländer ausgeben, dachte er.

Als er die Männer in seinem Schulenglisch ansprach, antwortete der Anführer der Streife in bestem Schwäbisch, daß es wohl besser wäre, wenn er zu seiner Muttersprache zurückkehre.

Zwei Tage später machte Marseille seinen nächsten Bruch, als er im Gefecht mit drei Hurricanes - auf sie hinunterstoßend - wieder einen Motortreffer erhielt. Bis zum eigenen Horst waren es noch etwa fünfzig Kilometer. Sein Rottenführer Pöttgen übernahm die Führung und wies ihn ein, denn seine Frontscheibe war vom Motoröl völlig verschmiert, und Marseille konnte kaum hundert Meter weit sehen.

Pöttgen setzte sich neben ihn und lotste ihn zum Platz. Dann wies er ihn Meter für Meter ein, und der vollendete Flieger Marseille legte eine gekonnte Blindlandung hin und rollte sicher aus.

Binnen weniger Wochen war Marseille in Afrika einmal abgeschossen und zweimal zur Notlandung gezwungen worden. Mehrfach war seine Maschine von feindlichen Treffern durchlöchert worden, so daß sie nur noch als fliegendes Wrack den Horst erreichte.

Als Marseille zu seinem Freund Stahlschmidt hinüberging, war ihm nicht sehr wohl in seiner Haut. Er hatte wieder etwas falsch gemacht, obwohl er glaubte, die richtige Angriffsart gefunden zu haben.

Stahlschmidt wies im Gespräch darauf hin, daß es immer schon mal passieren könne, daß einer seine Maschine in den Sand warf. Doch Marseille schüttelte den Kopf.

"Weißt du, sie werden mir diese Sache wieder ankreiden, und ich fürchte, daß der Kommandeur recht hat, wenn er mich rügt. Aber ich kann nichts dafür. Wenn ich in der Luft bin und die Tommies in ihrem Abwehrkreis sehe, muß ich einfach hineinrauschen."

"Und jedesmal schießen sie dir den Laden voll", schloß Stahlschmidt diesen Punkt ab.

"Aber ich weiß, daß man es schaffen kann und daß ich es noch schaffen werde. Ich habe meine eigene Theorie."

Ein Kradfahrer kam angebraust und hielt vor Stahlschmidts Zelt an. Er bockte die Maschine auf und wandte sich Marseille zu.

"Herr Oberfähnrich, der Kommandeur möchte Sie sprechen."

"Jetzt halte die Ohren steif, Jochen!" ermahnte Stahlschmidt den Freund.

Der Wohnwagen des Kommandeurs stand am Ende des Platzes. Marseille klopfte an und trat ein. Der Kommandeur saß an seinem Schreibtisch und telefonierte. Als er den Hörer aufgelegt hatte, stand er auf, kam um den Tisch herum und blieb gut einen Meter vor Marseille stehen.

"Da sind Sie ja, Marseille", sagte er, wobei er den französischen Namen so aussprach wie er geschrieben wurde. "Der Gegner tritt in der Mehrzahl der Luftkämpfe mit einer zahlenmäßigen Übermacht an, Marseille. Dadurch ist ein doppeltes Quantum an Besonnenheit und Überlegung geboten. Erst wenn Sie es so weit gebracht haben, daß Sie nicht die unbedingt notwendige Beherrschung verlieren, wenn Sie einen Gegner auch nur sehen und Sie sich dazu noch die vollendete Beherrschung der Maschine, Schußsicherheit und das bestimmte Gefühl für die Situation erworben haben, wäre es vielleicht möglich, mit Ihrer Taktik in einen feindlichen Abwehrkreis hineinzufliegen und aus jeder Lage Abschüsse zu erzielen.

Es ist durchaus keine Schande, mal vier Wochen lang keinen Abschuß zu erzielen, Marseille. Aber es ist einfach sträflicher Leichtsinn, wie Sie sich verhalten und sich selber sowie wertvolles Material aufs Spiel setzen. Sie werden erst ein guter Flieger mit vielen Abschußerfolgen werden, wenn Sie dies alles berücksichtigen und Ihren Schneid durch klare und ruhige Überlegung im Zaume halten."

"Jawohl, Herr Hauptmann!" erwiderte der Flieger zerknirscht.

"Also, wenn ich so überlege, was Sie sich während der letzten Einsätze geleistet haben, dann muß ich sagen: Sie hatten mehr Glück als Verstand. - Ich weiß, was Sie sagen wollen", wehrte Neumann die Erwiderung des Oberfähnrichs ab, "und es ist auch möglich, daß man irgendwann dieses Ziel erreichen kann. Aber dazu muß Gott diesem Flieger ein längeres Leben schenken, als es ihm allgemein zusteht."

"Herr Hauptmann, ich bitte..." Wieder unterbrach "Edu" Neumann die Antwort des ihm gegenüberstehenden jungen Fliegers.

"Was Sie tun, ist heller Wahnsinn! Sie machen im Prinzip nichts anderes, als den Tod herauszufordern. Und als Zugabe schmeißen Sie uns eine Maschine nach der anderen in den Sand!"

"Aber es ist zu schaffen, Herr Hauptmann, und dann..."

"Sie können sehr gut fliegen, Marseille, das weiß ich. Ich kenne Ihre zahlreichen Husarenstückchen aus Ihrer Akte. Aber hier befinden wir uns nicht auf einem Kunstflugtag, sondern an der Front, und die Tommies können auch schießen. Mit denen können Sie nicht spielen, wie Sie wollen!"

"Ich werde es schon hinkriegen, Herr Hauptmann."

"Das werden Sie nicht! Ich befehle Ihnen, diese halsbrecherischen Kunststückchen zu unterlassen. Es ist besser, Sie schießen in vier Tagen einen Gegner ab, als daß Sie uns jeden zweiten Tag eine Maschine kaputtschmeißen, die nur sehr schwer zu ersetzen ist. Der Teufel soll Sie holen, wenn Sie auch nur noch einmal solche Wahnsinnsattacken durchführen, verstanden?"

"Jawohl, Herr Hauptmann!" antwortete der Oberfähnrich, kleinlaut geworden. Danach bat "Edu" Neumann seinen Putzer, die für die Gäste bereitstehende Flasche Marsala zu bringen. Er goß sich und Marseille ein und prostete ihm zu:

"Auf Ihren Erfolg, aber Eile mit Weile!"

Eine der letzten Antworten Marseilles sollte hinzugefügt werden: "Ich habe immer geglaubt, daß die Fliegerei jedes Opfer wert ist, Herr Hauptmann."

"Ja, natürlich, aber nicht mit Ihrer irrsinnigen Angriffstaktik! Sie müssen lernen, eindeutig zwischen richtig und falsch zu unterscheiden. Und noch eines, Sie haben zu gehorchen, und Sie erhalten drei Tage Startverbot!"

Als Marseille ziemlich geschockt den Wohnwagen verlassen hatte, trafen nacheinander die Oberleutnante Franzisket und Homuth beim Gruppenkommandeur ein. Am Schluß der Besprechung des nächsten Angriffstages bemerkte Hauptmann Neumann beiläufig:

"Ich habe Marseille die Leviten gelesen. Aber ich bin überzeugt, daß er allmählich mit sich selber fertig wird und daß sein entscheidender Durchbruch nicht mehr fern liegt. Der Bursche will ernstgenommen sein. Er bittet darum, daß man ihm seine guten Absichten glaubt. Packen Sie den Marseille hart an, aber nehmen Sie ihn ernst, meine Herren!"

Von seinen Vorgesetzten und Kameraden wurde Marseille in den ersten Wochen in Afrika mit Mißtrauen und Zurückhaltung betrachtet. Immerhin hatte er eine lange Reihe von Maßregelungen in seiner Personalakte. Beispielsweise Mißachtung der fliegerischen und soldatischen Disziplin. Er war schwarzes Schaf und Windhund seiner Staffel gewesen, die ihn schließlich abschob. Seine Berliner Schnodderigkeit und sein jungenhafter Übermut, der sich immer wieder Bahn brach, überschritt jedoch nie die Grenzen der Achtung notwendiger Autorität und Einordnung in den militärischen Verband.

Ein Schal war sein unentbehrliches Flugrequisit. Seine Vorliebe für Jazzmusik entsprach ebenfalls nicht den allgemeinen Vorstellungen, was die deutsche Führung von "artreiner" Musik verstanden wissen wollte.

Als er zur 3. Staffel des Jagdgeschwaders 27 versetzt wurde, hatte er das Pech, in Oberleutnant Homuth einen strengen, pflichtbewußten preußischen Offizier zu erhalten, der wenig oder gar kein Verständnis für die Eskapaden des jungen Oberfähnrichs hatte.

Bereits im Jagdgeschwader 52 war er so etwas wie ein disziplinares Problem gewesen. Wie in der Fliegerschule, so war er auch in Frankreich unorthodox in allen seinen Handlungen. Er hielt sich selten an die allgemein üblichen Regeln. Sein Anzug war nicht der Luftwaffenkleiderordnung entsprechend.

Dazu Hauptmann Eduard Neumann, der Marseilles Übermut und seine Extravaganzen erkannte und es verstand, sie unter Kontrolle zu halten:

"Marseille konnte nur eines sein: Entweder ein disziplinares Problem oder ein großer Jagdflieger. Zu Anfang hatten seine Eigenwilligkeit und sein Mangel an Disziplin seine Kameraden von ihm ferngehalten. Nachdem sie seine Fröhlichkeit und Kameradschaft, sein Talent und seine Fähigkeiten als Jäger erkannt hatten und sahen, welche Erfolge er erzielte, waren auch sie von seinen Führereigenschaften überzeugt und von seinem Magnetismus angezogen. Schließlich blickten sie zu ihm auf wie zu keinem anderen Jagdflieger.

Ich unterließ es, ihm immer wieder auf die Finger zu klopfen, denn ich war sicher, sobald ich Marseilles Vertrauen und Achtung hatte, konnte ich ihn formen und mit ihm etwas erreichen.

Seine Kampftechnik war bereits in seinen ersten Luftkämpfen tollkühn. Er griff unter Umständen an, die man allgemein als zu ungünstig ansah.

Wenn feindliche Piloten, wie dies in Nordafrika geschah, als Marseille dort eintraf, sich zu einem Abwehrkreis formierten, dann war es gefährlich, sie anzugreifen, weil jeder Jagdflieger, der eines der in diesem Kreis fliegenden Flugzeuge angriff, unweigerlich von dem ihm folgenden Feindjäger abgeschossen wurde, weil sich dieser hinter ihm befand.

Marseille aber war ein so hervorragender Schütze, daß er seinen Angriff im Sturzflug oder aber von unten her mit dem aus einem Sturzflug herrührenden Überschuß an Geschwindigkeit flog und oft seinen Gegner mit dem ersten Feuerstoß von nur Sekunden Dauer aus dieser kreisenden Formation herausschoß. Bei einigen Gelegenheiten flog er sogar im Kreis mit, oder schloß sich an eine Gegnerformation an, um unerkannt bis zu fünf Minuten mitzufliegen.

Gegen die Pfeilformation des Gegners griff er von rückwärts an und setzte sich dabei dem Feuer der seitwärts gestaffelten Feindmaschinen aus, um das führende Flugzeug im Zentrum zu treffen. Er kam schnell genug heran, um der Rache der beiden seitlich fliegenden Maschinen zu entgehen und erzielte seine Siege mit blitzartig gezielten Feuerstößen.

Der Schlüssel zu Marseilles Erfolg war eine an die Grenze der absoluten Perfektion getriebene Sicherheit im Schießen. Er erzielte seine Luftsiege mit einem Minimum an Munitionsverbrauch. Seine Spezialität bestand im Schießen mit Vorhaltemaß während des Kurvenfluges, währenddessen er im Sturzflug angriff oder von unten hochzog. Er war dauernd in Übung und wurde aus diesem Grunde auch im Schießen in der Kurve so sicher, daß er sich ein System ausdachte und zur Ausführung brachte, bei dem er in dem Augenblick auf den Abfeuerknopf drückte, wenn das Feindflugzeug, das vor ihm flog, unter seiner Flugzeugnase verschwand.

Nach dem kurzen Feuerstoß kümmerte er sich nicht mehr um das Opfer, sondern konzentrierte sich auf das nächste Flugzeug im Abwehrkreis vor ihm. Dazu gehörte natürlich auch hervorragendes fliegerisches Können.

In seinem letzten Einsatzjahr erzielte er über einhundertzwanzig Abschüsse und wurde zu dem deutschen Jagdflieger mit der höchsten Anzahl von Luftsiegen, die gegen Westflieger während des gesamten Zweiten Weltkrieges erzielt wurden.

Er verfügte über hervorragende Augen, so daß er seinen Gegner, lange bevor dieser ihn sah, erkannte und seine Maßnahmen traf. Man konnte ihn selbst im dichtesten Luftkampf sofort erkennen. Im Kurvenkampf und beim Abfangen konnte man nur an seiner Maschine Flächenkondensstreifen beobachten. Das hatten wir bis zu diesem Zeitpunkt in Afrika noch nie gesehen."

Mit einem überlegenen Flugzeug und unerschütterlichem Selbstvertrauen unter der Führung eines so verständigen Mannes, wie es Eduard Neumann war, setzte Marseille sein ganzes Talent ein, um einen hervorragenden Anteil am Einsatz der Luftwaffe als Hilfe für Rommels Afrikakorps zu leisten.

Auch in der Wüste - das wissen wir - begann er seinen Einsatz noch nicht als hervorragender zielsicherer Schütze, sondern erreichte diese Meisterschaft im Schießen und Fliegen erst während des Sommers und Herbstes 1941.

Günther Just versuchte in seinem Buch "Die erfolgreichen Vier" die Meisterschaft der Schießkunst Marseilles folgendermaßen zu erklären: "Wenn der Vergleich auch etwas hinken mag, aber im Kurvenkampf mit starr eingebauten Bordwaffen eines Jagdflugzeuges den Gegner zu treffen, das ist so schwer, als wollte man mit einem verkanteten Gewehr aus einem fahrenden Kettenkarussell mit einer Kugel einen schräg in die Luft geworfenen Tennisball treffen."

Über den Wüstenkrieg berichtete Prof. Dr. Ludwig Franzisket nach dem Kriege: "In Nordafrika wurden weder Wohnviertel bombardiert noch Zivilisten umgebracht. Man schoß nur auf Soldaten, die auch zurückschießen konnten, also nicht wehrlos waren. Der Schnellere überlebte."

In Bezug auf Marseille fand Prof. Dr. Ludwig Franzisket heraus, was diesen schmächtigen Jungen mit seinen grünen Augen umtrieb: "Marseille war der Typ, der in der Schule immer verdroschen wurde, wenn er nicht mit allen Mitteln dagegen anging. Er war einer jener seltenen Menschen, der sich überall und immer auf die harte Tour durchsetzen mußte. So auch beim Jagdgeschwader 27. Daß er es schaffte, machte seine Persönlichkeit aus, die sich gewissermaßen von innen heraus verzehrte."

Der 15. Juni 1941 war der Aufgalopp zu einigen wilden Tagen und sah den vollen Einsatz der Gruppe, bei dem Hauptmann Neumann einmal mehr mit dabei war und seine obligatorische Hurricane abschoß. Auch Oberleutnant Ludwig Franzisket, Leutnant Friedrich Hoffmann und Leutnant Willi Kothmann waren erfolgreich. Unteroffizier Rudolf Stöckler, der eine Bristol Blenheim abschoß, wurde wenig später selber abgeschossen.

Am 16. Juni war es Feldwebel Franz Elles, der Captain Cook von der 1. SAAF Squadron abschoß. Leutnant Friedrich Hoffmann, der mit einigen Kameraden Begleitschutz für eine Staffel Stukas und Ju 88 flog, bei deren Einsatz zwei Ju 87 abgeschossen wurden, konnte selbst zwei Abschüsse erzielen. Die Nachforschungen ergaben, daß er Major Theron und Captain Quirk abgeschossen hatte.

Weitere Erfolge

Es war der 17. Juni, als auch Hans-Joachim Marseille wieder zu einem Erfolg kam. Er trug seit einigen Tagen die Schulterstücke eines Leutnants, womit die ewig lange Zeit des Oberfähnrichdaseins zu Ende gegangen war.

Mit seinem besonderen Sinn für Effekte hatte sein Gruppenkommandeur Eduard Neumann dem jungen frischgebackenen Leutnant die neuen Schulterstücke unter den Teller gelegt. Als Marseille seine Suppe gelöffelt hatte und den Teller anhob, um ihn der Ordonnanz zu übergeben, sah er dort die beiden Leutnantsschulterstücke in ihrem frischen Glanz und errötete vor Freude. Die Überraschung war gelungen.

Das war Eduard Neumann, wie ihn jeder kannte.

Am Nachmittag erhielt die gesamte 3. Staffel Weisung, die Ju 87 der II./StG 2 zu begleiten, die wieder einmal Tobruk angriff.

Mit den Stukas jagten auch die Me 109, kurvend und mit ihnen stürzend, auf die Bunker hinunter. Die Flak eröffnete das Feuer, und Marseille sah die glimmenden Leuchtspurfäden einer leichten Flak an seiner Maschine vorbeiziehen. Rechterhand sprühte der Feuerball einer platzenden Granate auseinander. Eine Ju 87 wurde von direkten Treffern in Brand geschossen und explodierte in der Luft.

Marseille sah mit einem Blick nach rechts unten, daß ein Teil des Leitwerkes dieser Ju 87 wie ein Riesendrache durch die Luft flog und wie ihm das Kabinendach nachfolgte. Dann fiel ein Körper aus der Kabine, und Pöttgen und Marseille sahen, daß sich die weiße Blüte der Hoffnung auf Überleben, der Fallschirm, öffnete und der Mann zur Erde hinunterschwebte.

"Indianer von vorn!" rief Marseille plötzlich, der wieder als erster den Gegner lange vor seinen Kameraden gesichtet hatte. Das war die erste Luftberührung mit dem Gegner. Mit den drei Tagen Startverbot war es also nichts geworden. Man brauchte jede Maschine, und so hatte Marseille hier seine neue Chance erhalten. Er stieß aus großer Überhöhung auf den Gegner hinunter. Seine erste Salve zerschmetterte die Kabine des Gegners. Die Hurricane stellte sich auf den Kopf und raste der Erde entgegen.

Pöttgen gratulierte ihm und schrie Sekunden später seine Warnung hinaus: "Achtung! Rechts von Dir, Jochen!"

Instinktiv riß Marseille seine Maschine in einem harten Turn nach links. Die Salve aus vier MG zischte rechts an ihm vorbei. Leicht nach vorn geneigt, ganz Aufmerksamkeit und Bereitschaft, kurvte er seinen Gegner aus. Seine Linke umspannte den knolligen Griff des Gashebels. Die Augen hinter den dunklen Gläsern der Blendschutzbrille blickten über das Instrumentenbrett. Alles in Ordnung. Er drehte weiter, sah, wie sein Gegner mitdrehte, und hörte kaum noch die durch den Äther schwirrenden Stimmen seiner Kameraden. Alles in ihm war darauf gerichtet, keinen Fehler zu machen.

Er mußte diesen Gegner überwinden. Leicht drückte er den Steuerknüppel nach vorn, die Nase seiner Me 109 senkte sich etwas, der Gegner versuchte, in seinen Rücken zu kommen, aber Marseille beantwortete jede Bewegung desselben mit einer Gegenbewegung, und seine Maschine war schneller als die seines Gegners, seine Flugkunst war unübertroffen.

Abermals wanderte eine der rotgelben Parabeln der MG-Salven des Gegners auf ihn zu. Er drehte die Maschine auf den Rücken, ließ sie durchgehen, in einem Turn nach rückwärts wechseln und brachte sie so wieder in die Horizontale.

Als Marseille seine Chance erkannte, legte er die Maschine in eine scharfe Messerkurve. Aus halber Rückenlage drehte er die Motorpartie seiner Me 109 in den richtigen Vorhaltewinkel. Er feuerte in dem Sekundenbruchteil, da die Feindmaschine durch das Visier zog. Die rumpelnden Schläge der Bordwaffen dauerten nur Sekunden. Die Triebwerksverkleidung der Hurricane wurde durchstanzt. Der Feindjäger wirbelte herum und zog mit einer langen Brandfahne hinter sich dem Wüstenboden entgegen. Mit einem Aufschlagbrand zerschellte diese Maschine.

Marseille spürte sein Herz schlagen. Der Schweiß lief ihm in Bächen

Vor einem Start Anfang September 1942.

Marseille mit seinem Rottenflieger und Freund Pöttgen.

Jochen mit Gruppenkameraden. Ganz links Schroer, auf den er sich stützt.

Als Zuschauer bei einer Zaubervorführung. Von links: Marseille, Schroer und Stahlschmidt.

Iarseille
links)
nd
Iauptmann
Iomuth am
roßen „Sand-
asten".

Eine Maschine des JG 27 wird gewartet.

Edu Neumann von einem Feindflug zurück.

Entspannt und lächelnd: Marseille im Gespräch.

"Dann können Sie aber heute Abend in Tripolis Geburtstag feiern!" meinte der Hauptmann, und grinste Marseille an.

Der Durchbruch

Nachdem auch die deutschen Jagdflieger im Verlauf der Vorwärtsbewegungen des Afrikakorps im August 1941 immer weiter nach Osten verlegten und die Feindjäger kaum über ihre eigene Front hinauskamen, flogen die Staffeln des JG 27 oftmals nach Sidi Barani und noch weiter über Feindgebiet. Die ersten neuen amerikanischen Jäger des Typs Curtiss P 40 (Tomahawk) waren aufgetaucht. Sie wirkten gegenüber den Me 109 bulliger und kompakter und konnten auch besser kurven als die Hurricanes, aber die Me 109 war auch ihnen an Schnelligkeit und Steigfähigkeit überlegen. Dennoch trat einige Unruhe auf, als sich diese Maschinen zum erstenmal zeigten. Aber Redlich, Homuth und Franzisket und schließlich auch Marseille räumten mit der Vorstellung auf, sie könnten ihren Maschinen überlegen sein.

Von Reichsmarschall Göring aus waren die ersten großen deutschen Erfolge im Kampf gegen die britischen Wüstenluftstreitkräfte durch Verleihung der Ritterkreuze an Oberleutnant Gerhard Homuth bereits am 14. Juni, und an Oberleutnant Karl-Wolfgang Redlich am 9. Juli gewürdigt worden. Hauptmann Redlich schoß als Bestätigung seines Könnens am 21. August bei Sidi Barani eine Maryland ab. Ebenso waren Oberleutnant Hugo Schneider und Oberfeldwebel Albert Espenlaub an diesem Tage erfolgreich gewesen. Hauptmann Erich Gerlitz und Leutnant Willi Kothmann schossen jeweils eine Tomahawk (P 40) ab, und Leutnant Werner Schröer und Oberfeldwebel Hermann Förster konnten jeweils eine Hurricane besiegen. Die Marylands gehörten zur 24. südafrikanischen Squadron, die den Stützpunkt Monastir bei Gambut bombardieren sollten. Sie wurden noch vor dem Wurf ihrer Bomben von neun Me 109 gestoppt. Diese hatten sich aus etwa dreihundert Meter Überhöhung auf die das Ziel anfliegenden Bomber gestürzt, die von einigen Jägern der Squadron 229 geschützt wurden.

Oberleutnant Ludwig Franzisket wurde am 23. Juli 1941 das Ritterkreuz verliehen.

Am 29. August abends war Leutnant Werner Schröer erfolgreich und schoß eine Tomahawk ab, die als Rückendeckung der 250. Squadron flog. Als Schröer bereits abgedreht und den Abschuß gemeldet hatte, erlosch der Brand im Feindflugzeug, und dessen Pilot, PO Caldwell, konnte mit ihr sogar noch einen Angriff fliegen, bei dem er den Abschuß einer Me 109 meldete. Am selben Tage gelang Oberleutnant Gerhard Homuth der Abschuß einer Bristol Blenheim.

Die beiden letzten Augusttage verliefen ereignislos, und auch die erste Septemberwoche brachte keine weiteren dramatischen Luftduelle.

Erst am 9. September konnten Leutnant Friedrich Hoffmann und Leutnant Marseille, die als Aufklärerrotte eingesetzt waren, über der Bucht von Sollum zwei Hurricanes zum Kampf stellen. Marseille benötigte zum Abschuß dieses Gegners genau zweiundzwanzig Schuß aus der Bordkanone, wie der Waffenwart wenig später erstaunt meldete.

Beim nächsten Einsatz unmittelbar danach stießen einige von den zwölf gestarteten Maschinen des JG 27 auf sieben Hurricanes der 33. Squadron, die Sperre über einem Geleitzug flogen, um deutsche Stukas davon fernzuhalten.

In dem sich entwickelnden Luftkampf, bei dem alles wild durcheinanderkurvte, gelang es Oberleutnant Ludwig Franzisket und Feldwebel Peter Wessely, jeweils einen der Gegner zu vernichten.

Leutnant Marseille stürzte sich aus größerer Überhöhung auf eine weitere Hurricane. Im Vorbeiflug schoß er einen kurzen Feuerstoß, der diese Maschine voll traf und abstürzen ließ.

Einige Tage später, während des Aufklärungsvorstoßes von Rommel in Richtung Sidi Barani, entwickelte sich auch über der Truppe lebhafte Kampftätigkeit. Im Raume Sidi Barani mußten von zwölf Ju 87 unter italienischen Piloten wegen Treibstoffmangels acht Maschinen in der Wüste notlanden und fielen in britische Hand.

Als am Nachmittag eine Reihe Marylands der 24. SAAF Squadron, begleitet von einigen Jägern, zur Vernichtung vorgestürmter deutscher Panzer starteten, stießen zwölf Me 109 und sechs italienische G-50 auf diese Bomber hinunter.

Es war Oberleutnant Homuth, der den Abschußreigen mit der Vernichtung einer Maryland eröffnete. Leutnant Hoffmann gelang es, eine zweite noch vor Abwurf ihrer Bomben zu vernichten.

Fünfundvierzig Minuten darauf mußte Oberleutnant Redlich mit einigen Maschinen seiner Staffel im Alarmstart losfliegen, um einen erkannten Tiefangriff von fünf Tomahawks zu stoppen, die auf Gambut niederstürzten und mit kleinen Bomben und Bordwaffen kämpften. Oberleutnant Redlich und Feldwebel Steinhausen schossen jeweils eine Tomahawk ab.

Das war noch nicht das Ende dieses Kampftages, denn eine halbe Stunde später trafen sechs Me 109 der 2. Staffel auf zwei Hurricane-Aufklärer. Leutnant Werner Schröer und Feldwebel Thomas Osswald schossen diese beiden Gegner ab. Alles in allem ein höchst erfolgreicher Tag.

Vom folgenden Tage an wurden nacheinander die einzelnen Staffeln des

JG 27 nach Deutschland geschickt, um ihre alten Maschinen gegen das neue Modell Me 109 F umzutauschen. Diese Maschine stellte eine bedeutende Verbesserung dar. Ihr Motor war stärker als jener des Typs "E" und erreichte damit eine größere Geschwindigkeit.

Bewaffnet war die neue "Fritz" mit einer 15 mm oder 20 mm Motorkanone und zwei 7,9 mm-MG über dem Motor. Damit hatten die deutschen Flieger einen weiteren Vorteil gegenüber den alliierten Baumustern erreicht. Für das nächste Dreivierteljahr, bevor die Spitfire über Nordafrika erschien, war diese Me 109 "F" das absolute Spitzenmodell.

Die 2./JG 27 war den ganzen Monat September über in Deutschland. Als erste voll mit der neuen "F" ausgerüstete Staffel traf die 4./JG 27 unter Oberleutnant Gustav Rödel mit dreizehn neuen Maschinen in Afrika ein.

Britischerseits begann im September erstmals die Umstellung der Kampftaktik. Ansonsten nur in Squadronstärke angreifend, wurde von diesem Zeitpunkt an der Einsatz oftmals in Wingstärke geflogen.

Zur Bekämpfung des Afrikakorps erhielt die britische Wüstenluftwaffe eine Reihe neuer Bomber-Squadrons, die mit ihren Blenheim-Bombern auf dem Platz von Fuka stationiert wurden. Ein Teil der veralteten Maryland Bomber wurde durch neuere Bristol Beauforts ersetzt. Die britischen Wüstenstreitkräfte erhielten einen neuen Oberbefehlshaber und eine neue Bezeichnung. Sie waren nunmehr die 8. Armee, und ihr Oberbefehlshaber war General Bernard Montgomery.

Ende September erschien die gesamte II./JG 27, die das Wappen des Berliner Bären trug, mit drei Staffeln auf dem nordafrikanischen Kriegsschauplatz. Alle waren mit der neuen Me 109 F-4 ausgerüstet. Die Gruppe kam direkt von der Ostfront und hatte insgesamt einhunderteinundvierzig Feindflugzeuge abgeschossen. Ihr Gruppenkommandeur war Hauptmann Wolfgang Lippert. Dieser trug seit dem 24. September 1940 das Ritterkreuz. Er sollte für immer in Afrika bleiben, wie später geschildert werden wird.

Als Lippert nach Afrika kam, hatte er bereits fünfundzwanzig Abschüsse errungen, davon vier im Spanischen Bürgerkrieg bei der Legion Condor. Einige der ebenfalls sehr erfolgreichen Flieger dieser Gruppe, die in Afrika ihr Erfolgsrezept fortsetzen sollten, waren Oberfeldwebel Erwin Sawallisch, der bereits neunzehn Abschüsse mitbrachte, gefolgt von Oberfeldwebel Otto Schulz mit seinen neun Abschüssen. Oberleutnant Ernst Düllberg war mit sieben Abschüssen ebenfalls einer der Experten. Oberleutnant Karl-Heinz Bendert schloß sich ebenso an wie Oberleutnant Emmerich Fluder, Oberleutnant Rolf Strößner und andere.

In Afrika sollte Otto Schulz zu einem Fliegerexperten werden. Und in afrikanischer Erde sollte er seine letzte Ruhestätte finden.

Die Gruppe brachte als Überraschung zwei junge Löwen mit nach Afrika. Es waren Geschenke des Berliner Zoos. Sie wurden Simba und Cäsar genannt. Nach einigen Monaten wurden sie nach Deutschland zurückgebracht, damit sie sich bei der Fleischknappheit nicht einen der Flieger zu Gemüte führten.

Die Tage vergingen, und als der 24. September heranrückte, der Marseilles großer Tag werden sollte, war die II. Gruppe des Geschwaders noch immer nicht einsatzbereit. Über Sidi Omar und Umgebung sollte Hans-Joachim Marseille an diesem Tage die Bestätigung dafür erhalten, daß seine Taktik richtig war und daß er das fliegerische Können und die menschliche Haltung dafür besaß, in den Verteidigungskreis des Gegners einzudringen und diesem schwere Verluste beizubringen.

Der 24. September 1941 - Marseille in Hochform

Nachdem Hans-Joachim Marseille am Morgen des 24. September eine Martin 167 abgeschossen hatte, kam es am frühen Nachmittag dieses Tages zu einem Luftduell mit etwa zwanzig Feindflugzeugen, auf welche die zur freien Jagd gestarteten Staffeln der I./JG 27 stießen. Es waren zunächst Maschinen der 3. RAAF-Squadron, die einen Aufklärungsvorstoß in den Raum um Sidi Omar unternommen hatten. Zwei Piloten dieser Maschinen sichteten zwei Ju 88. Sie lösten sich aus ihrer Formation und drehten auf die Ju ein, um sie abzuschießen. Flight Lieutenant Saunders und Sergeant Hiller griffen an. Saunders schoß eine Ju 88 ab, während Hiller abgedrängt wurde. Dies war seine Rettung, denn unmittelbar danach waren sechs deutsche Me 109 zur Stelle. Sie schossen Saunders ab, der leicht verwundet mit dem Fallschirm abspringen konnte.

Es war 16.40 Uhr, als jener Kampf begann, der für Marseille den Durchbruch bedeutete. Neun Hurricanes der 1. SAAF Squadron befanden sich über dem Frontgebiet. In ihrer Nähe flogen weitere neun Flugzeuge einer anderen Staffel.

Als diese achtzehn Maschinen in lockerer Formation den Halfayapaß erreichten und sich Ziele suchten, um sie zu vernichten, jagte das Gros der I./JG 27 heran. Sie kamen aus der Sonne heraus. Marseille und sein derzeitiger Rottenflieger, Oberfähnrich Karl Kugelbauer, stießen auf die Briten hinunter, die sich nach allen Seiten auseinanderzogen, um für die folgenden Operationen einen Abwehrkreis zu bilden, der noch immer die beste Verteidigung in einem Luftkampf war. In einer solchen Formation fliegend, konnte ein Jäger den anderen sichern.

Aus einer Höhe von sechstausend Metern über dem Halfayapaß stießen alle Maschinen nach. Marseille war voll konzentriert. Er durchdachte binnen weniger Sekunden die Art seines Angriffs. Er hatte diesen Angriff immer wieder am eigenen Staffelverband geprobt, wenn dieser sich auf dem Heimflug befand. Sein Drang, diese Taktik zu beherrschen und sie auch erfolgreich anwenden zu können, hatte etwas von Besessenheit und dem unbezähmbaren Drang, etwas zu erreichen, was noch kein Flieger vor ihm vermocht hatte. Allen Regeln des Luftkrieges widersprechend, mußte er zeigen, daß der Angriff aus allen Fluglagen möglich und erfolgreich war.

Immer wieder hatte er den Leuchtkreis seines Visiers in den richtigen Vorhaltewinkel gebracht und im entscheidenden Augenblick - natürlich nur theoretisch - die Waffen ausgelöst.

Daß die "angegriffenen" Kameraden nicht zurückschossen, ermöglichte ihm, immer feiner zu arbeiten.

Nach dem Abschuß des Martin Bombers hatte Marseille neunzehn Abschüsse auf seinem Konto. Diesmal sollten es mehr werden.

Marseille hörte über die Sprechfunk-Verbindung die ein wenig quarrende Stimme seines Staffelkapitäns, der eine Warnung rief. Er blickte nach vorn. Da waren sie! Er zählte eine Reihe gleißender kleiner Punkte. Mit automatischen Bewegungen zog er die Anschnallgurte fester. Ein Hebeldruck, und die Schauzeichen der Waffenkontrolle leuchteten auf.

Marseille stürzte sich - immer den Oberfähnrich Kugelbauer als Rottenführer im Rücken - auf den ersten Gegner, der nach rechts oben wegzuziehen trachtete. Mit bedeutend größerer Geschwindigkeit, die vom Sturz herrührte, kam er schnell heran.

In einer Linkskurve hochziehend schoß Marseille. Der Gegner brannte bereits an der linken Tragfläche, als Marseilles Maschine steil an ihm vorbeistürzte.

Kugelbauer beobachtete den Abschuß Marseilles. In diesem Moment hängte sich eine Hurricane hinter ihn und eröffnete das Feuer. Erst an den dicht vor seiner Kabine vorbeizischenden Leuchtspurfäden erkannte Kugelbauer die Gefahr. Er trat in das Seitenruder und sah, wie Marseille links unter ihm wegdrückte und einen kurzen Feuerstoß auf diesen Gegner abgab, der seinem Rottenflieger im Nacken saß. Die Hurricane stand Sekunden nach den Treffern in Flammen und stürzte dem Wüstenboden entgegen.

Die Engländer vollendeten nun den begonnenen Abwehrkreis. Marseille stieg wieder in schnellem Flug empor, um die notwendige Überhöhung für das nun folgende Manöver zu gewinnen. In einer engen Messerkurve fand

Kugelbauer wieder Anschluß an ihn.

Nun begann Marseilles Husarenstück. Er stellte seine Me 109 fast auf den Kopf, jagte dem Kreis entgegen, sah eine Lücke und stieß hindurch. Als er in rasendem Flug die günstigste Schußposition mehr erahnt als gefunden hatte, drückte er den Abfeuerknopf, dumpf krachten die Abschüsse, deren Geschosse durch Rumpf und Motor des angegriffenen Flugzeuges schlugen und diesen zweiten Gegner zum Absturz brachten.

Wieder zog Marseille hoch. Er hörte die Stimme von Kugelbauer über die Sprechfunk-Verbindung. "Mensch, Jochen!" stieß dieser hervor, "du hast es geschafft!"

Marseille befand sich bereits wieder im Aufschwung. Mit einer Flugfigur, die einer halben Rückenlage ähnelte, die Motorspitze schräg gegen den Himmel gerichtet, jagte er wieder empor. Der Abwehrkreis der Engländer hatte sich noch enger geschlossen. Er bekam den dritten Gegner ins Visier, schoß und sah, daß dieser trudelnd zur Erde stürzte und einen brennenden Feuerschweif hinter sich herzog. Dann entwickelte sich ein glutroter Feuerball, und im Bruchteil von Sekunden wurde diese Maschine in ihre Einzelteile zerrissen.

Marseille steuerte einen Abschwung an. Der Druck preßte ihn in den Sitz zurück. Die Gurte schmerzten am Körper, und einige hundert Meter unter ihm segelten die Reste der britischen Feindmaschine der Erde entgegen.

Dann stieß Marseilles Me 109 erneut in die Höhe. Kugelbauer zog den Steuerknüppel zurück, um ihm zu folgen. Zentnerlasten schienen auf den Rudern zu liegen. Mit pfeifenden Geräuschen schnellten die beiden Maschinen erneut nach oben. Inzwischen waren die Stimmen in den Kopfhörern noch lauter geworden. Begeisterte Zurufe und Warnungen waren zu hören.

"Elbe I kommen!" forderte der Staffelkapitän über die Sprechfunk-Verbindung Marseille auf, sich zu melden. Aber dieser hatte keine Zeit zu einer Antwort, denn nun mußte er erneut durch den Abwehrkreis des Gegners hindurch. Er schoß, als er traumhaft sicher den richtigen Vorhaltewinkel erreichte, auf jene Maschine, die sich nur wenige Dutzend Meter aus dem fliegenden Karussell herausgedreht hatte. Dieser Gegner tauchte getroffen im Sturzflug in Richtung Sidi Barani weg.

Kugelbauer verfolgte die stürzende Maschine und sah sie in der Nähe von Buq Buq aufschlagen. Ein Feuerpilz stieg empor und verwandelte sich in Sekundenschnelle in eine riesige Brandsäule, über der dicker Qualm emporgetrieben wurde.

"Auf Treibstoffbestand achten!" meldete sich der Staffelkapitän, und auch Marseille sah, daß es Zeit war, den Rückflug anzutreten.

Der Rückflug nach Ain el Gazala wurde zu einem Triumphflug für Marseille. Er hatte aus dem englischen Verband vier Maschinen vernichtet, und davon drei aus dem Abwehrkreis der Briten heraus. Damit hatte er seinen zwanzigsten bis dreiundzwanzigsten Luftsieg erzielt.

Über die Sprechfunk-Verbindung erreichten Marseille viele Glückwünsche.

Mit seiner gelben 14 flog der junge Leutnant neben seinem Rottenflieger. Kugelbauer konnte ihn deutlich erkennen. Er sah das maskenhaft starre Gesicht, das sich jetzt während der vielen Beifallsäußerungen zu einem befreiten Lächeln verzog. Aber Kugelbauer wußte, was es "Jochen" gekostet hatte, diesen Angriff mitten durch die Hölle des Gegners dreimal zu wagen.

Im Tiefflug ging es über den Wüstenboden hinweg zur Via Balbia. Der Flugplatz rückte mit jedem zurückgelegten Kilometer näher. Hinter den abfliegenden deutschen Maschinen leuchteten immer noch einige Brände abgeschossener Gegner.

Sechs Abschüsse konnte die I./JG 27 melden, denn Oberleutnant Gerhard Homuth und Oberfeldwebel Herbert Kowalski hatten ebenfalls je eine Hurricane vernichtet.

Kurz darauf erreichten die Maschinen den Platzrand mit den niedrigen Hütten, den Zelten und den Splitterboxen, die aus sandgefüllten Benzinfässern gebastelt waren. Alle Maschinen scherten nach links und rechts zur Seite aus. In der Mitte flog die gelbe 14 des Leutnants Marseille.

In niedriger Höhe jagte sie über das Rollfeld hinweg und wackelte mit den Tragflächen einmal. Dann zog sie hoch, kam in einem rasanten Turn zurück, wackelte das zweitemal, um noch zweimal den Platz anzufliegen und wieder mit den Tragflächen zu wackeln. Aus dem letzten steilen Turn heraus brachte Marseille die Maschine hinunter und fuhr das Fahrwerk aus. Die Me 109 landete mit einer langen Staubwolke. Danach setzte Kugelbauers Maschine auf, und die anderen folgten nach.

Marseille gab wieder leicht Gas und rollte mit mittlerer Fahrt seinem Standplatz entgegen. Dort angekommen, stellte er den Motor ab und drückte das Kabinendach in die Höhe. Seine beiden Warte standen schon auf den Tragflächen und zogen ihn heraus, nachdem er die Anschnallgurte gelöst hatte.

Die Männer trugen ihren Helden auf den Schultern zum Gruppenkommandeur, der in der Nähe am Platzrand stand. Marseille wurde zur Erde gelassen. Er ging auf seinen Kommandeur zu und meldete sich vom Feindflug zurück.

Hauptmann Neumann reichte ihm die Hand. Sein Blick fiel auf das schweißüberströmte, noch immer scharf angespannte Gesicht, auf dem aber bereits ein schwaches Lächeln des glücklichen Siegers zu erkennen war.

"Marseille", wieder sprach Neumann den Namen so aus, wie er geschrieben wurde, "ich beglückwünsche Sie zu Ihrem Erfolg."

"Was ist, Kugelbauer, können Sie alle Abschüsse bestätigen?" fragte Neumann den Rottenflieger des Leutnants. Der Oberfähnrich nickte.

"Alle, Herr Hauptmann. Aber begreifen kann ich das trotzdem nicht."

Wie der Gegner diesen Luftkampf sah, ist in der Geschichte der 1. SAAF Squadron geschildert worden. Hier der Wortlaut dieses Ereignisses aus der Sicht des Gegners:

"Unsere Hurricanes hatten eine Höhe von viertausend Metern erreicht, als die Felsen des Halfayapasses unter ihnen hinwegglitten. In diesem Augenblick wurden zwei Me 109-Verbände voraus und etwa tausend Meter höher gesichtet. Nach den Zählungen waren es vierundzwanzig Maschinen.

Im nächsten Atemzug fielen die Messerschmitts über uns her. Es gab ein wildes Tohuwabohu.

Die englischen Jäger drehten und wendeten sich, um sich dieses starken Gegners zu erwehren. Aber sie waren gegen die Messerschmitts hoffnungslos unterlegen, die schneller waren, besser stiegen, eine stärkere Bewaffnung und auch noch den Höhenvorteil hatten. Immer wieder stießen die Me 109 in Gruppen von sechs oder acht Maschinen aus der Sonne auf einzelne Hurricanes herab, gaben einige Feuerstöße ab und stiegen wieder außer Sichtweite."

Das war eine seltsame Sicht der Dinge, denn die britischen Jäger hatten sich nicht einzeln in der Luft befunden, sondern in einer großen Gruppe, und sie hatten einen Abwehrkreis gebildet.

Erstmals erschien im deutschen Wehrmachtbericht der Einsatz des JG 27, als dieser am 25. September mit folgenden Worten erwähnt wurde:

"In Nordafrika schossen deutsche Jäger ostwärts von Sollum ohne eigene Verluste sieben britische Jagdflugzeuge und einen Bomber ab."

Das siebte Jagdflugzeug war eine von Oberleutnant Homuth abgeschossene Tomahawk, die von dem Australier Saunders geflogen wurde.

Über seinen Einsatz als Jagdflieger sagte Marseille um diese Zeit:

"Es gibt nichts Schöneres als die freie Jagd. Aber wir wissen nicht, wie lange diese kämpferische Freiheit uns noch erhalten bleibt. Die Entwicklung der Nachrichtenmittel und des Meldedienstes bindet uns jeden Tag fester an die Leine. Ich fürchte, daß jene Stunden bald gezählt sein werden, für die Manfred von Richthofens Theorie ihre Gültigkeit gehabt hatte:

'Die Jagdflieger haben sich in dem ihnen zugewiesenen Gebiet herumzutreiben, wie es ihnen paßt. Wenn sie einen Gegner sehen, dann greifen sie an und schießen ihn ab. Alles andere ist Unsinn.'

Aber in einem wird Richthofen für alle Zeit recht behalten: Daß nur der ein brauchbarer Jagdflieger ist, der den Feind angreift, wo auch immer er ihn sieht, der jederzeit bereit und befähigt ist, sich in einen Kampf einzulassen und der nicht danach fragt, ob er nicht selbst am Ende dieses Kampfes mit zerschmetterten Gliedern am Boden liegen wird."

Tag für Tag flog Marseille nun mit seinem Schwarm, mehrfach nur als Aufklärer mit der Rotte, über das Schlachtfeld, das nunmehr erstarrt zu sein schien.

Als die Männer der 3. Staffel eines Abends in Ruhe lagen und sich vor ihren Zelten miteinander unterhielten, peitschten plötzlich Schüsse über den Platz. Alles fuhr auf. Die Flugzeugführer rannten zu ihren Maschinen, andere in Richtung zum Gruppengefechtsstand.

Es stellte sich heraus, daß die Long Range Desert Group unter Oberstleutnant Keyes dem Platz seine Aufwartung gemacht hatte, um die dort stehenden Flugzeuge zu vernichten.

Diese Langstrecken-Wüstenpatrouille war ein britischer Eliteverband. Der Verband hatte sich in den Höhlen der Oase Siwa eingerichtet. Später, als die Männer des Afrikakorps Siwa in Besitz nahmen, waren sie nach Kufra ausgewichen. Ihre Raids, oftmals hunderte Kilometer hinter den deutschen Linien, waren, was Kühnheit und Logistik anlangte, Meisterstücke der Guerillataktik. Es gelang dieser Gruppe unter Oberstleutnant Keyes mehrfach, ihr Ziel zu erreichen.

Nach dem Überfall auf die Liegeplätze des JG 27 ging es einer dieser Guerillagruppen schlecht, denn am anderen Morgen mit dem ersten Büchsenlicht starteten drei der besten Flieger des Geschwaders zur Verfolgung der Gruppe. Es waren die Oberleutnante Homuth und Redlich sowie der Leutnant Marseille.

Sie wurden von einigen Posten eingewiesen, die den Fluchtweg der Gruppe erkundet hatten, fanden diese in der Wüste und stießen im Tiefangriff auf sie hinunter. Die Briten verließen fluchtartig ihre Fahrzeuge, die in zwei Anflügen völlig zerschossen wurden.

Die II./Jagdgeschwader 27

Am 3. Oktober hatte die inzwischen voll einsatzbereite II./JG 27 den ersten Einsatz in Afrika. Sieben Maschinen der 5. Staffel sichteten bei Buq Buq sechs Hurricanes, die einen Aufklärer begleiteten. Sie griffen sofort an. Den ersten Abschuß erzielte Unteroffizier Horst Reuter, der eine Hurricane zu

Boden schickte. Der Pilot derselben, Sergeant Lowty, sprang mit dem Fallschirm ab. Lieutenant Lacey von der 25. Squadron der Wüstenluftwaffe schoß eine der Me 109 ab, die Sidi Barani angriffen.

Wenige Stunden darauf kam es zu einem zweiten Luftduell, bei dem Oberleutnant Gustav Rödel und Leutnant Arthur Schacht mit jeweils einem Abschuß erfolgreich waren.

Drei Tage darauf schrieb sich Oberfeldwebel Otto Schulz von der II./JG 27 das erstemal in Afrika in die Siegerliste ein. Vierzehn Me 109 waren zur freien Jagd gestartet. Bei Sidi Omar stießen sie auf zwölf Tomahawks, eine davon fiel Schulz zum Opfer. Von nun an sollte sein Name immer öfter im Zusammenhang mit Siegesmeldungen und spektakulären Ereignissen genannt werden. Schulz wurde zum Idol der II. Gruppe, auch wenn in ihr weitere große Flieger wie Rödel und Schröer vertreten waren. Schulz schoß als nächstes eine Tomahawk der 2. SAAF Squadron ab. Rödel tat es ihm gleich. Als sie wenig später erneut Kontakt mit einer Squadron Hurricanes erhielten, griffen sie erneut an. Rödel kam zuerst zum Schuß. Die von ihm anvisierte Maschine explodierte in der Luft.

Otto Schulz hörte kurz darauf den warnenden Zuruf seines Staffelkapitäns. Er kurvte geschickt und saß dem Gegner im Nacken. Seine Bordwaffen hämmerten los. Die Maschine bockte unter den Rückstößen. Diese Hurricane stürzte in engen Spiralen zur Erde hinunter. Schulz griff eine zweite an. Er stieß steil nach oben weg, legte die Maschine in einer halben Rolle auf den Rücken, stieß wieder hinunter und eröffnete nach der zweiten Halbrolle, den Bug genau auf den Gegner gerichtet, das Feuer.

Ein Teil der Flügelspitze der Hurricane flatterte zur Seite. Diese erwiderte das Feuer. Schulz vernahm einige knallende Schläge in der Zelle, aber ein Blick auf die Instrumente zeigte ihm, daß noch alles in Ordnung war.

Er fing in etwa zweihundert Meter Höhe schräg hinter dem Gegner seinen Steilflug ab, drehte abermals, und stieg mit dem Gegner wieder empor, führte einige geschickte Bewegungen aus, denen die Hurricane nicht so schnell folgen konnte, sah plötzlich den Bug der Feindmaschine durch sein Visier huschen und drückte den Abfeuerknopf. Unter den Kanonengarben brach die Hurricane auseinander. Brennend stürzte sie in die Tiefe.

"Aufpassen, Otto, hinter dir!" rief sein Rottenflieger. Otto Schulz schaltete instinktiv, kippte steil nach vorn, ließ die Maschine, schneller und schneller werdend, fallen, um sodann in einen Turn überzugehen und zu sehen, daß sein Gegner bereits mit Ostkurs verschwand.

Als die 6. Staffel der II./JG 27 kampfbereit war, startete sie am 11. Oktober 1941 das erstemal geschlossen zum Feindflug. Unter Führung ihres Gruppenkommandeurs, Hauptmann Wolfgang Lippert, flog die II. Gruppe eine Stunde lang durch das Gebiet und fand nicht einen Gegner. Sie kehrte ohne Feindberührung zum Einsatzhorst zurück.

Die I./JG 27 wiederum stieß am folgenden Tage zweimal auf Verbände von Tomahawks. Von 8.45 bis 9.15 Uhr dieses 12. Oktober kam es zu einer wilden Kurbelei über Bir Sheferzen. Es waren nicht weniger als vierundzwanzig Tomahawks der 2. SAAF und 3. RAAF in der Luft. Lieutenant Lacey meldete den wahrscheinlichen Abschuß einer Me 109. Die australische 3. RAAF stand im Mittelpunkt dieser Luftduelle. Oberleutnant Rudolf Sinner schoß eine Tomahawk ab, deren Öltank in Brand geriet. In Flammen gehüllt, stürzte die Maschine ab. Ihr Pilot, Sergeant Parker, konnte noch rechtzeitig mit dem Fallschirm aussteigen.

Oberleutnant Sinner wurde im weiteren Verlauf der Kämpfe aus dem britischen Abwehrkreis heraus beschossen, seine Maschine erhielt einige Treffer und drückte, durch den Abwehrkreis trudelnd, nach unten weg. Sinner erreichte im Gleitflug Gambut.

Der Abwehrkreis der Australier hielt. Erst als weitere Teile der I. Gruppe auftauchten, voraus die 3./JG 27, wurde dies anders. Wieder einmal mehr gelang es Marseille, diesen Abwehrkreis zweimal zu durchstoßen, trotz der wahnwitzigen Geschwindigkeit den Abfeuerknopf rechtzeitig zu drücken und zwei Curtiss aus diesem Kreis herauszuschießen.

Ein dritter Gegner wurde durch Oberleutnant Franzisket abgeschossen, den es heute nicht "zu Hause gehalten hatte".

Marseille hatte seinen vierundzwanzigsten und fünfundzwanzigsten Luftsieg erzielt. Damit aber war der Siegeszug des "Sterns von Afrika", wie er bald genannt werden sollte, noch nicht zu Ende - im Gegenteil: Er stand erst am Anfang.

Wenige Monate später, nach der Verleihung des Eichenlaubes an ihn, sollte ein Tagesbefehl des britischen Generalkommandos auf diesen Flieger hinweisen.

"Marseille ist der Beste, den die Deutschen hier haben. Er fliegt eine Me 109 wie die anderen, aber er fliegt sie besser als alle übrigen. Er darf nur mit mehreren Maschinen gleichzeitig angegriffen werden. Ihr müßt sehen, daß ihr ihn frontal von der Seite packen könnt, bevor er im Stande ist auszuweichen."

In den folgenden Wochen verlagerten sich die Einsätze mehr auf die II./JG 27. Das hatte besondere Gründe. Am 17. Oktober wurde der Liegeplatz der 3. Staffel des JG 27 durch eine Bombenserie getroffen. Die Staffel kam ungeschoren davon, denn sie war am Nachmittag zuvor in Gambut eingefallen. Dennoch wurden in der folgenden Nacht zwei Maschinen der 2. Staffel durch Bombenangriffe vernichtet. Das große Lagerzelt wurde getroffen und brannte lichterloh.

Die Angriffe der Briten auf den Liegeplatz der II. Gruppe waren weniger erfolgreich, störten aber dennoch den Flugbetrieb. Es war vorauszusehen, daß die britische Führung eine neue Offensive vorbereitete, um die Deutschen wieder zurückzutreiben.

Aus Palästina und dem übrigen Nahen Osten kommend, waren für die britische Wüstenluftwaffe eine Reihe neuer Staffeln nach Afrika verlegt worden.

Beide deutsche Jagdgruppen erzielten am 20. Oktober Erfolge. Der Luftkampf des 23. Oktober über dem Halfayapaß, der nach wie vor von den Soldaten des SR 104 unter Hauptmann Wilhelm Bach gehalten wurde, brachte weitere Einzelerfolge. So erzielte Hauptmann Lippert einen Abschuß. Drei Me 109 wurden von den Südafrikanern als abgeschossen gemeldet.

"Vermutlich hielten sie die abstürzenden eigenen Hurricanes für Me 109", berichteten Hans Ring und Christopher Shores in ihrem ausgezeichneten Werk "Luftkampf zwischen Sand und Sonne".

Am 30. Oktober war es wieder Oberfeldwebel Otto Schulz, der im Luftraum über Bardia-Sollum-Sidi Omar drei britische Jäger abschoß. Leutnant Arthur Schacht vernichtete eine weitere Feindmaschine.

Marseille wird geehrt

Am 3. November 1941 erhielt Hans-Joachim Marseille den Ehrenpokal der Luftwaffe. Zum ersten Male wurde auch Reichsmarschall Hermann Göring auf diesen jungen Flieger aufmerksam, dessen weiteren Einsatz er sich von nun an ständig melden ließ.

Am 24. November 1941 erhielt Marseille als erster deutscher Flieger in Afrika das Deutsche Kreuz in Gold, eine Auszeichnung, die für sechs Einsätze oder Ereignisse verliehen wurde, die jeder einzelne des Eisernen Kreuzes I. Klasse wert waren.

Diese Auszeichnung war erst am 28. September 1941 vom Obersten Befehlshaber der Wehrmacht gestiftet worden.

Zwischenzeit in der Wüste
Beiderseitige Vorbereitungen zur Operation "Crusader"

Um Tobruk und Sollum hatten sich die Fronten festgefahren. Die Soldaten des Deutschen Afrika-Korps, die, im Tropendienst völlig unerfahren, in den Kampf geworfen worden waren, hatten in den vergangenen Monaten viele unangenehme Überraschungen erlebt. Sie hatten gelernt, wie man den Gluthauch des Ghibli überlebte. Sie lernten, in der vegetationslosen Wüste Deckung zu finden und wie man Fahrzeuge und Waffen tief in den Sand eingrub, ohne mit ihnen verschüttet zu werden.

Das Wichtigste aber, was sie erfahren hatten, war die Tatsache, daß sie den Gegner schlagen konnten, daß sie den alten britischen Kolonialsoldaten trotz geringerer Zahl an Menschen und Waffen mindestens ebenbürtig waren und die besseren Führer hatten.

Das gab von Anfang an eine unvergleichlich hohe Kampfmoral. Jeder Mann, der als Ersatz nach Afrika kam, wurde von diesem Geist ergriffen.

Das Hauptproblem in der Wüste aber lernte das DAK erst jetzt kennen, das des Nachschubs. Täglich wurden eintausendfünfhundert Tonnen an Nachschub benötigt, einschließlich Wasser und Verpflegung. Soviel konnte einfach nicht auf Schiffen über das Mittelmeer herangeschafft werden. Der Transportweg für den Nachschub, der das Mittelmeer heil passierte, war endlos lang. Allein von Tripolis bis zum Halfayapaß betrug er zweitausend Kilometer.

Während der geschilderten Sommer- und Herbstkämpfe am Himmel über der Wüste war das DAK weit nach Osten vorgestoßen.

Bis Ende Oktober hatte die britische Seite dreihundert Crusaderpanzer, dreihundert Panzer des Typs Stuart, einhundertundsiebzig Matilda-Infanteriepanzer, vierhundertdreißig Lastkraftwagen, sechshundert Feldgeschütze, achtzig schwere und einhundertsechzig leichte Flak, zweihundert Pak und neunhundert Granatwerfer nach Afrika geschafft.

General Cunningham genehmigte die Operation "Crusader". Der Beginn dieser Offensive, mit der das deutsche Afrikakorps vom afrikanischen Kontinent hinuntergefegt werden sollte, war zum 15. November geplant, mußte aber auf den 18. November verschoben werden, weil die 2. südafrikanische Division, die aus Abessinien nach Marsa Matruk verlegt worden war, verspätet mit Material und Munition versorgt wurde und Generalmajor Brink, ihr Kommandeur, es ablehnte, unvorbereitet anzugreifen.

Erwin Rommel, seit dem 1. Juli 1941 General der Panzertruppe, mußte dieser Offensive zuvorkommen! Dazu mußte er sich vorher Tobruks versichern, um eine zweite Front auszuschalten.

Dies war der Grund dafür, daß im September und Oktober der deutsche Einschließungsring um Tobruk dichter gezogen wurde. Rommel wurde bitter enttäuscht, als er anstelle einer angeforderten dritten Panzerdivision, die ihm die notwendige Stoßkraft gegeben hätte, für seine Panzergruppe in Afrika die neu aufgestellte 90. Leichte Afrikadivision unter Generalmajor Max Sümmermann erhielt.

In der neuen Panzergruppe Afrika standen auf der einen Seite das DAK unter Generalleutnant Ludwig Crüwell mit der 15. und 21. PD sowie der 90. Leichten AD und der Division "Savona", während das XXI. italienische AK unter Korpsgeneral Navarrini über die Divisionen "Trento", "Bologna", "Brescia" und "Pavia" verfügte.

Rommel plante mit dieser Truppe drei Operationen:

I. Abweisung jedes britischen Angriffs
II. Ausbau der Grenzbefestigungen mit riesigen Minensperren zwischen Sidi Omar und Sollum
III. Angriff mit dem DAK aus dem Großraum zwischen Tobruk und der Ostflanke Tobruks an der Küste

Seine Planungen, die er mit seinem Ia, Oberstleutnant i.G. Siegfried Westphal, erarbeitete, legte er in zwei Handskizzen nieder.

Sintflut in der Wüste

Am Abend des 17. November 1941 begann es in der Wüste zu regnen. Zum erstenmal seit sechzig Jahren ging im Bereich zwischen Tobruk und dem Halfayapaß ein Wolkenbruch nieder, der von ungeheuerlichem Ausmaß war. Ein Gewitter ballte sich zusammen. Blitze zuckten hernieder. Bei Gambut und dem Halfayapaß wurden Zelte, Lastwagen und Geschütze von einer wahren Sturzflut überspült. Plötzlich schallte durch die Sprechfunk-Verbindung "das Stichwort", das die erwartete britische Offensive ankündigte. Es lautete:

"Hochwasser! - Hochwasser! - Hochwasser!"

In dieser Nacht, im sintflutartigen Regen vor jeder Sichtung geschützt, rollte eine britische Armada von etwa eintausend Panzern durch die Wüste in ihre Bereitstellungen.

Als die ersten Nachrichten von drei weit auseinander liegenden Vorstößen des Gegners bei Rommel eintrafen, äußerte sich Generalleutnant Ludwig Crüwell besorgt über diese Entwicklung. Rommel hingegen meinte:

"Das können nur Aufklärungsvorstöße sein!"

Er sollte sich das erstemal geirrt haben, denn am Abend dieses 18. November 1941, als Generalleutnant Johann von Ravenstein den Panzerfeind vor seinen Truppen meldete, war klar, daß die Briten zu ihrer Offensive angetreten waren.

Eintausend Panzer, einhunderttausend Mann und eintausend Flugzeuge griffen an. In einem turbulenten Geschehen erfolgte der britische Angriff mit der 7. PD auf den Flugplatz von Sidi Rezegh. Andere Kampfgruppen griffen die italienische Verteidigungsstellung bei Bir el Gobi an. Hier blieben sie liegen, denn die Division Giovani Fascisti - Jungfaschisten - verteidigte sich aufopfernd und hielt jeden Gegner auf. Hier griff auch die Division "Ariete", der beste italienische Panzerverband, an und schoß fünf britische Panzer ab.

Am 19. November griff die Panzerkampfgruppe der 21. PD unter Oberst Fritz Stephan den zwischen Sidi Omar und Gabr Saleh vermuteten Feind an und richtete sich in Gabr Saleh zur Verteidigung ein.

Die 15. PD bezog den Verfügungsraum südwestlich Gambut, um von dort jederzeit an allen Brennpunkten eingesetzt zu werden.

Acht Kilometer nordostwärts von Gabr Saleh stieß die Kampfgruppe Stephan mit einhundertzwanzig Panzern des PR 5, zwölf leichten Feldhaubitzen und vier 8,8 cm Flak um 15.30 Uhr auf den Feind. Es war die 4. britische Panzerbrigade, ohne ihr 3. Royal Tankregiment.

Oberst Stephan riß seine Panzer nach vorn, stieß dem weichenden Gegner bis über den Trigh el Abd nach. Dreiundzwanzig Stuartpanzer, die sie zu stoppen versuchten, wurden abgeschossen. Nur drei eigene Panzer gingen verloren.

Die 21. und 15. PD traten am nächsten Tag aus Sidi Azeiz und aus dem Raum dreizehn Kilometer südwestlich Gasr el Arid an. Die 15. PD stieß nordostwärts von Gabr Saleh auf die 4. britische Panzerbrigade. Von den einhundertdreiundvierzig Panzern derselben wurden in einem lange andauernden Gefecht fünfundfünfzig abgeschossen.

Die sich entwickelnde Panzerschlacht von Sidi Rezegh, mit ihrem Schwerpunkt am Totensonntag 1941, wurde zu einer der großen Wüstenschlachten.

Am Abend des ersten Kampftages war der Flugplatz von Sidi Rezegh noch immer in feindlicher Hand. Die 7. britische PD verlor bei einem ihrer Angriffe dreißig Kampfwagen. Bis zum späten Abend wurde weitergekämpft, dann setzten sich die beiden deutschen Panzerdivisionen vom Feind ab, bezogen bei Sidi Muftah (15. PD) und im Raume südlich des Punktes 175 (21. PD) Igelstellungen.

Am nächsten Tage kam es zu weiteren Panzergefechten mit der 4. britischen Panzerbrigade. Die Verfolgung zog sich bis zur Abenddämmerung hin. Oberst Hans Cramer, dem Gegner dicht auf den Fersen, befahl das Weiterstoßen trotz der Dunkelheit und beauftragte die I./PR 8 unter Major Günther Fenski, die Spitze zu übernehmen. Der Verband stieß bei Nacht auf eine dichte Panzeransammlung des Gegners, die sich eingeigelt hatte, und nahm diese nach einigen Schüssen im Handstreich . Es handelte sich um Teile der 4. Panzerbrigade und Versorgungsfahrzeuge der 8. Husaren. Wenige Minuten später meldete Fenski seinem Regimentskommandeur:

"Einen Brigadegeneral, siebzehn Offiziere und einhundertfünfzig Mann gefangen genommen. Fünfunddreißig Panzer, eine Reihe Geschütze und mehrere Funkwagen erbeutet!"

"Das ist für Sie das Ritterkreuz, Fenski!" sagte Cramer. Doch Günther Fenski fiel am nächsten Tag in der Schlacht am Totensonntag. Das Ritterkreuz erhielt er posthum am 31. Dezember 1941.

Am selben Tage gelang es Rommel, einen überraschenden Zangenangriff zu starten, der von der Masse der Grenadiere der 21. PD und dem PR 5 unter Oberst Stephan geführt wurde. In einem atemberaubenden Duell wurde der Flugplatz von Sidi Rezegh, nach drei Tagen in feindlicher Hand, zurückgewonnen. General Bott, der Kommandeur der britischen 7. PD, die Sidi Rezegh gehalten hatte, befahl den Rückzug auf die Stellungen der südafrikanischen Division. Die 22. Panzerbrigade der Division verlor von ihren neunundsiebzig Panzern allein in dieser Schlacht fünfundvierzig.

Der Flugplatz von Sidi Rezegh war in deutscher Hand. Ein Ausbruch britischer Truppen aus Tobruk wurde vereitelt. Bis zum Abend des 22. November wurden von der Panzergruppe Afrika zweihundertsieben britische Panzer abgeschossen. Das XX. Korps unter Gambarra hatte weitere fünfzig Panzer und zweihundert gepanzerte Kraftwagen vernichtet.

Der Kampf des Totensonntags, des 23. November 1941, wogte hin und her. Bis Mittag war die Verbindung zur "Ariete" hergestellt. Die angestrebte Vernichtung der südafrikanischen Division im Raume Sgifet-Adeimat gelang nicht. Die Panzer des PR 5 kamen zu weit nach rechts ab und konnten nicht mehr am Brennpunkt des Kampfes eingreifen. Die dem PR 8 unterstellte Batterie, die 3./Flak 33 unter Hauptmann Walter Fromm, unterstützte das abschließende Lösen der eigenen Panzer vom Feind.

Hauptmann Johannes Kümmel, Kommandeur der I./PR 8, brach zum Flugplatz von Sidi Rezegh durch und stellte die Verbindung mit der hier angreifenden 21. PD her. Damit war die Entscheidung gefallen.

Für den 24. November ließ Rommel folgende Absicht an das OKW absetzen:

Juni 1942: Oberleutnant Otto Schulz vom Feindflug zurück.

Auch Marseille ist vom erfolgreichen Feindflug zurückgekehrt.

Marseille im Gespräch mit Homuth.

Vier Jägerasse in Apollonia zur Erholung. Von links: Kugelbauer, Marseille, Schroer, u. Stahlschmidt.

Im Wüstenkino MARABU wird ein neuer Film gezeigt. Alles stürmt in den „Palast“.

Der Staffelmaler bei der Aufmalung des 50. Abschusses an der Gelben 14.

Hans Arnold Stahlschmidt, Marseilles Freund.

Marseille mit seinem Freund Düllberg.

Die Maschine von Hptm. Homuth ist wieder einsatzbereit.

Ein britischer Angriff gegen die Paßstellung bei Halfaya.

Tobruk am Abend des 20. Juni 1942 wieder in deutscher Hand.

Hans-Arnold Stahlschmidt, verschollen in Afrika.

Bruno Dilley, Kapitän der 3./Stukageschwader 1: „Seit Marseille kam, hatten wir unsere Lebensversicherung!“

Werner Schroer, RK am 20. 10. 1942, ein großartiger Afrikakämpfer, der später noch das Eichenlaub und die Schwerter erhielt.

Eine Plauderstunde auf dem Seitenwagenkrad.

Die Sintflut in der Wüste traf auch die Männer des JG 27. Hier beim „Entwässern" der Zelte.

Nach seinem 50. Luftsieg mußte Jochen berichten.

Das war der 50. Gegner in der Luft.

Nach dem 50. Luftsieg. Während Jochen noch berichtet, ist rechts unten der Staffelmaler bei der Arbeit.

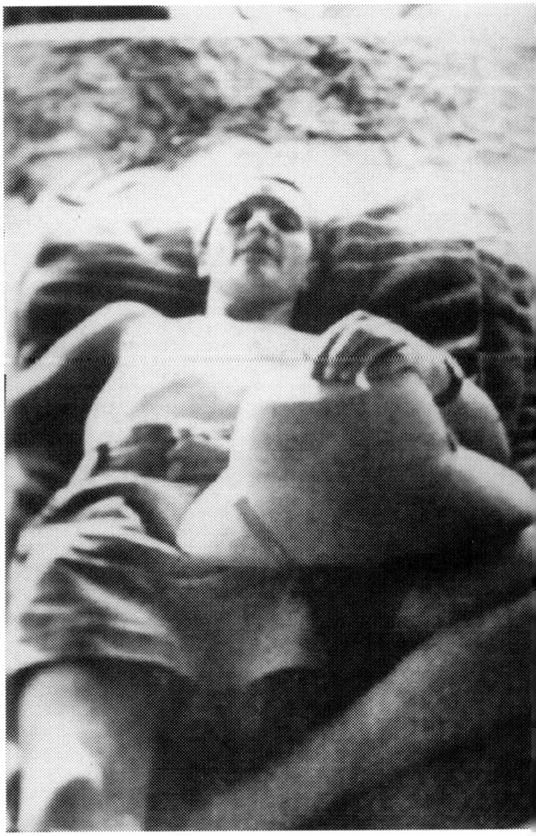

Einer Siesta war Jochen nie abgeneigt.

Marseille auf dem italienischen Feldflugplatz bei Derna. Er soll eine neue italienische Maschine fliegen.

a) Die Vernichtung der 7. PD des Gegners vollenden.
b) Mit Teilen meiner Kräfte gegen Sidi Omar vorgehen, in der Absicht, den Feind an der Sollumfront anzugreifen.

Als Rommel nach einem Treffen mit dem Kommandeur der 15. PD, Generalmajor Walter Neumann-Silkow, zwei Stunden später auf den "Moritz" von Generalleutnant Ludwig Crüwell stieß, meldete dieser:

"Der Feind ist bei Sidi Rezegh vernichtet und nur mit Teilen entkommen!"

Rommel befahl Crüwell:

"Nachdem die Angriffsgruppe Tobruk größtenteils vernichtet ist, fallen wir nunmehr über den Feind an der Ostfront her und vernichten die Neuseeländer und die Inder. Höchste Eile ist geboten. Wir müssen die Schockwirkung der Niederlage beim Gegner ausnutzen und sofort in schärfstem Tempo mit allen Teilen nach Sidi Omar vorstoßen!"

Im folgenden Panzerkampf zwischen Sidi Omar und Sidi Azeiz am 25. November fiel im Panzerduell Oberst Fritz Stephan. Major Werner Mildebrath übernahm die Führung des PR 5.

Der Kampf endete damit, daß Rommel sein Ziel nicht erreichte. Zwar hatte er den Trigh Capuzzo westlich von Sidi Azeiz erreicht und einen Geländeabschnitt von dreißig Kilometer Tiefe zurückgewonnen, Sidi Omar aber hatte der Gegner gehalten.

Der Rückzug im Spätherbst 1941

Am 27. und 28. November fiel die Vorentscheidung der großen Schlacht im Kampfraum Sidi Rezegh. Rommel sah immer noch eine gute Chance, die Briten schlagen zu können. Der 28. November mußte die Entscheidung bringen. Generalmajor Karl Böttcher hatte anstelle des in Gefangenschaft geratenen Generalleutnants Johann von Ravenstein die Führung der 21. PD übernommen. (Siehe zu diesen Kämpfen auch: Mit Rommel in der Wüste.)

Die verschiedenen Angriffsoperationen des 29. November brachten keinen entscheidenden Erfolg. Im Gegenteil: El Duda ging im Nachtangriff verloren.

Am 30. November konnte kein Geländegewinn mehr erzielt werden. Sidi Rezegh konnte abermals erstürmt werden, El Duda aber blieb im Besitz des Gegners. Die Kraft des DAK war gebrochen. Die 21. PD verfügte noch über fünfzehn mittlere und sechs leichte Panzer. Bei der 15. PD standen noch achtundzwanzig mittlere und elf leichte Panzer im Kampf. Allein die britische 7. PD verfügte noch über einhundertzwanzig Panzer.

Erwin Rommel mußte mit Blick auf die schweren eigenen personellen und materiellen Verluste den Entschluß zum Abbrechen des Kampfes und zum Rückzug in die Gazalastellung, später zur Aufgabe der Cyrenaika, treffen.

Am 7. Dezember ging der Kampf weiter. Generalmajor Walter Neumann-Silkow, der seine Panzer noch einmal vorzureißen versuchte, geriet in einen Artilleriefeuer-Überfall und fand durch einen Volltreffer auf seinen Panzer den Tod. Oberst Erwin Menny übernahm auf dem Gefechtsfeld die Führung der Division, bis am 9. Dezember Generalleutnant Gustav von Vaerst neuer Divisionskommandeur wurde. Im Gespräch mit Rommel gelang es Generalleutnant Ludwig Crüwell, den Befehlshaber am 9. Dezember zu veranlassen, den Rückzug zu befehlen. Dieser Befehl allein rettete das DAK vor seiner Vernichtung.

Es ging zurück, und am 15. Dezember meldete Erwin Rommel dem OKW: "Die Armee beabsichtigt, den Raum von Gazala am 16. Dezember noch zu halten. Der Rückzug über El Mechili und Derna ist aber spätestens in der Nacht zum 17. Dezember unvermeidbar, um der Überrundung durch den überlegenen Feind und damit der Vernichtung zu entgehen."

Zum Weihnachtsfest wurde Agedabia erreicht. Auch hier war die Lage der Panzergruppe Afrika nicht günstig, so daß Rommel den Rückzug im hinhaltenden Gefecht gegen den nicht mehr stark nachdrängenden Gegner bis in die Marsa-el-Brega-Stellung fortsetzte. Hier konnte wenigstens Tripolitanien verteidigt werden.

Das Jagdgeschwader 27 im Winter 1941
Kampf gegen die Sintflut

Nach den Sandstürmen, die mehr als einmal die Funktionsfähigkeit einzelner Maschinen trotz der eingebauten Sandfilter eingeschränkt hatten und für die Männer des JG 27 zu einer der ganz großen Plagen wurden, erreichte eine völlig unvorstellbare Nachricht die Männer des Geschwaders.

Während gerade einer der berühmt gewordenen bunten Nachmittage im Zelt des Staffelkapitäns im Gange war, gab das Koffergrammophon infolge ausgebrannter Batterien den Geist auf. Die Ordonnanz des Zeltes, das "Antönchen", konnte keinen Nachschub an alkoholischen Getränken mehr heranschaffen, weil nichts mehr vom Festland herübergekommen war. In dieser Situation kamen die Kameraden vieler Luftgefechte miteinander ins Gespräch. Die Leutnante Körner und Wildau kabbelten sich über die Wichtigkeit von Alkohol zu solchen improvisierten Feiern wie dieser, zu der ihnen der Gegner die Zeit ließ, weil er in den letzten beiden Tagen nur sporadisch - gewissermaßen nur zu Besuch - über der Front erschienen war.

Hans-Joachim Marseille imitierte den nuschelnden österreichischen Schauspieler Hans Moser, von dem sie in ihrem Frontkino bereits "Anton der Letzte" und "Das Ekel" gesehen hatten. Mit dem neuesten Film "Wiener Blut" hatte Hans Moser sehr gefallen.

Es gelang Marseille gut, den nuschelnden Darsteller Wiener Originale zu imitieren. Alle klatschten Beifall.

In diesem Augenblick rasselte der Feldfernsprecher. Es war Leutnant Stahlschmidt, der als Gruppenadjutant der I. Gruppe "vor sich hinvegetierte", wie er selber bemerkte.

"Herr Leutnant", wandte sich die Ordonnanz an Marseille, "Leutnant Stahlschmidt wird in zehn Minuten hier sein".

"Seit wann braucht Hans-Arnold denn eine Extraeinladung?" fragte Leutnant Körner amüsiert. "Der arme Kerl muß ja bald im Papierkram ersticken. Er hat ja kaum noch eine freie Minute."

"Er wird es überleben", warf Pöttgen ein.

Als Stahlschmidt fünf Minuten später eintraf, wurde er mit Hallo begrüßt. Er berichtete über die Dinge, die er als Gruppenadjutant gehört hatte. "Ja, Transportschiffe mit Nachschub werden erwartet", sagte er. "Einige aber sind nicht angekommen, darunter auch ein paar Tanker. Von 'oben' ist strikte Treibstoffersparnis angeordnet worden."

"Dann wird es sicher bald ernst", meinte Pöttgen.

"Es ist schon jetzt ernst genug. Wir haben jede Menge Brüche auf dem Platz liegen und keine Ersatzteile. Das technische Personal ist zu sehr überlastet, um die Reparaturen selber auszuführen und greift zu Improvisationen, die kaum glaubhaft sind. So hat Werkmeister Wullrich die durchlöcherten Seitenruder mit Nähmaschine und Leinen wieder hingekriegt. Man sieht Maschinen aus Trümmern auferstehen. Es ist kaum zu glauben."

"Stimmt! Unsere schwarzen Männer haben ein besonderes Lob verdient", fiel Marseille ein. "Aber auch ihre Kunst ist am Ende, wenn sie keine Ersatzteile mehr bekommen."

"Und dann soll auch bald der große Regen einsetzen", fiel Stahlschmidt ein.

"Ich höre immer Regen!" rief Pöttgen. "Regen in der Wüste!"

"Da haben deine Lauscher richtig gehört. Vorhin war unser Wetterfrosch beim Kommandeur. Er sagt, daß in den nächsten Stunden oder Tagen mit heftigen Regenfällen zu rechnen ist." Alles lachte durcheinander. "Wie liegt denn euer Zelt?" wandte sich Stahlschmidt an die Kameraden.

"Unser Zelt liegt nicht, es steht", unkte Marseille den Freund.

"Das ist nicht blöd, das ist schon saublöd, Jochen!" fuhr Stahlschmidt

Marseille an. "Der Regen kann für uns alle gefährlich werden, wenn die Wadis vollaufen und die Zelte zu tief stehen. Das ist übrigens nicht auf meinem Mist gewachsen. Ich bin überzeugt, daß unser Wetterdoktor etwas von der Sache versteht und daß wir seine Warnung nicht auf die leichte Schulter nehmen sollten."

"Das sieht der Doktor zu schwarz", fiel Körner ein.

"Der Kommandeur sieht dies nicht so. Der Werkstattzug mußte bereits heute nachmittag aus seinem Wadi ausziehen und auf höheres Gelände verlegen. Die Staffelkapitäne haben Weisung, die Zelte in den Mulden abbauen zu lassen."

Erneut schrillte der Feldfernsprecher. Er rief Leutnant Stahlschmidt zum Gruppenkommandeur.

"Hör zu, Hans-Arnold! Wenn Schneefall angesagt wird, sag uns bitte Bescheid, damit wir die Kufen unserer Rodelschlitten entrosten können."

"Armleuchter!" rief Stahlschmidt wütend zurück und ärgerte sich, daß er die Zeltklappe nicht wenigstens zuknallen konnte.

Trotz ihrer ausgelassenen Laune waren einige der Männer nachdenklich geworden. Sie traten vor das Zelt. Von fernher über See peitschten die Blitze eines weit entfernten Gewitters. Der Wind war eingeschlafen.

"Komische Temperatur", meinte einer der Männer.

Dann blickten sie auf, denn soeben kam Oberleutnant Homuth mit dem Hauptfeldwebel der Staffel heran. Sie hatten offenbar die Zeltplätze kontrolliert.

"Meine Herren, im Zwei-Stunden-Abstand ist die Wache auf dem Platz zu kontrollieren!"

Dies galt gewiß nicht dem Regen, sondern der latent drohenden Gefahr eines weiteren Überfalles der Long Range Desert Group.

Nach und nach gingen die Flugzeugführer zu ihren Zelten, um sich schlafen zu legen.

Es war gegen 2.00 Uhr nachts, als plötzlich Böen an den Zelten und Vertäuungen rissen. Der Himmel über dem Platz war hell, einige Sterne blinkten. Aus Südosten schob sich eine riesige schwarze Wolke vor dem Wind heran. Die ersten Regentropfen fielen dick und klatschend auf die Zelte. Es regnete wirklich! Einige Schläfer erwachten und lauschten, überrascht von dieser Tatsache, auf das Getrommel des Regens. Eine Stunde später hallte der Warnruf "Wasser! - Wasser!" über den Platz.

Als die übrigen, aus ihrem Schlaf erwachend, ins Freie stürmten, rauschte es ihnen bereits entgegen. Quer durch das Lager der 3. Staffel wälzte sich ein Strom, auf dessen Oberfläche allerlei Gegenstände fortgetrieben wurden:

Schuhe und Strümpfe, Koffer und andere Dinge rauschten vorbei. Immer breiter wurde dieser Strom, der von den Bergen herunterkam. Er jagte dahin, alles mit sich reißend, was ihm im Wege stand.

Die ersten Besatzungen mußten sich aus den überschwemmten Zelten auf die nächste Düne flüchten, wo sie mit Mänteln über dem Arm und in ihren Pelz- und Lederwesten über den Schlafanzügen standen und auf dieses sich unaufhaltsam ausbreitende Meer starrten.

Von allen Seiten blinkten Lichter, schrien sich Männer Warnungen und Hinweise zu oder schaufelten Schlammberge um ihre Zelte.

Es regnete immer noch. Nein, es schüttete wie aus Kübeln. Im Sog dieses Wasserwirbels, der sich vor der Düne teilte und als zwei Ströme weitermarschierte, schwammen mehr und mehr Dinge: Tropenhelme und Versorgungskisten, Autoreifen und Kochtöpfe, Wasserkanister und Flaschen.

Beim technischen Personal hatte der Hauptfeldwebel eine Kolonne von Sandschippern organisiert, die einen Graben um die wertvollen Nachschubgüter aushoben und das Wasser ableiteten.

Drei Stunden dauerte diese Sintflut. Als sie aufhörte, war alles in Bewegung, was nicht festgezurrt war. Telefonleitungen und Masten waren beschädigt, einige Masten sogar umgerissen. Der Kommandeur ließ seine Befehle durch Melder weitergeben.

Eine Stunde, nachdem die Sintflut wenigstens von oben versiegt war, schwollen die beinahe schon versiegten Bäche mit einem Schlag enorm an, ohne daß ein weiterer Regentropfen gefallen wäre. Das war die Flutwelle aus der Wüste, die durch die ehedem ausgetrockneten Wadis brandete. Sie brauste heran, lief quer durch das Zeltdorf und verlor sich unter Mitnahme vieler Dinge im Meer.

Als Bilanz gezogen wurde, war der Sachschaden nicht so gravierend, wenn man von den zwei "ertrunkenen" Werkstattwagen absehen wollte, die in den vollgelaufenen Splittergräben bis weit über der Motorhaube unter Wasser standen.

Hauptfeldwebel Köster machte nach seiner ersten Übersicht dem Gruppenkommandeur die Schadensmeldung. Er erhielt Weisung, alles reparieren zu lassen.

Schlimmer als der I. Gruppe war es Hauptmann Lipperts II. Gruppe ergangen. Ihre Zelte standen bis zu den Spitzen im Wasser.

Eines war jedoch sicher. Das JG 27 ertrank nicht in der Wüste. Es hatte allerdings viele "Obdachlose" gegeben, die mehr oder weniger leicht bekleidet umherirrten und zu retten versuchten, was nicht mehr zu retten war.

In den nächsten beiden Tagen war der Verkehr untereinander, vor allem aber zum Fliegerführer Afrika, nur durch Fieseler "Störche" durchführbar. Von den Flugzeugen war keines beschädigt worden. An einen Start auf dem nassen und matschigen Platz war jedoch vorerst nicht zu denken.

Die Küche war schwer beschädigt, und auch die Schreibstube der II. Gruppe befand sich in einem katastrophalen Zustand. Die völlig durchnäßten Akten mußten, auf Wäscheleinen angeklammert, zum Trocknen aufgehängt werden.

In Tmimi wurden einige Zelte mitsamt der Insassen weggerissen. Sie segelten auf dem Wasser in "Begleitung eines Lastkraftwagens, der mitschwamm", dem Meer entgegen, konnten sich aber rechtzeitig aus den Fluten retten. Der in Derna stehende Wasserwagen der I. Gruppe wurde ebenfalls fortgespült.

In Gambut wartete man an diesem Morgen des 18. November vergebens auf die Messerschmitt-Staffeln, die sonst jeden Morgen ihre Einsätze flogen. Dort war nicht ein Tropfen Regen gefallen.

Während der Lagebesprechung am Morgen des 18. November wurde die Meldung hereingegeben, daß ein feindlicher Bomberverband über See mit Richtung auf die eigenen Plätze gesichtet worden sei. Aus ihren Splittergräben sahen die zur Tatenlosigkeit verurteilten Männer zu, wie dieser britische Angriff über sie hinwegrollte. Auch in der folgenden Nacht waren die beiden Plätze der Jäger Ziele feindlicher Bomberangriffe.

Als am Nachmittag des 18. November die Startbahnen einigermaßen abgetrocknet waren, starteten zwei Schwärme der 1./JG 27 und warfen sich den angreifenden neun Maryland der 21. SAAF Squadron entgegen. Hauptmann Redlich und Oberfeldwebel Espenlaub schossen je einen Bomber ab. Diese Bomber hatten keine Bomben, sondern Flugblätter abgeworfen. Auf diesen stand:

"Deutsche Jagdflieger, ihr seid zerschlagen!
Gebt diesen Kampf auf!"

Auch am 19. November kam es nur zu wenigen Starts. In den folgenden Tagen waren mehrfach Redlich und Espenlaub, Leutnant Remmer und Oberfeldwebel Schulz erfolgreich. Bei einer Landung am 21. November rammte der Gefreite Kurt Paskowski eine soeben startende Me 109, die von Feldwebel Emil Kaiser geflogen wurde. Paskowski starb, Feldwebel Kaiser wurde verletzt.

An den Luftkämpfen des 22. November waren wieder die Maschinen der 1. Staffel beteiligt. Redlich mit zwei Abschüssen, Oberleutnant Schneider, Unteroffizier Josef Grimm und Oberfeldwebel Espenlaub mit jeweils einem waren die erfolgreichen Schützen dieses Tages.

Hauptmann Lippert, Kommandeur der II./JG 27, der mit seiner Gruppe in diesen Tagen die Hauptlast des Angriffs trug, weil die I. Gruppe kaum noch einsatzbereite Maschinen hatte, schoß zwei Gegner ab. Oberleutnant Rödel ebenfalls zwei. Den ganzen Tag über waren Maschinen der II./JG 27 in der Luft. Drei Maschinen dieser Gruppe wurden abgeschossen. Ihre Piloten, Unteroffizier Horst Reuter, Leutnant Karl Scheppa und Unteroffizier Tanier konnten sich mit Fallschirmabsprung retten und kehrten zur Gruppe zurück. Feldwebel Günther Hillert mußte nordwestlich Bir el Gobi notlanden. Er warf seine Maschine auf den "Bauch". Oberfähnrich Josef Waskott mußte südlich Tobruk per Fallschirm aussteigen. Hauptmann Ernst Düllberg wurde im Luftkampf verwundet, schaffte es aber bis zum Platz von Gazala und legte dort eine Bruchlandung hin. Die deutschen Jäger erzielten an diesem Tage einundzwanzig Luftsiege, unter ihnen dreizehn Jäger, doch fünf eigene Flugzeuge gingen verloren.

Am 23. November starteten die Männer der II. Gruppe mehrfach zu Einsätzen, bei denen sie insgesamt neun britische Jäger und einen Boston Bomber abschossen. Auf Hauptmann Redlich entfielen drei Hurricanes. Oberfeldwebel Espenlaub brachte es auf zwei Abschüsse. Hauptmann Lippert konnte eine Hurricane abschießen, ehe er sich bei einem Luftduell mit Curtiss P 40 und Blenheim Bombern als getroffen abmeldete. Er hatte einen Motortreffer erhalten und sprang mit dem Fallschirm über den britischen Linien ab. Als er beim Sprung gegen das Leitwerk prallte, brach er sich beide Beine. Er wurde von britischen Soldaten gefunden und nach einer ersten Versorgung ins General Hospital 119 nach Ägypten gebracht. Dort bildete sich ein Brand in beiden Beinen, der eine sofortige Amputation notwendig machte. Lippert wehrte sich verzweifelt. "Sie sollen mir meine Beine nicht abnehmen!" rief er immer wieder, schon vom Fieber gezeichnet. Als dann kein weiterer Ausweg mehr blieb, willigte er in die Amputation ein. Er starb zehn Minuten nach der Operation an einer Embolie, ohne das Bewußtsein wiedererlangt zu haben.

Hauptmann Lippert wurde unter Beteiligung englischer und italienischer Offiziere mit allen militärischen Ehren beigesetzt.

Diese Nachricht wurde dem Fliegerführer Afrika über Funk mitgeteilt. Bis zum diesen Zeitpunkt hatte Wolfgang Lippert neunundzwanzig Luftsiege errungen.

Otto Schulz von der II./JG 27 setzte in den nächsten Tagen seine Siegesserie in Afrika fort. Hauptmann Redlich errang ebenfalls einige weitere Luftsiege.

Am 5. Dezember beteiligte sich erstmals auch die I. Gruppe wieder voll am Einsatz. Sie begleitete mit Maschinen der II. Gruppe vierzig Ju 87. Fünfundzwanzig Kilometer südlich El Adem gelang es den Briten, achtzehn Ju 87 abzuschießen. Flight Lieutenant Caldwell war mit fünf Abschüssen erfolgreichster Flieger. Fünf Tomahawks wurden abgeschossen. Neben Hauptmann Redlich war diesmal auch Oberleutnant Rödel erfolgreich.

Die 3./JG 27, die in den vergangenen Wochen nicht erwähnt wurde, hatte inzwischen nach Deutschland verlegt und war auf die neue Me 109 F - "Fritz" umgeschult worden. Am 5. Dezember war sie zum ersten Male wieder dabei. Oberleutnant Homuth und Leutnant Marseille stürzten sich mit ihren neuen schnellen Maschinen in den Kampf und schossen jeweils eine Maschine der 274. Squadron des Gegners ab. Damit hatte Marseille mit der neuen Maschine seinen Einstand gegeben. Von nun an sollte er trotz des Rückzuges und der Rückverlegung der eigenen Horste immer wieder zu neuen Erfolgen kommen.

Ein besonderes Ereignis trat an diesem 5. Dezember 1941 ein, an dem das DAK das Gelände westlich Sidi Rezegh räumte und den vorher in Schlagzeilen geschilderten Rückzug antrat:

Einundzwanzig Me 109-F der III./JG 53 - dem "Pik-As-Geschwader" - unter ihrem Gruppenkommandeur Hauptmann Wolf-Dietrich Wilcke trafen in Afrika ein und landeten auf dem Platz von Tmimi.

Ihre Staffeln 7, 8 und 9 wurden von Oberleutnant Heinz Altendorf, Oberleutnant Hans-Joachim Heinecke und Oberleutnant Franz Götz geführt. Hauptmann Wilcke und Leutnant Herbert Schramm trugen bereits das Ritterkreuz. Schramm und Leutnant Hermann Neuhoff hatten bereits siebenunddreißig Luftsiege zu verzeichnen, Wilcke mit dreiunddreißig, Götz mit dreißig und Oberfeldwebel Werner Stumpf mit vierundzwanzig waren die nächsten Anwärter auf diese Auszeichnung.

Hans-Joachim Marseille auf Erfolgskurs

Mit seiner neuen Maschine, die wieder die sandfarbene Tropentarnbemalung und die gelbe 14 erhalten hatte, startete Marseille am 6. Dezember gegen vierundzwanzig Hurricanes, die über Bir el Gobi für ihre angreifenden Bomber Sicherung flogen, um die Italiener weichzuklopfen, die diese Festung mit großer Bravour hielten.

Diese Hurricanes stießen auf neun Ju 87, die sich soeben in den Kampf werfen wollten. Eine Squadron des Gegners, die 274., kam noch hinzu. Der Kampf dauerte eine halbe Stunde. Die drei britischen Staffeln erlitten erhebliche Verluste. Wieder war Marseille mit zwei Abschüssen dabei.

Neben ihm hatte auch Oberfeldwebel Otto Schulz von der II. Gruppe zwei Abschüsse zu verzeichnen. Unteroffizier Horst Reuter und Unteroffizier Alfred Schulze waren mit jeweils einem Abschuß am Gesamterfolg dieses Tages beteiligt.

Der nächste Tag sah wieder Oberfeldwebel Otto Schulz als ersten erfolgreich. Er schoß am frühen Morgen einen von zwei Boston Bombern ab, die zur Aufklärung eingesetzt waren. Als Lieutenant Kingon, Pilot eines dieser Bomber, seiner Crew den Befehl zum Abspringen gab, konnten der Bombenschütze und der Bordschütze diesem nicht nachkommen, weil beide schwer verwundet waren. Lieutenant Kingon verzichtete auf seinen Absprung, hievte sich in den Pilotensitz zurück und konnte eine glückliche Bauchlandung machen. Es gelang ihm, seine beiden Kameraden aus der brennenden Maschine zu retten, bevor diese in die Luft flog.

Die zweite Boston wurde über El Adem von Leutnant Remmer gestellt und in Brand geschossen. Sie stürzte ab. Ein Mann ihrer Besatzung rettete sich durch Fallschirmabsprung. Bei weiteren Feindbegegnungen gelang es Leutnant Marseille, der mit seinem Schwarm und einigen Maschinen der I./JG 27 unter Führung von Oberleutnant Homuth als Begleitschutz für die II./StG 2 flog und die Höhensicherung durchführte, noch eben rechtzeitig, aus der Höhe auf eine Squadron Hurricanes hinabzustoßen. Bis dahin hatte der Gegner bereits zwei Ju 87 und eine italienische G-50 abgeschossen.

Neben Marseille griffen Oberfeldwebel Albert Espenlaub und Unteroffizier Josef Grimm an. Alle drei schossen jeweils einen Gegner ab. Damit hatte Marseille seinen neunundzwanzigsten Luftsieg errungen.

Während die Panzergruppe Afrika sich auf Ain el Gazala zurückzog, rüsteten sich die Flieger zum Rückzug auf Derna.

Ein britischer Angriff auf den italienischen Feldflugplatz in Agedabia forderte fünf CR 42 und eine zweimotorige Maschine, die so schwer beschädigt wurde, daß sie wenig später gesprengt werden mußte.

Nachdem die 94. und 260. Squadron im Luftraum über Bir el Gobi und El Adem versuchten, ihre eigenen Truppen bei der Eroberung dieses von den Italienern gehaltenen Stützpunktes zu unterstützen, waren keine deutschen Maschinen zur Stelle. Anders aber war es, als sich eine halbe Stunde darauf Maschinen der 274. Squadron etwa dreißig deutschen und italienischen Jägern gegenüber sahen. Unter ihnen MC 200 und MC 202 sowie etwa zwölf Me 109 der 3. Staffel.

Oberleutnant Homuth führte sie wieder an. Sergeant Heyes, einer der Piloten, deren P-40 von Marseille angegriffen wurde, mußte sich binnen weniger Sekunden nach Beginn des Luftduells geschlagen geben.

Am Nachmittag startete die II./JG 27. Abermals war es Oberfeldwebel Schulz, der bei Ridotto Rhegima eine Boston abschoß. Zwei Flieger der 4. Staffel des JG 27 mußten südlich von El Adem notlanden. Sie wurden gefangengenommen. Es waren Unteroffizier Heinz Kleinert und Leutnant Fritz Rockel.

Die britischen Wüstenstreitkräfte griffen am 9. Dezember mit Bombenangriffen die zurückgehende Panzergruppe Afrika an. Tomahawks und Hurricanes schossen im Tiefangriff auf die westwärts rollenden deutschen Wagenkolonnen. Der Jagdvorstoß von neunzehn Tomahawks der 3. RAAF und der 112. brit. Squadron in Richtung Tobruk-El Adem wurde südlich von El Adem durch deutsche Me 109 gestoppt. Es waren sechs Messerschmitts unter Führung von Oberleutnant Gerhard Homuth. Dieser, Oberleutnant Hugo Schneider und Unteroffizier Josef Grimm stießen aus eintausend Meter Überhöhung auf den Gegner. In einem blitzschnellen Angriff konnten die drei deutschen Flieger jeweils einen Gegner überwinden. Eine weitere britische Maschine erhielt so schwere Treffer, daß sie nach Tobruk einkurvte und dort eine Notlandung unternahm. Eine fünfte Tomahawk wurde ebenfalls schwer beschädigt. Sie kehrte zu ihrem Horst zurück. Einer der Gefallenen dieses Tages war Sergeant Wilson. Er erhielt nach acht Luftsiegen posthum die Distinguished Flying Medal. Ein italienischer Jäger griff am Nachmittag über dem Platz Tmimi zwei von ihren Horsten auf Kreta herüberkommende Ju 52 in niedriger Höhe über dem Platz an. Er schoß eine davon brennend ab und die zweite nach einigen Kapriolen und Kunstflugrollen ebenfalls, so daß sie aus fünfzig Meter Höhe brennend auf dem Platz aufschlug.

Soeben kam Oberfeldwebel Otto Schulz von einem Aufklärungsflug zurück. Diese Tragödie vor sich sehend, weiterer Tragödien gegenwärtig, wenn er nicht sofort handelte, setzte er sich hinter die italienische Maschine und schoß diesen Amokflieger ab.

Der 10. Dezember war ein schwarzer Tag für die südafrikanischen Squadrons, die an diesem Tage Verluste erlitten.

Am frühen Morgen startete Leutnant Marseille mit seinem Schwarm und einigen Kameraden der Staffel - insgesamt zwölf Maschinen - in Richtung El Adem.

Über den Wolken fliegend stießen sie auf einige Jäger der 4. und 2. SAAF, welche die eigenen Stellungen bei Tobruk überwachen und sie vor feindlichen Stukaangriffen schützen sollten.

Hans-Joachim Marseille hatte diese Gegner frühzeitig durch eine Wolkenlücke erspäht. Im Sturzflug jagte er durch die Wolken und drehte mit einem halben Turn auf den ersten Gegner ein. Im Vorbeisturz peitschten die Abschüsse aus seinen Waffen. Die Tomahawk taumelte in kurzen Spiralen brennend der Erde entgegen.

Die 2./JG 27 stieß am Nachmittag, als Begleitschutz für die Stukas fliegend, auf sechs Boston Bomber, die ohne Begleitschutz die deutschen Nachhuten angreifen sollten.

Feldwebel Franz Elles hatte diesen kleinen Verband gesichtet. Von rückwärts jagten die deutschen Me 109 in schnellem Flug an diesen Verband heran, schossen aus allen Bordwaffen und zogen über den Bostons in die Höhe. Leutnant Willi Kothmann schoß eine von ihnen ab, erhielt aber von dem Bordschützen dieser Maschine einen Bauchschuß und landete dennoch glatt in Tmimi. Feldwebel Elles visierte die auf der linken Flanke fliegende Boston an. Nach dem zweiten Feuerstoß fing der Bomber Feuer und stürzte brennend ab. Hauptmann Erich Gerlitz, der Staffelkapitän, nahm eine weitere Boston aufs Korn, die in einem grellen Feuerball auseinanderbarst, als seine Feuerstöße sie erreichten. Oberfeldwebel Hermann Förster schoß die daneben fliegende Maschine ab, die im Gedonner ihrer explodierenden Bomben auseinanderbrach. Oberleutnant Rudolf Sinner kam bis auf wenige Meter an seinen Gegner heran. Es war der Leader der 24. SAAF Squadron, Major Donnelly. Der MG-Stand des Bombers wurde mit dem ersten Feuerstoß zerschossen. Dann versagten Sinners Waffen, und die Boston konnte sich, schwer angeschlagen, zum eigenen Horst retten. Sie war die einzige, die von diesem Einsatz auf ihren Liegeplatz LG 76 zurückkehrte und notlanden konnte. Dies war nach dem Bericht in der Geschichte dieser Squadron die "Boston-Tea-Party". Von nun an wurden Boston Bomber nur noch im Nachteinsatz verwendet.

Als Oberleutnant Rödel von der II. Gruppe mit seinen Kameraden nach Stukabegleitung einen Tiefangriff auf britische Panzer flog, wurde ihm von Unteroffizier Alfred Heidel beim Hochziehen das Leitwerk weggerissen. Rödel machte eine Bauchlandung. Heidel sprang aus nur fünfzig Meter Höhe ab und hatte das Glück, daß sich sein Fallschirm kurz über dem Boden öffnete und er sich nur den Fuß verstauchte.

Am 11. Dezember erzielte die III./JG 53 ihre ersten Luftsiege in Afrika. Sie mußte bei ihrer Rückkehr den Horst von Tmimi räumen und nach Derna-West verlegen. Drei ihrer Me 109, die flugunklar waren, wurden gesprengt.

Inzwischen trafen die ersten Maschinen der III./JG 27, wenig später auch der Geschwaderstab und der Kommodore Major Bernhard Woldenga, in Afrika ein. Damit war das JG 27 das erstemal seit der Luftschlacht über

England wieder in voller Stärke vereinigt.

Diese Gruppe hatte bereits in der Luftschlacht um England vierundfünfzig Abschüsse, über Malta fünf und an der Ostfront zweihundertzwanzig Abschüsse erzielt.

Kommandeur der Gruppe war Hauptmann Erhard Braune, Staffelkapitän der 7. Oberleutnant Hermann Tangerding, der 8. Oberleutnant Hans Lass, und der 9. Oberleutnant Erbo Graf von Kageneck. Letzterer war der erfolgreichste Flieger und hatte auf seinem Abschußkonto die stolze Zahl fünfundsechzig aufzuweisen, mit der er zu dieser Zeit der Zehnte in der Erfolgsliste der deutschen Jagdflieger war.

Binnen dreier Monate hatte Graf Kageneck das Ritterkreuz (am 30. Juli 1941) und das 39. Eichenlaub (am 26. Oktober 1941) erhalten.

Der Geschwaderkommodore Bernhard Woldenga hatte zwar nur drei Abschüsse, war aber als Verbandsführer an der Ostfront in besonderer Weise hervorgetreten und trug seit dem 5. Juli 1941 das Ritterkreuz.

Der 13. Dezember sah über der Front umfangreiche Luftduelle. Im Verlauf dieser Kämpfe gelang Leutnant Marseille wieder eine Doublette, als er im Luftraum über Martuba und bei Tmimi um 16.00 Uhr und 16.10 Uhr jeweils eine P-40 abschoß.

Der Tag wurde überschattet durch einen schweren Verlust. Oberfeldwebel Albert Espenlaub von der 1./JG 27 kämpfte am frühen Morgen im Duell mit einem erfahrenen britischen Piloten, Captain Walker, in dessen Verlauf seine Maschine einige Treffer in den Kühler erhielt. Als der Motor wegen Überhitzung ausfiel, mußte er bei El Adem, noch über Feindgebiet, notlanden. Er wurde von einer britischen Streife gefangengenommen. Bei einem Fluchtversuch wurde er von der Wache erschossen. Espenlaub zählte zu den erfolgreichsten Wüstenfliegern. Er hatte binnen weniger Monate in Nordafrika vierzehn Luftsiege errungen.

In den nächsten Tagen war Oberfeldwebel Schulz erfolgreich. Am 17. Dezember konnte Marseille im Einsatz gegen acht P-40, die acht Blenheims zum Bombenangriff auf den deutschen Horst in Derna begleiteten, um 11.10 und um 11.28 Uhr erneut zwei Abschüsse erzielen.

Ebenso war auch Oberleutnant Franzisket mit zwei Abschüssen um 11.12 und 11.20 Uhr erfolgreich.

Diese Abschüsse des 17. Dezember waren für Marseille der fünfunddreißigste und sechsunddreißigste, elf weitere nach der offziellen Verleihung des Deutschen Kreuzes in Gold an ihn am 24. November 1941. Eigentlich hätte er längst das Ritterkreuz erhalten müssen, das bis zu dieser Zeit nach zwanzig Abschüssen vergeben wurde. Dazu ein Situationsbericht:

Mit elf Erfolgen innerhalb von vierzehn Tagen hatte Marseille die Zahl seiner Luftsiege auf sechsunddreißig erhöht. Wenige Stunden bevor der Platz von Ain el Gazala infolge des Feinddrucks geräumt werden mußte, wurde Marseille zum Gruppengefechtsstand befohlen. Er war gerade mit zwei Abschüssen vom Feindflug zurückgekehrt (seinen fünfunddreißigsten und sechsunddreißigsten), als ihm dieser Befehl übermittelt wurde.

Im Gruppengefechtsstand angekommen, empfingen ihn nach seiner Meldung beim Gruppenkommandeur Generalfeldmarschall Albert Kesselring und General der Flieger Hans Geisler.

"Smiling Max", wie Kesselring beim Gegner genannt wurde, reichte dem jungen Fliegerleutnant die Hand und hielt dessen Rechte lange Zeit in seiner.

"Leutnant Marseille, im Auftrage des 'Führers' verleihe ich Ihnen als erstem deutschen Flieger in Afrika das Deutsche Kreuz in Gold. Ich persönlich danke Ihnen für Ihren tapferen Einsatz. Sie haben Pech gehabt, lieber Marseille, denn vor wenigen Tagen erst wurde die Zahl der Abschüsse für das Ritterkreuz von zwanzig auf vierzig heraufgesetzt, sonst hätte ich Ihnen diese hohe Auszeichnung gerne schon heute überreicht. Für mich gibt es jedoch keinen Zweifel, daß Sie diese Zahl bald erreicht haben werden. Dazu wünsche ich Ihnen weiteren Erfolg und Soldatenglück!"

"Danke, Herr Feldmarschall!" erwiderte der Flieger und ließ sich das "Spiegelei", wie diese Auszeichnung im Landesjargon genannt wurde, von seinem Gruppenkommdandeur "Edu" Neumann an die Fliegerbluse heften.

Dieser gratulierte ebenfalls: "Weiter so, Marseille, und viel Fliegerglück, denn das haben Sie bei Ihren waghalsigen Einsätzen wahrlich nötig!"

Anschließend wurde mit den Kameraden gefeiert. Einige Flaschen Marsalawein und eine Flasche von Feldmarschall Kesselring gestifteter französischer Cognac bildeten die Grundlage für eine fröhliche Stimmung, bei der Marseille einer der Ausgelassensten war.

Das JG 27 verlegt

Während dieser Rückzugskämpfe war auch das Wüstenjagdgeschwader 27 auf den langen Weg nach Westen gegangen. Der "Zirkuswagen" des Gruppenkommandeurs "Edu" Neumann war das Wahrzeichen dafür, daß die Gruppe wieder einmal ihren Horst gewechselt hatte. Am 18. Dezember räumte Rommel die Gazalastellung. Am folgenden Tage mußte das JG 27 in Derna abbauen und startete in Richtung Westen, nachdem die beiden Plätze Gazala und Tmimi sich in feindlicher Hand befanden. Nichtflugfähige Maschinen und alles Material, das nicht auf die in nur begrenzter Zahl zur Verfügung stehenden Lkw zurückgeschafft werden konnte, wurde gesprengt. Es ging durch die gekennzeichneten Gassen der bereits gelegten Minenfelder, die nach dem Passieren der Gruppe geschlossen wurden.

Das letzte technische Personal brach erst dann von Derna auf, als bereits die ersten britischen Spähwagen im Nahbereich des Platzes herumkurvten. Es ging zunächst nach Maraua.

Als Derna verlassen wurde und die letzten Maschinen starten sollten, eilte Feldwebel Pöttgen, Marseilles Rottenflieger, noch einmal zur Flugleitung zurück und schrieb auf deren Eingangstür:

"We come back! - Merry Christmas!"

Als sich die RAF-Angriffe gegen den Platz von Maraua und den Ausweichplatz Magrim derart verstärkten, daß die Gefahr der völligen Vernichtung der Jägerwaffe bestand, verlegte die I./JG 27 nach Got el Bersis. Als hier die Flugzeugführer gegen Mittag am Platzrand saßen, tauchten plötzlich mehrere Feindbomber auf. Sie flogen ziemlich tief über den Platz hinweg.

Marseille, Pöttgen und die anderen Flugzeugführer der Alarmbereitschaft rannten zu ihren Maschinen. Beim Ankurbeln der beiden Me 109 durch ihre Warte sah Pöttgen, wie die Engländer kehrt machten und den Platz erneut anflogen.

"Raus, Jochen!" rief er seinem Kameraden zu.

Sie sprangen aus ihren Flugzeugen und liefen quer zur Anflugrichtung der Bomber zum Platzrand und warfen sich dort in die Splittergräben. Erneut heulten Bomben auf den Platz hinunter. Eine davon schlug dicht bei der gelben 14 ein und jagte ihre Splitter in die Runde.

Nach dem Verschwinden dieses Gegners kehrten sie zu ihren Maschinen zurück. Der 1. Wart zeigte Marseille jenen riesigen ausgezackten Splitter, der die Kabine seiner gelben 14 durchschlagen hatte.

"Da können Herr Leutnant aber heute abend Geburtstag feiern", meinte der. Nachdenklich nickend stimmte Marseille ihm zu und drückte Pöttgen stumm die Hand. Wie bereits oftmals in der Luft, so hatte dieser ihn nun auch auf dem Boden vor einer großen Gefahr gewarnt.

Bis zum Heiligen Abend des Jahres 1941 hatte sich das gesamte Geschwader im Raume Sirte versammelt.

Am Hang eines Felsplateaus entlang hatten sich die drei Gruppen und der Geschwaderstab eingerichtet. Hier gab es eine Reihe von Felsenhöhlen, die vor Bombenangriffen Schutz boten. In zwei Baracken wurden der Gefechtsstand und die Funkbude eingerichtet. Auf dem ebenen Hochplateau, einige hundert Meter weiter südlich, lag das Rollfeld. Hier sollte das Geschwader bis weit in das Frühjahr 1942 hinein bleiben.

Seinen Befehlswagen "Neumanns Bunte Bühne" hatte "Edu" Neumann dem Geschwaderkommodore, Major Woldenga, überlassen. Aber auch Oberleutnant Homuth besaß nun einen Wohnwagen, der von den Briten erobert worden war. Sehr bald regten sich die Organisierer und Perfektionisten. Die II. Gruppe eröffnete ihr Wüstenkino mit dem bedeutenden Namen "Gloriapalast". Bei Fliegeralarm brauchten die Besucher nur in die nebenan liegende Höhle auszuweichen.

In Apollonia, dem römischen Sozusa, wurde ein Erholungsheim der I. Gruppe eingerichtet. In dieser alten antiken Küstenstadt war immer Betrieb, denn auch die Flieger anderer Gruppen kamen hierher, um einige Tage auszuspannen. Freunde trafen sich hier, neue Freundschaften wurden geschlossen. Man fachsimpelte und verübte Streiche , um sich zu entspannen, sich abzulenken von der Gewißheit, daß früher oder später ein jeder von ihnen seinen Bezwinger finden würde.

Alle zwölf Tage fuhr ein Wagen des Geschwaders mit zwanzig Soldaten dorthin. Danach kehrten die Männer erfrischt und wieder einsatzbereit nach Martuba zurück.

Am 24. Dezember 1941 erlitt das Geschwader erneut einen schweren Verlust. Alle drei Gruppen konnten insgesamt nur sechs Maschinen zum Einsatz bereitstellen. Es gab keinen Treibstoff, und ein Teil der Bodendienste war auf dem Weg nach Westen versprengt worden oder in Gefangenschaft geraten.

Vier britische Squadrons griffen an diesem Tage an. Zwanzig Hurricanes stießen bis nach Agedabia vor. Hier trafen sie auf sechs deutsche Maschinen. Oberleutnant Graf von Kageneck war einer der Angreifer, die sich auf die Hurricanes stürzten, die einen Abwehrkreis gebildet hatten. Im Anflug eröffnete er das Feuer, wurde von zwei oder drei Gegnern beschossen und erhielt einen schweren Unterleibsschuß.

Graf Kageneck mußte abdrehen, gelangte nach Martuba zurück und konnte die Maschine sogar noch sicher landen. Er wurde aus der Maschine herausgehoben und in einem Sanka direkt zum Verbandsplatz gefahren.

Von hier aus erfolgte nach der Erstversorgung seine Überführung ins Lazarett nach Neapel. Dort erlag Erbo Graf von Kageneck, Sieger in siebenundsechzig Luftkämpfen, am 12. Januar 1942 seiner schweren Verwundung.

Da zwei Staffeln der I. Gruppe immer noch nicht vollständig mit der Me 109 "F" ausgerüstet waren, konnte erst im Januar 1942 der Kampf wieder voll aufgenommen werden.

Als Anfang Januar 1942 die I./JG 27 wieder vollzählig versammelt war, kam es ab dem 3. Januar zu weiteren Erfolgen der Gruppe. Oberleutnant Homuth machte am 3. Januar den Anfang, als er seinen vierunddreißigsten Gegner abschoß. Über Agedabia kam es in den nächsten Tagen zu einer Reihe von Begegnungen mit dem Gegner, an denen Oberfeldwebel Schulz, Oberleutnant Homuth, Leutnant Stahlschmidt und Leutnant Körner beteiligt waren. Am 13. Januar wurde Schulz nach einem Einsatz über Agedabia vermißt, aber er konnte in der Wüste notlanden und kehrte am anderen Tage zurück.

Mitte Januar verfügte das JG 27 über siebzig Maschinen, von denen allerdings nur achtzehn einsatzbereit waren.

Auf der Gegenseite hatte die britische Wüstenluftwaffe siebenundneunzig einsatzbereite Jäger und konnte achtundvierzig Stunden darauf weitere fünfundzwanzig Jäger einsatzbereit melden.

Die Jagdverbände der Regia Aeronautica verfügten über acht Gruppen, die größtenteils auf dem Flugfeld bei Arco Philaenorum lagen.

Am frühen Morgen des 21. Januar geschah das Unglaubliche. Die Panzergruppe Afrika unter General der Panzertruppe Rommel trat zu ihrer neuen überraschend angesetzten Offensive an.

Rommels neue Offensive
Die Übersicht

Als am 5. Januar 1942 der erste deutsche Geleitzug nach Tripolis durchkam, brachte er fünfzig Panzer und zwanzig Spähwagen sowie eine Reihe Pak mit nach Afrika. Hinzu kamen notwendige Versorgungsgüter.

Dies bewog Rommel, neue Angriffsabsichten zu entwickeln, die er mit seinem Ia, Oberstleutnant Siegfried Westphal, besprach. Hauptpunkt dieses Gespräches war Westphals Satz:

"Wir müssen dem Gegner zuvorkommen, Herr General!"

Am 13. Januar stand Rommels Entschluß fest. Er verkündete seinem Stab: "Wir greifen wieder an!"

Am Abend des 20. Januar brannten in Marsa el Brega Schuppen ab. Im Hafen wurden Schiffswracks gesprengt, und britische Agenten funkten nach Kairo: "Rommel verlegt. Der deutsche Rückzug steht unmittelbar bevor!"

Am Morgen des 21. Januar aber sah dieser Rückzug ganz anders aus.

Die Männer der Panzergruppe Afrika konnten Rommels Armee-Tagesbefehl lesen:

"Deutsche und italienische Soldaten!

Ihr habt schwere Kämpfe gegen einen weit überlegenen Feind hinter euch.

Marseille liebte die Jagd im „Otto“.

Die erjagte Gazelle wird am Spieß gebraten.

Die erste Zigarette nach dem erfolgreichen Feindflug.

Der Staffelmaler erneuert das Gruppenwappen.

Nach erfrischender Siesta wieder topfit.

Auch die gelbe 14 hätte dringend eines neuen Anstrichs bedurft.

Einer der Motore der Me 109 wird gereinigt.

Marseille im Gespräch mit dem Gruppenkommandeur Neumann. (links unten)

Auch mit Homuth, dem strengen Ostpreußen, verstand er sich schließlich gut. (rechts unten)

ʌls junger Oberleutnant bereit
ʐu neuen Einsätzen.

)ie Zelte der Gruppe in der
Wüste bei Derna. (unten)

Luftschraubenmontage
nach getaner Arbeit.

Marseille mit Hauptmann
Redlich. (unten)

Kriegsberichter
in der Wüste.

Für Marseille zog
Rommel seinen
besten Rock an.
(unten)

Marseille erhält in Rastenburg von Adolf Hitler das Eichenlaub mit Schwertern zum Ritterkreuz des Eisernen Kreuzes verliehen.

Im Gespräch mit Major Neumann.

Euer Kampfgeist aber ist ungebrochen. Zur Zeit sind wir zahlenmäßig stärker als der Feind vor unserer Front. Zur Vernichtung dieses Gegners tritt daher die Armee heute zum Angriff an.

Ich erwarte, daß jeder Soldat in diesen entscheidenden Tagen das Letzte hergibt.

Es lebe Italien - Es lebe das Großdeutsche Reich!

Es lebe der Führer!

Rommel."

An diesem kalten Wintermorgen des 21. Januar 1942 traten mehrere Kampfgruppen gleichzeitig an. So die Kampfgruppe Erich Marcks, welche die Initialzündung bildete, Agedabia eroberte, nach Antelat weiterstürmte und zwischen Agedabia und Giof el Mater den Sack hinter der 1. britischen PD schloß.

Die Kampfgruppe Hinrich Warrelmann wiederum stürmte an Agedabia vorbei auf Antelat zu, eroberte und hielt es. Der weitere Weg führte nach Msus, das erreicht wurde. Sechsundzwanzig Feindpanzer wurden von dieser Kampfgruppe abgeschossen.

Die Kampfgruppe Erich Geißler wiederum, mit dem Schützenregiment 115 als Kern, rollte ebenfalls über Agedabia nach Msus vor. Ihr Ziel war Bengasi. Msus fiel, Barce und Tocra folgten.

Marcks Panzergrenadiere drangen in Cirene ein. Die Kampfgruppe Geißler nahm Maraua. Der bei Martuba stehende Feind wurde geschlagen, Umm-Er-Rzem umgangen, Tmimi angegriffen und erobert. Damit war nach siebzehn Kampftagen dem Gegner die gesamte Cyrenaika entrissen.

Vor der feindbesetzten Gazala-Linie gruben sich die Männer des DAK ein. Rommel funkte zum Führerhauptquartier und bat um die Freigabe einer Panzerdivision für den nordafrikanischen Kriegschauplatz. In Rastenburg aber starrten alle auf die Ostfront. Nordafrika war zum Nebenkriegsschauplatz geworden. Man hatte vergessen, daß England nur hier zu schlagen war. Im Gegensatz zu Hitler setzte der britische Kriegspremier Churchill alles auf die afrikanische Karte.

Der Krieg in Nordafrika war erstarrt. Beide Seiten rüsteten zu einem Großangriff. Am 8. Mai 1942 forderte Churchill den OB im Mittelmeerraum General Auchinleck auf, den "Feind möglichst noch im Mai anzugreifen!"

Auchinleck ließ beschleunigt riesige Vorräte in den Raum Tobruk und hinter die Gazala-Linie schaffen. Diese Linie zog sich von Ain el Gazala an der Küste über sechzig Kilometer nach Süden bis zur Festung Bir Hacheim hin. Dazwischen lag eine dichte Kette von Stützpunkten, Boxes genannt.

Während General Alexander am 20. Mai noch einmal bei General Ritchie, dem OB der 8. Armee, anfragen ließ, was Rommel vorhabe, erließ Rommel am selben Tage seinen Angriffsbefehl für das Afrikakorps:

"Auftakt der Offensive: Frontalangriff der in der Gazalastellung stehenden italienischen Infanteriedivisionen. Dort Vortäuschung von Panzerbereitstellungen.

Nach Einfall der Dunkelheit des ersten Angriffstages: Vormarsch der motorisierten Gruppen in ihren Bereitstellungsraum. Diese bestehen aus dem DAK mit der 15. und 21. PD, dem XXX. italienischen Korps mot., mit der 'Trieste' und 'Ariete' sowie der diesem Korps unterstellten 90. Leichten Afrikadivision. Dieser werden die drei Aufklärungsabteilungen des DAK beigegeben.

Beginn des Vormarsches 22.00 Uhr - - -

Im Anschluß an die rasche Vernichtung der 8. Armee in der Marmarica ist die rasche Eroberung Tobruks geplant."

Der Frontalangriff wurde am Morgen des 26. Mai eröffnet. Die Offensive hatte begonnen. In der Nacht rollte der Angriff der motorisierten Gruppe nach Südosten, und um Bir Hacheim herum im Halbkreis nach Nordosten.

Der Panzerkampf begann. Einige Boxes in der Gazalalinie hielten stand. Got el Ualeb mußte in mehreren Angriffen sturmreif gemacht werden. Knightsbridge war Schauplatz härtester Kämpfe.

Im Süden aber hielt immer noch Bir Hacheim. Hier wurden die Stukas angesetzt und mit ihnen die Maschinen des JG 27 als Begleitschutz.

Wenden wir uns nach dieser knappen Übersicht wieder diesem Wüstenjagdgeschwader zu.

Das Wüstenjagdgeschwader JG 27 im Kampf
Marseilles Siegeszug beginnt

Hans-Joachim Marseille war Ende Dezember 1941 von der Staffel aus ins Athener Lazarett verlegt worden. Er fieberte, wieder zur Staffel zurückkehren zu können, denn er wußte wie alle anderen Kameraden, daß ein neuer Angriff Rommels nicht mehr lange auf sich warten lassen würde.

In diesen Tagen der Rekonvaleszenz erhielt er ein Telegramm aus Berlin. Es kam von seiner Mutter. Der Inhalt, ein einziger Satz, stürzte ihn in tiefste Trauer:

"Inge ist gestorben. Bitte komme sofort nach Berlin!"

In der Heimat erfuhr er, daß seine Schwester - und das war für ihn völlig unfaßbar - auf äußerst tragische Weise ihr Leben verloren hatte.

Dies ließ ihn in Schmerz erstarren. Er war nicht mehr er selber, auch wenn er sich selber spielte. Dieses Ereignis veränderte alles.

Hans-Joachim Marseille war seiner Schwester in großer brüderlicher Liebe zugetan. Ihr Tod bereitete ihm tiefsten Schmerz. Von Berlin kommend, traf er Ende Januar 1942 in Bengasi ein. Er war noch von seiner Krankheit gezeichnet. Das sahen auch seine Kameraden. Verschlossen und ernst, wie man es bei ihm nicht gewohnt war, traf er bei der Staffel ein. Zwar bemühte er sich, stets unbefangen und fröhlich zu sein, um den Frieden und die Ausgeglichenheit seiner Staffel nicht zu stören. Doch alle, die ihn kannten, sahen, daß dies nur eine erzwungene Fröhlichkeit war. Sie blieben in seiner Nähe, munterten ihn auf.

Immer wenn es Abend wurde, stand einer aus dem Kreise seiner Kameraden bereit, folgte ihm ins Freie, um mit ihm über alles zu reden, was ihnen gerade einfiel. Dann öffnete sich auch Marseille seinen Kameraden, und sie erahnten den Schmerz, der ihn immer noch tief bewegte.

Hinzu kam, daß einige seiner Kameraden nicht mehr dabei waren. So fehlte Oberfeldwebel Albert Espenlaub, der bereits vierzehn Abschüsse erzielt hatte. Oberfeldwebel Hermann Förster war bereits in den letzten Tagen des langen Rückzugs gefallen. Feldwebel Franz Elles, der ebenfalls bereits fünf Luftsiege errungen hatte, war über Feindgebiet abgeschossen worden und in britische Gefangenschaft geraten.

Marseille erfuhr auch von dem Husarenstreich seines Kameraden Otto Schulz. Dieser hatte Wachdienst in der Alarmrotte, als er plötzlich einen britischen Bomber sichtete. Mit Alarmstart jagte er um 7.01 Uhr los, schoß um 7.02 Uhr diesen Gegner ab und landete um 7.03 Uhr wieder auf dem Platz.

Das war eine ausgesprochene Spitzenleistung. An Bord dieses Bombers war eine Sabotagegruppe gewesen, die hinter den deutschen Linien abgesetzt werden sollte. Otto Schulz bekam nun den Spitznamen "Eins-Zwei-Drei-Schulz".

Über Benina und Barce wurde am 7. Februar Martuba erreicht. Von dort aus startete Marseille zu seinen neuen Einsätzen.

Neben der I. war nun auch die II. Gruppe des Geschwaders unter dem Kommando von Hauptmann Erich Gerlitz dabei. Die III. Gruppe, geführt von Hauptmann Erhard Braune, hatte - von der Ostfront kommend - ebenfalls den Weg nach Afrika gefunden.

Am 8. Februar startete Marseille in aller Frühe an der Spitze seiner Staffel zum Einsatz, nachdem eine Staffel Hurricanes um 7.45 Uhr den Platz angegriffen hatte. Marseille, der einen Aufklärer begleitet hatte, war gerade im Begriff zu landen, als er einen Warnruf über die Sprechfunk-Verbindung erhielt.

"Sieben Curtiss hinter Ihnen!" hallte es Marseille in den Ohren.

In schneller Reaktion zog er das Fahrgestell wieder ein, drückte seine Maschine hinunter, bis er nur noch wenige Meter über Grund flog. Er kurvte nach links weg und zog, für den Gegner völlig überraschend, wieder steil nach oben. Die Me 109 überstieg blitzschnell diesen Gegner. Aus großer Überhöhung stieß sie dann ebenso überraschend auf diesen Verband hinunter.

Während das Bodenpersonal gebannt nach oben starrte, sah es, wie Marseille zuerst den rechts fliegenden Gegner mit einem einzigen Feuerstoß von Kanone und MG in Brand schoß und, nach rechts eindrehend, noch einen zweiten Gegner abschoß. Flight Staffsergeant Hargreaves, der die erste der beiden abgeschossenen Maschinen flog, geriet nach seiner Bruchlandung in deutsche Gefangenschaft.

Wie dieser Einsatz vom Platz aus gesehen wurde, zeigt folgender Augenzeugenbericht:

Als diese sieben Jäger den Platz anflogen, heulten die Alarmsirenen. Hauptmann Neumann eilte zum Funkwagen. Als er sich vor dessen Eingang noch einmal umdrehte, sah er eine einzelne Me 109, die mit ausgefahrenem Fahrwerk zur Landung ansetzte. Es war Marseilles gelbe 14, die sich im Landeanflug befand. Marseille hatte die mit der Sonne im Rücken angreifenden Gegner noch nicht gesehen, die in seitlich gestaffelter Kolonnenform flogen.

Als der britische Verbandsführer noch etwa zweihundert Meter von Marseilles Maschine entfernt war, schob er den Steuerknüppel leicht nach vorn, so daß sich die Bugpartie seiner Curtiss direkt auf Marseilles Me 109 senkte. Sekunden darauf spien seine Bordwaffen Feuer.

Die ersten Leuchtspurgarben fegten dicht über Marseilles Kanzel hinweg. Marseille legte die Me 109 in eine leichte Kurve nach rechts, als die Curtiss mit großem Fahrtüberschuß über sie hinwegzischte.

Dann sahen die nach oben starrenden Männer, wie Marseille den Steuerknüppel anzog und sich die Motorpartie seiner Maschine jäh nach oben reckte. Gleichzeitig zog er Landeklappen und Fahrwerk ein. Aus den Mündungen seiner Bordwaffen spuckten Feuerstöße, und Sekunden später war die Maschine des britischen Verbandführers von dichten Flammen umgeben.

Die getroffene Curtiss schlug am Rande des Flugplatzes auf. Die gelbe 14 raste bereits im Tiefflug an der wabernden Qualm- und Brandwolke vorüber und verschwand gleich darauf am Horizont.

"Edu" Neumann starrte noch auf die übrigen Curtiss-Maschinen, als Marseille bereits wieder in Sicht kam, von unten herauf steil in die Höhe stieg und das Feuer auf eine weitere Curtiss eröffnete, die er zielsicher anvisiert hatte. Die Kanonengeschosse schnitten die linke Tragfläche dicht am Rumpf der Maschine ab. Marseille korrigierte die Flugrichtung in immer noch geringer Höhe, schoß, und die zweite Curtiss ging herunter. Nun griffen vier britische Jäger Marseille gleichzeitig an. Dicht vor seinen Gegnern drehte Marseille sehr langsam in einer scharfen Messerkurve auf Gegenkurs. Dies war ein Manöver haarscharf am Fahrtminimum vorbei. Es verschaffte dem Flugakrobaten Marseille aber den entscheidenden Vorteil gegenüber den bedeutend weitere Kreisbögen ziehenden Gegnern.

Seine Maschine nahm plötzlich wieder Fahrt auf. Mit pfeifenden Geräuschen zischte sie über den Platz hinweg, überflog den Befehlswagen Neumanns und drehte auf eine dritte Curtiss ein, die aber nach geschickten Flugmanövern entkommen konnte.

Hauptmann Neumann war in den Gefechtsstandwagen gestürmt. Er riß den Hörer aus der Halterung. Die 1. Staffel meldete sich.

"Schlaft ihr denn?" brüllte Neumann. "Wie lange soll sich 'Seille' noch allein dort oben herumschlagen?"

"Sie sind bereits an den Maschinen", erwiderte der Wachhabende der Gegenstelle.

Neumann warf den Hörer auf die Gabel und eilte wieder ins Freie. Vier Curtiss waren noch im Einsatz. Sie stürzten aus verschiedenen Richtungen auf Marseille zu. In diesem Moment starteten drei Me 109 der 1. Staffel quer über den Platz hinweg. Marseille hatte sie ebenfalls gesehen:

"Es wird aber auch Zeit, daß ihr kommt, ihr Knilche!" rief er. Er drehte und stieß im Tiefflug im rechten Winkel zu den eigenen startenden Maschinen fliegend, bis dicht auf den Platz hinunter. Im Rücken immer noch drei Maschinen, während eine vierte abdrehte. Marseille war in seinem Element. Er ließ die Maschine steil emporziehen, beschrieb eine Messerkurve, um sofort wieder steil nach unten zu stürzen und wenige Meter über dem Platz abzufangen. Dann stürmte er wieder dem Himmel entgegen, legte seine gelbe 14 in die Rückenlage, beschrieb eine halbe Schraube und jagte weiter. Die vier Curtiss drehten nun hart weg und ergriffen vor den drei zur Hilfeleistung gestarteten Maschinen die Flucht.

Wenig später kam Marseilles Maschine wieder in Sicht. Fahrwerk und Landeklappen waren bereits ausgefahren. Mit tuckerndem Motor setzte die

Maschine zur Landung an.

Alle Männer, einschließlich des Kommandeurs, rannten dorthin, wo die gelbe 14 zum Stehen gekommen war.

Als "Edu" Neumann schweißüberströmt die Maschine erreichte, sah er das Lächeln auf dem angespannten hageren Gesicht seines Zöglings Marseille. Die Warte zerrten den Piloten aus der Kabine, nachdem sie die Fallschirmgurte gelöst hatten. Sie trugen ihn bis dicht vor den Gruppenkommandeur. Dort stellten sie ihn auf die Füße.

Marseille meldete sich vom Feindflug zurück. Neumann nahm den jungen Flieger in die Arme und klopfte ihm den schweißnassen Rücken. Für Worte langte es nicht nach diesem dramatischen Duell über dem Platz, das sie alle als Logen-Zuschauer miterlebt hatten.

Am Nachmittag dieses Tages, als der Gegner erneut einen Großeinsatz flog, bei dem elf Blenheim Bomber Derna angreifen und mit Bomben belegen sollten, sicherten drei britische Squadrons diese Bomber.

Vier Kittyhawks der über El Adem kreisenden australischen Squadron mußten wegen Motorschadens den Rückflug antreten. Hierbei stießen drei deutsche Jäger aus großer Überhöhung auf diese Maschinen hinunter. Oberleutnant Friedrich Keller von der I./JG 27 schoß einen Gegner an, der jedoch noch Gambut erreichte und dort eine Bruchlandung machte. Er konnte im selben Angriff noch eine zweite Maschine zum Absturz bringen.

Über dem Angriffsziel Derna angekommen, hatten vier weitere Kittyhawks den Verband wegen Motorschäden verlassen müssen, so daß von den neun Maschinen der 3. RAAF-Squadron nur jene von Flight Officer Gibbes übriggeblieben war.

Damit war der Höhenschutz für die Blenheims entfallen, so daß die über Derna kreisenden und auf ihren Gegner wartenden Me 109 zunächst die 73. Squadron, die den Begleitschutz für die Blenheims hatten übernehmen sollen, auseinandertrieben. Die Squadron 112 verteidigte die Blenheims weiter. Sie verloren vier Maschinen.

Um 14.20 Uhr war es Leutnant Marseille gewesen, der den Anfang gemacht hatte. Zehn Minuten später schoß er einen zweiten Gegner ab. Damit hatte er an diesem Tage erneut vier Feindflugzeuge abgeschossen und war mit vierzig Luftsiegen der erfolgreichste Flieger in Afrika geworden. Dichtauf folgten ihm Oberleutnant Gerhard Homuth mit neununddreißig und Oberfeldwebel Otto Schulz mit siebenunddreißig Abschüssen.

Am nächsten Tag gelang es Oberleutnant Homuth, noch einmal mit Marseille gleichzuziehen, als er südlich von El Adem eine Hurricane abschoß und ebenfalls auf insgesamt vierzig Abschüsse kam. Von nun an aber sollte Hans-Joachim Marseille unaufhaltsam davonziehen.

Der 13. Februar war für Marseille wieder ein Kampftag ersten Ranges. Er hatte mit seiner Staffel den Begleitschutz für einen Ju 87-Verband übernommen, der Tobruk zum Ziel hatte. Als über Tobruk der Gegner mit zwei Staffeln auftauchte, kam es zu einem Luftkampf, bei dem eine der Hurricanes sich auf zwei unter ihr fliegende Me 109 stürzte.

Marseille reagierte blitzschnell, warf seine Maschine herum und stürzte sich aus der Überhöhung auf diesen Gegner. Mit steilem Sturzflug kam er diesem Gegner näher und näher. Noch bevor dieser das Feuer auf eine der Me 109 hatte eröffnen können, bellten Marseilles Bordwaffen. Marseille war inzwischen so dicht an seinen Gegner herangekommen, daß dieser beim ersten Feuerstoß auseinanderplatzte. Die umherfliegenden Trümmerteile der Hurricane beschädigten auch Marseilles Maschine, deren Kühler ausfiel.

Der getroffene Gegner stieß steil hinunter und landete fünfzehn Kilometer südostwärts von Tobruk. Bei der harten Landung schlug seine Kabinenhaube zu. Im Knattern der explodierenden Munition gelang es ihm dennoch, aus der brennenden Maschine auszusteigen und zur Seite zu rennen, bevor sein Flugzeug explodierte.

Marseille meldete Sekunden später, nachdem seine Maschine durch diese Trümmer beschädigt worden war, daß er Motoraussetzer habe.

"Habe noch genügend Höhe, um die eigenen Linien im Gleitflug zu erreichen!" erwiderte er die besorgte Anfrage der Bodenstelle.

Marseille flog den eigenen Linien entgegen, als sein phänomenales Auge schräg voraus unter sich einen Gegner erkannte, der versuchte, so schnell wie möglich auf Höhe zu kommen. "Jochen" war schneller. Eine Ruderkorrektur, die Me 109 drehte auf diesen Gegner ein, und in einem rasanten Abschwung, der seiner Maschine genügend Fahrt mitgab, stieß er auf diesen unachtsamen Gegner hinunter.

Die Abschüsse seiner Waffen polterten nur wenige Sekunden, bis dieser Gegner sich steil auf den Kopf stellte, der Erde entgegenstürzte und mit einem Aufschlagbrand zerschellte.

Marseille hatte trotz seines Motorschadens angegriffen und Erfolg gehabt. Danach trimmte er seine Maschine wieder aus und landete wenig später auf dem Platz in Martuba. Wieder hatte er sein Abschußkonto um zwei Gegner erhöht.

Begleitschutz für die Kampfflieger

Bei einer Begleitaufgabe für einen Verband Ju 88, der auf Gambut angesetzt war, starteten einige Maschinen der I./JG 27 gegen 13.00 Uhr. Noch bevor jene als Höhenschutz fliegenden Maschinen etwas von einem Gegner entdecken konnten, sah Marseille, daß vom britischen Platz in Gambut zwei feindliche Flugzeuge im Alarmstart losrollten und sich steil emporschraubten, um diese Ju 88 abzufangen.

Mit seinem Schwarm begleitete Marseille die Ju 88 sicher bis zu den eigenen Linien. Dann rief er die Bodenstelle: "Habe zwei 'Indianer' gesehen, kehre mit Rottenflieger um!"

"Achten Sie auf weitere Gegner!" rief Oberleutnant Homuth zurück.

Sie flogen in viertausend Meter Höhe dem Feind entgegen. Bevor Rottenflieger Pöttgen etwas vom Gegner entdecken konnte, meldete Marseille die beiden "Indianer". Er stieß steil auf diese beiden Gegner hinunter. In seinem "Schatten" Pöttgen, der dem Kameraden den Rücken zu decken hatte, falls weitere Gegner auftauchen würden.

Marseille drehte auf die erste Maschine ein, die noch nicht wesentlich an Höhe gewonnen hatte. Er stieß auf sie hinunter und schoß in dem Sekundenbruchteil des Vorbeifliegens, als er den richtigen Vorhalt hatte. Der Pilot der Maschine, Sergeant Reid, flog noch zu niedrig, um mit dem Fallschirm aussteigen zu können. Er versuchte, die Tomahawk abzufangen. Unaufhaltsam stieß sie der Erde entgegen und explodierte mit einem grellen Aufschlagbrand.

Die zweite Tomahawk wurde im Weiterflug angegangen. Auch sie brannte nach dem ersten Feuerstoß und stürzte ab. Doch ihr Pilot, Flight Officer Briggs, konnte sich mit dem Fallschirm retten.

In einem dramatischen Gefecht am Nachmittag dieses Tages, als britische Maschinen den Platz Martuba ansteuerten, um diesen lahmzulegen, und im Tiefflug auf den Platz hinunterstießen, um auf alle sichtbaren Maschinen zu feuern, reagierte einer sofort. Es war Oberfeldwebel Otto Schulz, dem es gelang, durch das Feuer rennend, seine Maschine zu erreichen. Von den Warten unterstützt, die den Motor ankurbelten und ihren "Otto" in die Maschine hievten, gelang es ihm, seine Me 109 in dreißig Sekunden zu starten. Er holte die erste Feindmaschine ein und schoß sie ab. Die zweite, geflogen von Squadron Leader Mason, stürzte brennend zu Boden. Eine dritte, vierte und fünfte Tomahawk fielen seinen Bordwaffen zum Opfer. Der sechste Gegner, Sergeant Mc Queen, kam mit seinem Flugzeug schwer beschädigt zum Platz zurück und galt nicht als Abschuß.

Dank eines Augenzeugenberichtes des Leutnants der Panzertruppe Joachim Schorn konnten alle Abschüsse bestätigt werden. Auch der Gegner gab die abgeschossenen Maschinen und seine Piloten bekannt. "Eins-Zwei-Drei-Schulz" hatte binnen zehn Minuten fünf Gegner ab- und einen sechsten angeschossen. Das war ein neuer Rekord dieses exzellenten Fliegers.

Otto Schulz, mit seinen einunddreißig Jahren einer der "Alten Hasen", hatte damit seine Abschußzahl auf vierundvierzig erhöht. Da er damit unmittelbar vor der Verleihung zum Ritterkreuz stand, fertigten die Warte seiner Staffel ein großes Ritterkreuz aus Blech an, das sie ihm nach seiner Landung umhängten.

Bei diesem Kampf verlor die britische Wüstenluftwaffe mit Oberleutnant Mason einen ihrer erfolgreichsten Flieger und Staffelführer, der im Mittelmeerraum insgesamt siebzehn deutsche und italienische Flieger zu Boden geschickt hatte.

Der Einsatz am 21. Februar 1942 wäre um ein Haar Stahlschmidts letzter gewesen. Bis zu diesem Tage hatten dichte Sandstürme und Regenfälle die Starts immer wieder behindert. Nur wenige Maschinen waren zur Erkundung gestartet. Nun aber sollte es weitergehen.

Die I./JG 27 startete unter ihrem Staffelkapitän, Oberleutnant Homuth, der die erste Rotte führte. Die zweite wurde von Leutnant Stahlschmidt, die dritte von Marseille geführt.

Diese sechs Maschinen waren zur freien Jagd über Gambut unterwegs. Als Stahlschmidt mit seinem Rottenflieger, Feldwebel Gerhard Keppler, das Zielgebiet erreichte, sah er, wie ihnen aus dem Raum über Acroma eine Staffel von elf Curtiss der 112. Squadron entgegenflog.

Oberleutnant Homuth jagte in einer Linkskurve, mit seinem Rottenflieger im Schlepp, steil empor. Es gelang ihm, diesen Gegner zu übersteigen. Stahlschmidt war mit seinem Rottenflieger infolge seiner alten langsameren Maschine etwas zurückgefallen. Hier sein Bericht, den er an seine Mutter schickte, die ihn dem Autor zur Verfügung stellte:

"Ich sah die Curtiss etwa dreihundert Meter unter uns hinunterstürzen. Von diesen Maschinen drohte uns also keine Gefahr! Nun wollte ich die Kurve abschneiden, da meine Kameraden schon bedeutend höher flogen. Keppler überholte mich in seiner bedeutend schnelleren Maschine. Ich sah noch einmal die Curtiss dreihundert Meter tiefer direkt unter mir durchfliegen und zählte elf Maschinen. Nichts Böses ahnend, stieg ich steil weiter. Auf einmal knallte es fürchterlich in meiner Maschine, ich hatte Treffer erhalten.

Die Maschine lag sofort ohne Steuerbewegung auf dem Rücken. Treibstoff floß von oben in die Kabine, es qualmte, und dann ging die Me 109, völlig steuerlos rücktrudelnd, nach unten zwischen den Curtiss hindurch.

Über die Sprechfunk-Verbindung hörte ich die ärgerliche Stimme von Oberleutnant Homuth:

'Welcher Idiot läßt sich hier abschießen?'

Mit einer langen weißen Kühlerfahne stürzte ich nach unten. Die Wassertemperatur stieg auf einhundertvierzig Grad Celsius. In eintausend Meter Höhe fing ich die Maschine ab. Mit Geschick und Glück schaffte ich die einhundert Kilometer zu den eigenen Linien, indem ich immer nur kurze Zeit die Zündung des Motors einschaltete und dadurch stets wieder etwas Höhe für den langen Gleitflug gewann.

In Martuba erzählten mir die Kameraden, daß eine der direkt unter mir fliegenden Kittyhawks plötzlich steil hochgezogen sei und gefeuert habe.

Homuth und Marseille meinten, daß es geradezu märchenhaft gewesen sei, daß sie nicht traf. Homuth, der sonst sehr strenge Maßstäbe anlegte, gab mir keine Schuld an diesem Mißgeschick."

Stahlschmidt kam nicht mehr bis zum eigenen Platz, sondern mußte im Niemandsland zwischen den Fronten eine Bauchlandung machen. Mit raucherfüllter Kabine überflog er einige britische Lastkraftwagen und warf die Maschine schließlich in den Sand. Als sie die Erde berührte, begann sie zu brennen. Mit versengten Augenbrauen gelang es Stahlschmidt herauszukommen.

Ein britischer Spähwagen, der in der Kolonne der Lastkraftwagen mitgefahren war, drehte auf die Abschußstelle zu und schoß sich auf das brennende Flugzeug ein.

Stahlschmidt rannte nach Westen und stieß auf einen deutschen Stoßtrupp, der zur notgelandeten Maschine in Marsch gesetzt worden war. Nach einem Zweikilometermarsch erreichten sie die eigenen Linien. Von dort wurde er nach Martuba zurückgefahren. Er war noch einmal davongekommen.

Stahlschmidt durfte erst nach dreitägiger Schonung wieder starten, und zwar als Begleitschutz für einen Aufklärer. An seiner Seite flog sein bewährter Rottenflieger Feldwebel Keppler.

Als erster Afrikajäger hatte Hans-Arnold Stahlschmidt die Zahl von zweihundert Feindflügen in Nordafrika erreicht. Er trug längst das Eiserne Kreuz 1. Klasse und erhielt nunmehr die Goldene Frontflugspange.

Das Ritterkreuz für Marseille

Am Abend des 22. Februar meldete sich plötzlich Generalfeldmarschall Kesselring über den Feldfernsprecher bei der I./JG 27. Er verlangte den Leutnant Marseille zu sprechen. Als dieser sich meldete, teilte ihm Kesselring mit:

"Leutnant Marseille, der 'Führer' hat Ihnen das Ritterkreuz verliehen. Ich beglückwünsche Sie zu dieser hohen Auszeichnung und wünsche Ihnen weiteres Soldatenglück."

"Danke, Herr Feldmarschall", antwortete Marseille verdutzt. Zwar war er sicher, diese begehrte Auszeichnung in den nächsten Tagen zu erhalten, denn immerhin hatte er fünfzig Feindflugzeuge abgeschossen. Dennoch kam dieser Anruf überraschend.

Als "Jochen" Marseille am 24. Februar 1942 das Ritterkreuz überreicht wurde, war dies das erstemal, daß er wieder so wie früher lächelte.

Am Abend schrieb er einen kurzen Brief nach Hause.

"Liebe Mutter!

In aller Eile: Habe gestern das Ritterkreuz verliehen bekommen. Bin sehr stolz. In Liebe Dein Jochen."

Am 27. Februar morgens startete zunächst die II./JG 27 zum Einsatz, bei dem Hauptmann Erich Gerlitz, der Gruppenkommandeur, um 7.50 und 7.55 Uhr zwei Curtiss abschoß.

Maschinen der ersten und dritten Gruppe konnten gegen 11.00 Uhr zwölf australische Curtiss der 450. und 3. RAAF-Squadron über Tobruk zum Kampf stellen. Marseille war bei diesen Luftkämpfen zweimal erfolgreich. Es waren dies sein einundfünfzigster und zweiundfünfzigster Luftsieg. Die weiteren Abschüsse erzielten Hauptmann Gerhard Homuth, Oberleutnant Hermann Tangerding und Unteroffizier Kurt Forbger.

Am Nachmittag dieses Tages waren Leutnant Stahlschmidt und Feldwebel Gerhard Keppler als Begleitschutz für einen Aufklärer nach Bir Hacheim gestartet. Bei Bir el Gobi griffen sie eine Fahrzeugkolonne an. Als plötzlich Stahlschmidts Motor aussetzte, mußte er mit seiner Maschine, haarscharf über die Kolonne hinweggleitend und im Hinuntergehen einen Lastkraftwagen rammend, eine Notlandung unternehmen. Stahlschmidt war mitten zwischen einer Kolonne der auf britischer Seite kämpfenden polnischen Brigade notgelandet. Er wurde geschlagen, getreten und bespuckt und seiner Auszeichnungen beraubt.

Von britischen und polnischen Offizieren verhört, gelang ihm in der folgenden Nacht die Flucht. Er erreichte nach einem Sechzig-Kilometer-Marsch die eigenen Linien und kehrte sechzehn Stunden später zur eigenen Gruppe zurück, wo er mit großem Hallo empfangen wurde.

Ein paar Tage später fuhren die beiden Freunde Marseille und Stahlschmidt gemeinsam in Urlaub nach Deutschland. Marseille hatte allein im Februar 1942 sechzehn Abschüsse erzielt.

Ein Jahr in Afrika

Während des Urlaubs von Hans-Joachim Marseille war die britische Wüstenluftwaffe in drei Geschwader umgebildet worden. Das 239. Wing (Geschwader) setzte sich nunmehr aus der 3. RAAF, der 112., 250. und 450. Squadron zusammen, die alle mit Kittyhawks ausgestattet waren. Das 243. Wing verfügte über die Squadrons 33, 73, 80 und 274. Alle diese Verbände flogen nach wie vor die Hurricane.

Das 233. Wing sah die 2. SAAF, die 4. SAAF und die 94. sowie 260. Squadron vereinigt. Sie flogen teilweise Kittyhawks und Tomahawks.

In dieser Zeit hatte vor allem Oberfeldwebel Otto Schulz Luftsiege zu verzeichnen. Mit dem letzten Abschußerfolg am 15. März verabschiedete auch er sich für eine Urlaubslänge vom Geschwader und flog nach Deutschland. Dort nahm er an einem Offizierslehrgang teil und kehrte als frischgebackener Oberleutnant (den Leutnantsrang hatte er übersprungen) Ende Mai nach Afrika zurück. Er trug seit dem 22. Februar, dem gleichen Tage, an dem auch Marseille das Ritterkreuz erhielt, diese hohe Auszeichnung.

Während der "Schlacht um Martuba", als eine der Wüstenkampfgruppen der Briten im mot.-Marsch den Flugplatz erreichte, bei hellem Mittag angriff und mit Granaten auf die Maschinen schoß, nahm man zuerst an, daß man versehentlich von der eigenen Truppe beschossen werde. Eine Alarmrotte startete und meldete, daß es sich um einen Feindverband von etwa dreißig Fahrzeugen handele und daß sich auch Panzer darunter befänden. Die Entfernung zum Platz betrüge nur noch etwa fünf Kilometer.

Alle verfügbaren deutschen und italienischen Jäger starteten zum Einsatz gegen diesen Feind. Sechs Stunden lang wurde die britische Kolonne von Jägern, Stukas und schließlich von der 8,8 cm Flak angegriffen. Die Reste dieser Kolonne, die in die Wüste entkommen waren, wurden am nächsten Morgen gesichtet, angeflogen und in Brand geschossen. Im Kriegstagebuch des JG 27 wird dieser Einsatz, der seinen Flugplätzen gegolten hatte, als "Schlacht um Martuba" bezeichnet.

Am 18. April, Marseille war gerade aus dem Urlaub zurückgekehrt, feierte das JG 27 sein einjähriges Jubiläum auf dem nordafrikanischen Kriegsschauplatz. Es sollte nach dem Willen von Hauptmann Neumann ein rauschendes Fest werden. Neben Neumann war es besonders Stabsfeldwebel Geserick, der die Organisation übernommen hatte.

Von allen Luftwaffenverbänden in Nordafrika waren Ehrengäste eingeladen worden. Aber auch die Infanterie und die Panzertruppe hatten die Einladung wahrgenommen.

Alle wurden sie am Eingang des Lagergebietes der I. Gruppe durch ein Schild willkommen geheißen:

"Mit Kind und Kegel zu Neumanns Wüsten-Rummel!"

Zur Untermalung der Feier war der Musikzug der Panzerarmee Afrika aufgezogen. Von den einzelnen Staffeldörfern, die inzwischen in Martuba entstanden waren, näherte sich der "Bullerwagen", nach dem Unteroffizier Buller, einem der Warte, benannt. Ihm war es gelungen, ein Uraltauto wieder zum Leben zu erwecken, so daß es in "rasender" Fußgeschwindigkeit durch die Wüste rollte.

Auf diesem Wagen befanden sich die Spitzen der 3. Staffel. Das "Volk" der Staffel folgte, in bunte Kleidung gehüllt, nach. Da waren blauweiße Schlafanzüge ebenso zu sehen wie Bambusröckchen und Pelzjacken sowie Aluminium-Kochtöpfe als Hüte.

Der Gruppenkommandeur begrüßte seine Gäste und seine Mannen und sagte:

"Vor einem Jahr landete die erste Messerschmitt in Tripolis. Soldaten, die unter schwierigsten Umständen seit dieser Zeit ihre Pflicht getan haben, gebührt auch das Recht, einmal nach zwölf Monaten des Kampfes alles damit Verbundene zu vergessen.

Die Erfolge der Gruppe sind groß. Sie hat eine Vielzahl Gegner besiegt und den Luftraum über den eigenen Truppen freigehalten, den Begleitschutz für Aufklärer und Stukas sicher erfüllt und sich auch im Gluthauch der Wüste bewährt.

Daran hat die gesamte Gruppe Anteil. Nicht nur die Piloten, sondern vor allem auch unsere braven Bordwarte, die Werkmeister und Funker, die Waffenwarte, Kraftfahrer und Nachrichtenmänner, bis zum letzten Koch.

Nirgendwo hat sich so deutlich gezeigt, daß keiner ohne den anderen auskommen kann, wie hier in der Wüste. Nirgendwo ist die Kameradschaft wichtiger als hier!

Heute soll deshalb ein Freudentag sein. Heute kann und soll mal auf die Pauke gehauen werden!"

Nachdem sich der Jubel gelegt hatte, trat Hauptmann Homuth vor und überreichte im Namen der Gruppe dem Kommandeur einen aus dem Steuerknüppel einer abgeschossenen Hurricane angefertigten Spaten.

Um 16.00 Uhr begann das große Fest. Es war ein fröhliches Jahrmarkttreiben, und die Gäste waren hier ebenso bei der Sache wie bei allen anderen Verrichtungen. Der "Haut den Lukas!" war dicht umlagert, und zum stärksten Mann der Gruppe wurde hier Unteroffizier Berger, ein Wart der 2. Staffel, gekürt.

Zur Aufwärmung gab es heißen Rotweinpunsch. Ballwerfbuden, Glücksräder und Würstchenstände wechselten einander ab. Das Treiben wurde turbulent, als auch die italienischen Kameraden eintrafen. An ihrer Spitze der Kommandeur der Jagdgruppe, die eng mit dem JG 27 zusammenarbeitete.

Hauptmann Neumann hieß den Major mit einer Umarmung willkommen und trat mit ihm einen Bummel über den "Festplatz" an.

Das Tauziehen war die größte Sensation des Tages. Alle Staffeln beteiligten sich daran, durch den Vorsitzenden des Festausschusses, Stabsfeldwebel Geserick, persönlich aufgerufen.

Der 1. Preis, eine Flasche echter französischer Cognac, trieb alle Mannschaften zu Höchstleistungen an. Aber den Muskelmännern des Werkstattzuges war dieser Siegespreis nicht zu nehmen.

Musik und Sänger, Komödianten und Gaukler boten ein buntes Kaleidoskop an Darbietungen. Alles wurde dank dem "Sendeleiter" des Wüstensenders "Marabu", Leutnant Schröer, durch freche Sprüche und anständige und unanständige Witze im Umkreis von dreißig Kilometern in alle Unterkünfte verbreitet.

"Neumanns Bunte Bühne" hatte wieder einmal der tödlichen Lethargie ein Schnippchen geschlagen. Alle waren dankbar und fühlten sich losgelassen und der unerbittlichen Furie dieses Wüstenkrieges für einen halben Tag entronnen. Alle diese Männer, die seit zwölf Monaten in Staub und Hitze durchgehalten und dem an Kräften weit überlegenen Gegner immer wieder Paroli geboten hatten, waren am Ende des Festes wieder voll motiviert.

Der Jahrestag wurde für alle zu einem unvergeßlichen Erlebnis und gab ihnen den nötigen inneren Anstoß, das zweite Jahr des Wüstenkrieges mit Elan anzugehen.

Neue Einsätze von Hans-Joachim Marseille

Am 25. April war Hans-Joachim Marseille wieder im Einsatz. Ausgeruht und fröhlich wie immer war er zur Staffel zurückgekehrt und hatte sich wieder in die Gemeinschaft eingefügt.

An diesem Tag starteten die Maschinen des JG 27 insgesamt siebenundneunzigmal. Zunächst galt es, Begleitschutz für zwölf Ju 87 zu fliegen, die Weisung hatten, einen an der Mole von Tobruk liegenden Tanker zu versenken. Die I./StG 3 erhielt dazu acht Maschinen der 6./JG 27 als Begleitschutz, während vierzehn Me 109 der I. Gruppe den Höhenschutz übernahmen. Siebzehn weitere Maschinen der II./JG 27 flogen eine Art erweiterten

Begleitschutz, während diese Gruppe weitere dreizehn Maschinen als direkten Begleitschutz stellte. Fünfzehn italienische Jäger kreisten in einer Warteschleife, um die zurückkehrenden Stukas aufzunehmen. Damit stand erstmals seit langen Wochen beinahe das gesamte JG 27 im geschlossenen Einsatz.

Als der Gegner diese Luftbewegungen bemerkte, setzte er dagegen zehn Kittyhawks und dreiundzwanzig Tomahawks an. Den ersten Kittyhawks gelang es, die Ju 87 beim Bombenwurf abzufangen. Squadron Leader Hanbury schoß eine Ju 87 und eine MC 202 der Italiener ab, ehe er selber schwere Treffer erhielt, die ihn dazu zwangen, nach Tobruk abzudrehen und notzulanden.

In dem folgenden turbulenten Luftduell bezwangen die deutschen Begleit- und Höhenschutzjäger acht Feindmaschinen und beschädigten zwei weitere schwer.

Als erster war wieder einmal mehr Marseille am Feind. Aus einer Überhöhung von eintausend Metern hatte er den Gegner als erster gesehen und gemeldet. Mit seinem Rottenflieger Pöttgen im Schlepp stieß er auf die erste Kittyhawk hinunter und schoß sie ab. Pöttgen, "Marseilles fliegendes Zählwerk", notierte den Abschuß um 10.06 Uhr.

Marseille flog eine Messerkurve, riß dann ganz überraschend die Maschine in einem gewagten Turn herum, zog wieder empor, stieß auf die nächste Kittyhawk hinunter und vernichtete sie mit seinem zweiten Feuerstoß um 10.08 Uhr über See.

Die nächsten acht Maschinen waren Curtiss. Bereits bis 9.55 Uhr hatten Oberleutnant Gustav Rödel, Feldwebel Horst Reuter (zwei), Feldwebel Walter Fink und Leutnant Wilhelm Scheiter jeweils eine Curtiss abgeschossen, während Leutnant Karl von Lieres und Wilkau um 10.02 Uhr, Hauptmann Ernst Maak um 10.05 Uhr und Feldwebel Günther Steinhausen um 10.10 Uhr die Luftkampfsieger waren.

Nach diesem überragenden Auftakt wuchs Marseille in den nächsten fünf Monaten beinahe täglich über sich hinaus.

Am 1. Mai erfolgte seine Beförderung zum Oberleutnant.

Mit seinen vierundfünfzig Abschüssen stand Hans-Joachim Marseille bereits an der Spitze der Afrikaflieger. Von nun an ging die Kurve seines Erfolges so steil in die Höhe, daß es seinen Kameraden um ihn angst und bange wurde. Marseille war und blieb der Alte, der Kamerad und Freund. Er war aufgeschlossener und geselliger als sonst. Er gehörte nun fest zum Kreis seiner Kameraden, mit denen er groß geworden war.

Eines aber, was dem aufmerksamen Leser vielleicht so vorkommen könnte, war er nicht. Er war nicht der eiskalte Killer und Abschießer, der an nichts anderes denken konnte als an den nächsten Luftkampf. Er war auch später als Staffelkapitän derjenige, der sich um alle Männer seiner 3. Staffel kümmerte. Er löste sich nicht aus dem Kreis seiner Kameraden, um allein in einsamer Höhe zu thronen. Er blieb weiterhin ihr "Jochen".

"Je größer sein Erfolg wurde, desto unauffälliger wurde er, desto selbstverständlicher nahm er ihn hin. Er dachte nicht daran, durch Siege über den Gegner seine Freunde zu verlieren. Er behielt sie, weil er es verstand, mit Menschen umzugehen.

Trotz seiner zweiundzwanzig Jahre war er besonnen und fürsorglich zugleich. Schon seiner allgemeinen Haltung entströmte soviel Soldatisches, daß es der äußeren Form des Drills oder des Anzuges nicht bedurfte. Er brauchte nur wenige Worte, um die Dinge zu lenken und in den Griff zu bekommen.

Eine feine Witterung ließ ihn schon nach kurzer Zeit den Nörgler vom anständigen Kerl unterscheiden. Wo auch immer in seiner Umgebung ein Querulant auftauchte, da blieb dieser nur eine rasch vorübergehende Erscheinung.

Für jeden Mann hatte der Staffelkapitän ein gutes Wort. Da waren Warte in seiner Staffel, die ihn um ein oder zwei Jahrzehnte an Lebensalter übertrafen. Sie hatten ihren 'Jochen' eng in ihr Herz geschlossen. Er war ihr eigener Sohn, wie sie ihn sich besser nicht wünschen konnten. Er war der 'Jochen' und dienstlich nur der 'Chef'". (Siehe Dettmann, Fritz: Mein Freund Marseille, Berlin 1944)

Ab und zu gab er Dinge preis, die ihn bewegten. Zum Beispiel auch, was er nach dem Kriege tun würde. In einem Gespräch mit seinem Freund Hans-Arnold Stahlschmidt saß Marseille einmal auf dem Feldbett im Staffelzelt. Stahlschmidt brachte die Unterhaltung auf das Leben nach dem Kriege. In Marseilles Antwort enthüllte sich die Sehnsucht des jungen Fliegers nach der Welt und dessen Erforschung mit dem Flugzeug:

"Weißt du, Hans, wenn der Krieg vorbei ist, müßte man ein Flugzeug haben, eine schnelle Maschine, um sich dann einmal die Welt anzusehen."

"Du möchtest also weiterfliegen?" fragte Stahlschmidt.

"Natürlich!" antwortete Marseille. "Fliegen ist die Überwindung der grenzenlosen Weite der Welt!"

In diesem Gespräch, in dem auch ernstere Töne anklangen, vertraute Marseille seinem Freund einen Traum an, den er vor kurzer Zeit gehabt hatte:

"Ich fliege. Plötzlich wird es dunkel um mich. Ich falle wohl schon und spüre dennoch nichts mehr. Und ehe ich unten ankomme, ist es schon aus."

Der Start auf der Sandpiste wirbelt riesige Wolken auf.

Diese Me 110 überfliegt eines der italienischen Wüstenforts.

Auf einem der großen Feldflugplätze Afrikas wird von Ju 52 Flugbenzin ausgeladen.

Eine Rotte des JG 27 auf Wüstenpatrouille.

Die Truppenfahne des Jagdgeschwaders 27 vor einer Me 109 desselben.

Hans-Joachim Marseille nach Verleihung der Schwerter.

Marseille vom Feindflug zurück. Er wird von einem seiner Warte beglückwünscht.

Dieser dunkle Traum sollte grelle Wirklichkeit werden.

In den einunddreißig Tagen des Mai schoß Marseille insgesamt vierzehn Feindflugzeuge ab. Hier die Einsätze: Am 10. Mai bei der freien Jagd über Tmimi erhielt Marseille eine Meldung, daß sich zwei Hurricanes nahe dem eigenen Platz befänden. Er drehte sofort ab und flog zurück, um diesen Gegner zu packen. Er stieß wenige Minuten später auf diese beiden Feindaufklärer und griff die erste Maschine direkt an. Sie brannte nach zwei kurzen Feuerstößen und ging steil hinunter, um fünfzehn Kilometer südostwärts von Martuba von ihrem Piloten auf den Bauch in den Sand geworfen zu werden. Danach flog Marseille der zweiten Maschine entgegen, zerschoß ihr in ebenso unnachahmlicher Art den Motor. Sie stürzte ab und zerschellte mit einem hoch auflodernden Aufschlagbrand.

Bei einem Alarmstart am 13. Mai stieß die Rotte Marseille-Pöttgen auf den Gegner. Marseille griff sofort an. Er durchstieß das Feuer des ersten Gegners. Dabei erhielt er einen Treffer in den Öltank und einen zweiten in die Luftschraube. Dennoch ließ er sich nicht von seinem Angriffskurs abbringen. Zwei rasche Kursänderungen brachten ihn in Schußposition. Als er den Abfeuerknopf drückte, brannte Sekunden später auch der zweite Gegner.

Aus der zweiten Maschine konnte der Pilot noch mit dem Fallschirm abspringen, während die erste auf der Erde zerschellte.

Am Abend des 16. Mai, wieder auf freier Jagd unterwegs, entdeckte Marseille um 18.05 Uhr einige australische Maschinen der 3. RAAF Squadron, die nach Gazala flogen. Als Oberleutnant Marseille auf sie hinunterstürzte, wurde er von sechs Tomahawks gleichzeitig angegriffen. Er zog hinter ihnen in einem rasenden Flug hoch, und als er sich in eine scharfe Linkskurve legte, schoß er im blitzschnellen Vorbeiwandern seines Zieles einen seiner Gegner ab.

Diese Maschine brannte. Ihrem Piloten, Sergeant Teade, gelang aber östlich von Ain el Gazala noch eine Bruchlandung.

Marseille zog abermals hoch, sah sich nun sechs Curtiss gegenüber. Er umkreiste diese Gegner in einer der engsten Kurven, die seine Kameraden je von ihm gesehen hatten. Inzwischen betrug die Flughöhe nur noch etwa dreihundert Meter. Als er um 18.15 Uhr in einer weiteren Linkskurve flog, huschte er an einem kleinen Verband von vier Curtiss vorbei, drückte instinktiv sicher auf den Abfeuerknopf und schoß eine Maschine der 450. Squadron ab. Deren Pilot, Lieutenant Parker, konnte noch mit dem Fallschirm abspringen. Seine Maschine aber riß beim Wegtrudeln und folgenden Sturz nach unten noch die Kittyhawk von Sergeant Metherall in die Tiefe.

Marseille hatte bereits in einer engen Messerkurve gedreht und befand sich nun auf dem Rückflug, so daß er diesen zusätzlichen "Abschuß" nicht mehr mitbekam und nur zwei Abschüsse meldete.

Der 19. Mai war jener Tag, an dem die III./JG 53, von Sizilien und Kreta kommend, in Martuba eintraf. Sie war bereits einmal im Dezember 1941 auf einer kurzen Stippvisite in Nordafrika gewesen. Major Erich Gerlitz, der bis dahin die II./JG 27 geführt hatte, übernahm sie, während seine Gruppe von Hauptmann Gustav Rödel übernommen wurde. Oberleutnant Ernst Düllberg übernahm die Position des Geschwaderadjutanten.

Die Staffelkapitäne der III./JG 53 waren Oberleutnant Wilfried Pufahl, Hauptmann Helmut Belser, der bereits zweiunddreißig Abschüsse mitbrachte, und Hauptmann Franz Götz, dessen Rekord bei dreiunddreißig Luftsiegen stand.

Am 19. Mai befanden sich Oberleutnant Marseille und sein Rottenflieger, Unteroffizier Pöttgen, wieder auf freier Jagd, als sie noch am frühen Morgen sieben Maschinen der 450. Squadron erspähten, die in zwei Schwärmen aufgeteilt flogen.

Es war 7.20 Uhr, als sich Marseille und sein Rottenflieger auf die Schwärme stürzten. Marseille traf den ersten Gegner in Tragfläche und Seitenruder und ließ ihn jäh aus der Formation herausscheren und in der Nähe von Fort Acroma zur Notlandung niedergehen. Als einer der Feindjäger versuchte, dem Steigflug Marseilles zu folgen und etwa sechstausend Meter Höhe erreichte, drehte eine der beiden Me 109 auf ihn ein. Es war Marseille.

Der Brite erhielt mit dem ersten Feuerstoß Treffer und wußte, daß er es hier mit einem versierten Gegner zu tun hatte. Im Sturzflug versuchte er, eine unter ihm hängende Wolke zu erreichen und darin unterzutauchen, doch Marseille erwischte ihn vorher. Der Feuerstoß schlug den Motor der Kittyhawk in Stücke. Mit stehendem Motor machte Sergeant Young, er war Marseilles Gegner, eine Bruchlandung. Beide Messerschmitts stießen im Tiefflug auf die in der Wüste liegende Maschine hinunter und beschossen sie, bis sie in Flammen stand. Young konnte verwundet seine eigene Truppe erreichen.

Als der Gegner am 22. Mai den Flugplatz von Martuba angriff, starteten in kurzer Abfolge acht Me 109 der I. Gruppe und drei Maschinen der III./JG 27 im Alarmstart.

Oberleutnant Franzisket schoß eine Curtiss ab und beschädigte eine weitere. Zwischen Martuba und Tmimi waren Leutnant von Lieres und Wilkau, Leutnant Stahlschmidt und Feldwebel Steinhausen erfolgreich.

Am nächsten Tag war Marseille wieder dabei, als er mit sieben weiteren Me 109 auf einen britischen Verband angesetzt wurde, der mit Douglas DB-7-Bombern der 223. Squadron auf seinem ersten Feindflug war. Vier dieser Bomber sollten den deutschen Flugplatz bei Derna angreifen. Einer der etwas zurückhängenden Bomber wurde in direktem Anflug durch Hauptmann Homuth nördlich Acroma angeschossen. Es gelang dem Piloten, seine Maschine zum eigenen Platz zurückzubringen und dort eine Bruchlandung zu machen.

Die drei für Derna übriggebliebenen Bomber wurden mehrfach angegriffen. Die deutschen Jäger, allen voran Marseille, stießen bis auf Rammnähe heran, als sie feststellten, daß die Heck-MG dieser Douglas nicht funktionierten.

Marseille schoß die erste Douglas mit drei Feuerstößen ab. Drei Minuten später setzte ein längerer Feuerstoß auch dem zweiten Bomber ein jähes Ende. Oberfeldwebel Karl Mentnich konnte den dritten Gegner vernichtend treffen. Damit war Derna vor dem Angriff dieser Bomber bewahrt worden.

Nach diesem Desaster mit den Heckwaffen der Douglas wurden die amerikanischen Browning-MG aus den Heckständen ausgebaut und durch britische 7,7 mm MG ersetzt.

Nach Beginn des Rommelschen Angriffs mit dem berüchtigten Wüstenschleicher um Bir Hacheim herum setzte eine Zeit härtester und konzentriertester Einsätze ein. Leutnant Stahlschmidt erzielte am 27. Mai einen Abschuß. Otto Schulz konnte am folgenden Tage zwei Gegner vernichten.

Am 29. Mai mußte Oberfeldwebel Alfred Schulze wegen eines Motorschadens südostwärts von Tmimi notlanden. Oberleutnant Otto Schulz flog mit einem Fieseler "Storch" hin und holte den Kameraden aus der Wüste zurück.

Auch die Maschinen der III./JG 53 erzielten in diesen Tagen Erfolge, und am 30. Mai schoß Marseille Sergeant Buckland ab, der sich durch Fallschirmabsprung retten konnte.

Oberleutnant Rudolf Sinner, Oberleutnant Helmut Belser, Leutnant Werner Schröer, Leutnant Karl-Heinz Quaritsch und Oberfeldwebel Werner Stumpf waren ebenfalls mit jeweils einem Abschuß am Tageserfolg beteiligt. Feldwebel Emil Kaiser gelangen zwei Abschüsse.

Am Nachmittag hatte die II./JG 27 mit der III./JG 53 einen weiteren Einsatz als Begleitsicherung für sechs Me 110, die einen Tiefangriff gegen britische Lastkraftwagenkolonnen auf der Via Balbia flogen.

Der 31. Mai wurde für Jochen Marseille zu einem weiteren Erfolgstag. Als die I./JG 27 und einige Jäger der III./JG 53, insgesamt zwölf Maschinen, den Begleitschutz für zwölf Ju 87 übernahmen, die Bir Harmat bombardieren sollten, stießen sie auf zwölf Tomahawks, die unter dem südafrikanischen Major Moodie zum Abwehrangriff gestartet waren. Major Moodie konnte noch vor dem Eingreifen der deutschen Jäger eine Ju 87 abschießen. Im folgenden Luftduell traf er eine Me 109 schwer, deren Abschuß ihm jedoch nicht bestätigt werden konnte. Dann hatten die Maschinen der I./JG 27 aus ihrer Überhöhung in den Kampf eingegriffen.

In einem Blitz-Luftduell gelang es Marseille im direkten Sturzflug auf den Gegner die erste, im darauf folgenden Hochziehen die zweite und nach einem Turn in direktem Anflug eine dritte Tomahawk der 4. SAAF abzuschießen. Feldwebel Steinhausen war mit zwei Abschüssen erfolgreich, während Leutnant von Lieres und Oberfeldwebel Mentnich jeweils einen Abschuß melden konnten.

Insgesamt hatte Marseille damit im Mai vierzehn weitere Abschüsse auf sein Konto gebracht, die in der offiziellen Abschußliste als Erfolge fünfundfünfzig bis achtundsechzig geführt wurden. Auf diese Weise hatte er seinen Oberleutnant-Einstand gegeben.

Der 1. Juni begann mit dem Abschuß einer Curtiss durch Marseille. In diesem Luftkampf am Abend über Gadd el Ahmar kam auch Marseilles Rottenflieger Feldwebel Pöttgen zum Abschuß und holte einen der Gegner vom Himmel. Die Uhrzeit, mit der Marseille seinem Rottenflieger diesen ersten Luftsieg bestätigte, war 19.05 Uhr. Er hatte als Rottenflieger von Hauptmann Homuth und Leutnant bzw. Oberleutnant Marseille diesen stets vorbildlich den Rücken gesichert und damit freiwillig auf Abschüsse verzichtet.

Zehn Minuten darauf kam Marseille zu seinem neunundsechzigsten Luftsieg, als er südwestlich von Mteifel Chebir eine zweite Curtiss abschoß. Auch diese Maschine barst mit einem grellen Aufschlagbrand auseinander.

3. Juni 1942
Der 11-Minuten-Einsatz

Die 3. Staffel des JG 27 hatte an diesem Mittag Alarmbereitschaft. Es lag wieder einer der kritischen Einsätze in der Luft, denn Rommel wollte endlich vorwärts kommen. Seit seinem Wüstenschleicher in der Nacht zum 26. Mai um Bir Hacheim herum galt es mehr denn je, die Stukas sicher zu ihren Zielen zu begleiten. Eines dieser Ziele war in diesen Tagen Bir Hacheim, die südlichste der britischen Boxes der Gazalalinie, in der die Freifranzösische Brigade unter Oberst König verteidigte.

Hans-Joachim Marseille ging zu seiner Maschine hinüber. Der erste Wart meldete, daß alles startklar sei. Er gab dem Flugzeugführer Feuer, als dieser nach einer Zigarette griff. Pöttgen war bereits bei seiner Maschine. Marseille nickte ihm zu, Pöttgen hob die Hand zum Zeichen, daß er bereit war.

Fünf weitere Flugzeugführer des Stabsschwarmes hielten sich bereit. Es galt, die Stukas des StG 3 unter Oberstleutnant Walter Sigel zu begleiten, die bereits über dem Liegeplatz der 3. Staffel hinweggebrummt waren und mit Zielrichtung Bir Hacheim, also nach Südosten, flogen.

"Dann geht's los!" meinte Marseille, und zu Pöttgen "Hals und Bein!"

"Hals und Bein!" grüßte Pöttgen zurück.

Elastisch und gekonnt sprang Marseille über den Bock auf die Tragfläche, schob sich lächelnd an dem ersten Wart vorbei und in die Kabine hinein. Auf der anderen Tragflächenwurzel wartete bereits der zweite Wart.

Während der erste Wart Marseille beim Anlegen des Fallschirmes half, hielt der zweite Wart die Anlaßkurbel lässig in der Hand. Dann war Marseille angeschnallt, das Kabinendach wurde geschlossen, Marseille hob die Rechte. Der zweite Wart drehte die Kurbel, und der Rotor des Anlassers begann zu singen.

Sekunden darauf kuppelte der 1.350 PS Daimler-Benz-Motor ein. Knallende und fauchende Geräusche brüllten zu den anderen Maschinen hinüber und verschmolzen mit den gleichen Handreichungen und dem vielfältigen fauchenden Schnauben der übrigen Motoren der Jäger zu einem dumpfen Dröhnen.

Ein Blick zu den anderen Me 109 zeigte Marseille, daß auch sie bereit waren. Er gab ein weiteres Zeichen, das "Folgen" hieß. Mit dröhnendem Motor rollte seine gelbe 14 über die hartgewalzte Sandpiste, wurde schneller und schneller und schwang sich dann anmutig und leicht in die Luft. Ihm nach folgten die anderen. Pöttgen direkt hinter seinem Rottenführer. Sechs Maschinen der 3. Staffel waren gestartet, um die Stukas rechtzeitig einzuholen und deren Schutz zu übernehmen. Der Flug nach Bir Hacheim war eingeleitet.

Neben Marseilles Staffel starteten auch Schwärme der anderen Staffeln und Gruppen des JG 27. Die sechs Maschinen Marseilles, die den Höhen-Jagdschutz übernommen hatten, flogen mit großer Überhöhung. Sie erreichten die Stukas rechtzeitig, setzten sich über sie und drehten Halbkreise und Turns, um immer auf gleicher Höhe mit ihnen oder etwas weiter vorn zu fliegen.

Als sie die Stukastaffel erreicht hatten, die wie ein Schwarm schwerfälliger

Raubvögel mit Möwenflügeln ihren Weg nach Bir Hacheim suchten, die großen Bomben zwischen den verkleideten Fahrwerken, die wie Raubvögelbeine anmuteten, rief Marseille den Staffelkapitän der Stukas über die Sprechfunk-Verbindung an und erhielt sofort Antwort.

In einer weiten Schleife führte er seine sechs Maschinen um die großen Vögel herum. Manchmal flitzten die Jäger dicht über die Kabinen der Stukabesatzungen hinweg, und der hinter dem Piloten sitzende Bordfunker winkte ihnen zu. Sie wußten sich bei der 3. Staffel in guter Obhut.

Weit voraus kam das südlichste Wüstenfort der Gazalastellung in Sicht. Die Kuppeln der Betonstände waren aus der Luft gut zu erkennen. Darum herum das verwirrende Gestrichel der Gräben. Eine Menge Bombenkrater waren hier im Zentrum zu erkennen. Es sollten noch viele hinzukommen. Aus den Wällen ragten die Rohre der Flak in den Himmel. Sie eröffneten nun das Feuer.

Hoch über diesem aufblitzenden Gewitter stürzten die ersten Stukas ihren Zielen entgegen. Ihre Jerichosirenen heulten während des Sturzes von siebzig bis achtzig Grad Neigung. Die Bomben wurden gelöst.

Die Maschinen, die bereits ihre Bomben geworfen hatten, stiegen steil in einer Linkskurve nach oben und damit aus dem Feuerbereich der Flak heraus. Um die stürzenden und steigenden Ju 87 waren die Sprengwolken der Feindflak zu erkennen.

In etwa zweitausend Meter Höhe kreisten die Jäger in weiten Schwüngen über dem Ziel. Plötzlich kam über Sprechfunk eine Meldung:

"Aufpassen! Indianer aus Süden, eintausend Meter Überhöhung!"

Marseille, der soeben eine weite Rechtskurve geflogen hatte, legte seine Maschine in eine Rolle, drehte und sah nun den Gegner, der rasch nahe herangekommen war. Binnen weniger Sekunden hatte er die erste Maschine erfaßt. Es war ein Curtiss-Jäger.

Die Motorspitze der gelben 14 bewegte sich nach oben. Marseille versuchte, mehr Höhe zu gewinnen. Die übrigen Maschinen flogen in weit auseinandergezogener Gefechtsformation neben ihm. Sein Rottenflieger Pöttgen versuchte, dicht hinter ihm zu bleiben und ihm den Rücken freizuhalten. Zwischen den einzelnen Maschinen bestand ein Seitenabstand von etwa einhundert Metern.

Die 2 cm-Kanone (MG 151) und die beiden MG waren bereits schießklar gemacht.

Als einige hundert Meter weiter unter Marseille die ersten Tomahawks auf Gegenkurs nahe genug herangekommen waren, drehten diese plötzlich in engen Kurven ein und formierten sich zum Abwehrkreis.

Auf der linken Position von Marseille, einige Dutzend Meter nach hinten versetzt, sah Pöttgen, wie plötzlich die gelbe 14 auf die Tragflächenspitze kippte und steil auf diesen Kreis hinunterstieß, in dem von Maschine zu Maschine nur etwa siebzig Meter Abstand bestand.

Alle hatten ihre linken Tragflächenenden zum Boden gerichtet und flogen eine Linkskurve.

In steiler Fluglage jagte Marseilles Me 109 auf diesen waffenstarrenden Kreis hinunter. Dann war es beinahe ein senkrechter Sturz, mit dem er dem Feuerkranz der Feindmaschinen entgegenjagte. Er passierte die beiden an höchster Position fliegenden Maschinen, kurvte etwas nach oben und stieß dann in eine plötzlich sekundenlang aufklaffende größere Lücke hinein.

Allen konventionellen Fliegerregeln zum Trotz befand Marseille sich nun mitten im Abwehrkreis des Gegners, und noch ehe sein "Hintermann" erkannte, daß dies eine deutsche Maschine war, feuerte Marseille auf die ihm vorausfliegende Tomahawk und besiegelte mit einem Feuerstoß deren Schicksal. Die erste Kanonengarbe von zehn Schuß fand bereits ihr Ziel. Die MG-Salven zerschnitten den Motor der Curtiss und fraßen sich von vorn über Motor und Kabine bis zum Rumpfende hin. Flammen schossen aus der Curtiss heraus. Sekunden später stürzte sie aus diesem Verteidigungsring nach unten. Marseille war unmittelbar nach der Schußabgabe weggetaucht. Einige hundert Meter vor den Maschinen seiner Kameraden zog er den Steuerknüppel an sich, die Motorspitze hob sich jäh, und steil stieß die gelbe 14 wieder empor, überstieg den sich wieder schließenden Kreis von etwa fünfzehn Feindflugzeugen.

Während am Boden der erste Gegner zerschellte, senkte sich Marseilles linke Flügelspitze wieder nach unten, und noch einmal heulte die Me 109 diesem feuerspeienden Ring entgegen. Wieder stieß er in den Abwehrkreis hinein, hing plötzlich fünfzig Meter hinter der nächsten Tomahawk und feuerte mit beiden MG.

Als Marseilles Maschine ein zweitesmal nach unten durchtauchte, taumelte eine lichterloh brennende zweite Curtiss über ihm am Himmel, verließ den Abwehrkreis, um der Erde entgegenzustürzen und in einem Aufschlagbrand zu zerschellen.

Nachdem die Stukas bereits weit nach Westen zurückflogen, von den Jägern geschützt, die hier ihren dramatischen Luftkampf ausfochten, setzte Marseille zum dritten Angriff an. Abermals stieß er, einem Falken gleich, von oben auf seine Beute hinunter, fand die Lücke zwischen zwei Feindmaschinen und feuerte seine kurzen treffsicheren Salven, um in einem Zug nach unten durchzutauchen, daß den übrigen Maschinen des Gegners keine

Möglichkeit einer Gegenwehr blieb.

Die anderen Me 109 hatten nun ebenfalls in den Luftkampf eingegriffen, in dem auf Seiten des Gegners etwa fünfunddreißig Maschinen eingesetzt waren. Aber sie erzielten nur zwei Abschüsse.

Für Marseille hingegen, für den alle übrigen Maschinen den Sicherungsgürtel bildeten, so daß er nicht von den Feindflugzeugen angeflogen und abgeschossen werden konnte, war die Jagd noch nicht zu Endc.

Trotz des Mißgeschicks, daß seine Bordkanone bereits nach dem ersten Angriff ausgefallen war, kämpfte er weiter. Seine beiden MG genügten ihm, um zielsicher seine Abschüsse zu tätigen. Er traf noch eine vierte Maschine und schickte sie zu Boden. Die fünfte und sechste folgten in der 13. Minute.

Bis zu diesem Zeitpunkt hatte Marseille in dem dreizehnminütigen Luftkampf geschwiegen, war er ganz auf den Angriff eingestellt und konzentriert und mit gespannten Sinnen immer wieder in den gegnerischen Abwehrkreis eingedrungen. Nun endlich hörten die Kameraden seine Stimme:

"Elbe eins an Elbe zwo, hast du sie gezählt, Rainer?"

"Elbe zwei an Elbe eins! Habe alle gesehen und mit der Uhrzeit der Abschüsse belegt, Jochen!" meldete Pöttgen.

Sie traten den Rückflug an. Die Maschinen umschwärmten ihren "Jochen". Alle wollten gratulieren und riefen ihre Glückwünsche über die Sprechfunk-Verbindung.

Von Südwesten waren einige weitere Maschinen der I. Gruppe herangekommen. In einer von ihnen saß "Edu" Neumann, der Geschwaderkommodore.

Als das Stimmengewirr schwächer wurde, meldete auch er sich:

"Bravo, Seille!" rief er.

Auf Nordwestkurs erreichten sie den Horst von Martuba. Unter ihnen zog der rötlichgelbe Wüstenboden dahin. In der Mitte des Pulks der sechs Flugzeuge - keines war abgeschossen worden - flog Marseille seinem Horst entgegen. Als der Platz in Sicht kam, scherten sie auseinander, und Marseille flog, auf den Platz hinunterstechend und mit den Tragflächen wackelnd, über die Männer der Flugplatzbesatzung hinweg. Einmal, zweimal, dreimal wackelte die Maschine so, dann hatte sie die Piste passiert. Auf dem Rückflug zum Platz erfolgte nach einem rasanten Turn das gleiche Zeremoniell noch einmal.

Unter ihm rissen die Männer auf dem Feldflugplatz ihre Arme hoch. Sechs Abschüsse! Sechs Luftsiege an einem Mittag, das war eine fantastische Leistung. Marseille setzte zur Landung an. Das Fahrwerk war bereits ausgefahren, die Landeklappen ebenfalls.

Seine gelbe 14 setzte um 13.52 Uhr auf, zog eine lange Staubwolke hinter sich her, drehte am Ende der Piste und rollte langsam zum Liegeplatz hinüber.

Die anderen Maschinen folgten nach. Bordwart Unteroffizier Meyer kletterte auf die linke Tragfläche der gelben 14. "Herr Oberleutnant, ich gratuliere!"

Marseille nickte. Er löste die Schultergurte und stemmte sich langsam in die Höhe. Auf der rechten Tragfläche tauchten die Gesichter seiner beiden anderen Warte auf. Auch ihnen nickte er zu. Langsam löste sich die Starre seines Gesichts. Er kletterte auf die Tragfläche, nachdem die Fallschirmgurte gelöst waren und Meyer ihm den Fallschirm abnahm.

Dutzende Hände streckten sich ihm entgegen. Er saß plötzlich auf zwei Schultern in der Mitte seiner beiden Warte, die ihn ein paar Meter weit trugen, ehe sie ihn auf seine weißen Turnschuhe zurückstellten.

Pöttgen war ebenfalls gelandet und kam müde angeschlurft. Er ging auf Marseille zu, gratulierte ebenfalls und sagte:

"Mein Gott, Jochen, das war eine Meisterleistung!"

Waffenwart Schulte öffnete die Abdeckbleche an Marseilles Maschine und warf einen Blick auf die Gurtmagazine. Dann blickte er verblüfft auf das Kanonenmagazin.

"Was ist los, Schulte?" fragte der erste Wart.

"Sieh dir das an! Nur zehn Schuß sind aus dem Kanonenmagazin 'raus. Von jedem MG nur wenige hundert Schuß." Der Waffenwart zählte die fehlende Munition.

"Kein Wunder", sagte Pöttgen, als er dies hörte. "Er hat die sechs Abschüsse in dreizehn Minuten gemacht und jedesmal nur wenige Sekunden geschossen. Wenn ich es nicht mit eigenen Augen gesehen hätte, dann würde ich es niemals glauben", schloß Pöttgen die Diskussion.

Bei diesem Luftkampf hatte Marseille mit insgesamt vierzehn bis fünfzehn Gegnern Kampfberührung gehabt, so genau konnte dies nicht rekonstruiert werden, weil alles, vom ersten bis zum sechsten Abschuß, nur dreizehn Minuten gedauert hatte und dazwischen seine weiteren Angriffe lagen.

Eine phänomenale Leistung war damit von Hans-Joachim Marseille erreicht worden, die - so glaubten alle - nicht mehr übertroffen werden könnte. Doch alle sollten sich getäuscht haben, wie die Zukunft zeigte.

Das erstemal hatte Hans-Joachim Marseille in seiner Fliegerlaufbahn sechs Flugzeuge an einem Tage und bei einem Einsatz abgeschossen. Damit hatte er sich zum unbestrittenen Fliegeras und Luftkampfexperten entwickelt.

Zu dieser Situation ein Brief, den Hans-Arnold Stahlschmidt über seinen Freund "Jochen" seiner Mutter nach Hause schrieb: "Marseille kann schießen wie ein junger Gott.
Er kann, was vor allem nur sehr wenige können:
sicher und wunderbar in der Kurve schießen.
Unsereiner schießt in solchen Situationen
andauernd vorbei."

Rainer Pöttgens Stimme sollte an dieser Stelle nicht fehlen. Er war es, der beinahe sämtliche Luftduelle seines Rottenführers hautnah miterlebte. Er berichtete von diesem 3. Juni 1942:

"Sämtliche Gegner wurden an diesem Mittag von Marseille in Kurvenduellen abgeschossen. Marseille hatte für das Vorhalten in der Kurve ein untrügliches Gefühl. Sobald er schoß, brauchte er nur auf die feindliche Maschine zu blicken. Sein Feuerstoß begann vorn auf der Motorhaube und endete stets in der Kabine.

Wie er nun vorhielt, daß er so präzise in wenigen Sekunden traf, das konnte er selber nicht erklären und demzufolge auch nicht seinen Kameraden vermitteln.

Bei jedem Luftkampf machte ich aber die Feststellung, daß er beim Kurvenkampf die Geschwindigkeit seiner Maschine soweit wie möglich drosselte. Dadurch flog er die Kurve enger und war etwas tiefer als sein Gegner. Dann ein plötzlicher Feuerstoß, und der Gegner schmierte über die hängende Tragfläche ab.

Sein Munitionsverbrauch in diesem dramatischen Luftkampf betrug insgesamt dreihundertsechzig Schuß."

Dies zeigt auf, daß er trotz Kanonenausfalls für jeden seiner Gegner nur etwa sechzig Schuß MG-Munition benötigte.

Und noch zwei Stimmen sollen hier gehört werden:

Generalleutnant d.Bw.a.D. Günther Rall, Schwerterträger und mit zweihundertfünfundsiebzig Luftsiegen an 3. Stelle unter den Jagdfliegern im Stab Adolf Gallands mit der Auswertung der Abschußerfolge betraut: "Wir stellten fest, daß Marseille im Durchschnitt nur fünfzehn Schuß für einen Luftsieg benötigte. Das ist geradezu ungeheuerlich. Kein anderer Flieger erreichte ihn in dieser Hinsicht auch nur annähernd. Marseille war der Ideal-Typ: ein ausgezeichneter Pilot und ein hervorragender Schütze. Ich glaube, er war der beste Schütze der Luftwaffe."

Generalleutnant a.D. Adolf Galland, selbst Brillantenträger mit einhundertvier Luftsiegen gegen westliche Gegner, nennt Marseille den "unerreichten Virtuosen" unter den Jagdfliegern.

Am Morgen des 7. Juni wurde Oberleutnant Hans-Joachim Marseille zum Gruppengefechtsstand befohlen. Als er sich dort meldete, sah er die gesamte Gruppe, soweit sie nicht Alarmbereitschaft hatte, angetreten. Aus dem Gefechtsstand tauchte Hauptmann Gerhard Homuth auf, und dicht dahinter schritt der Kommorode Eduard Neumann.

Marseille wurde befohlen, vor die Front zu treten, und dort verkündete ihm Kommodore Neumann mit feierlicher Stimme: "Lieber Marseille, soeben erhielt ich ein Funktelegramm aus dem Führerhauptquartier. Der 'Führer' hat Ihnen gestern, am 6. Juni, als 97. Soldaten der Wehrmacht das Eichenlaub zum Ritterkreuz des Eisernen Kreuzes verliehen. Ich bin stolz auf Sie und wünsche Ihnen weiterhin Soldatenglück! - und heute abend wird natürlich gründlich gefeiert! - - -

Wegtreten!"

Marseille bedankte sich besonders zackig, und unter seinen Kameraden brandete großer Jubel auf. Sie nahmen Ihren "Jochen" auf die Schultern und ließen ihn hochleben. Am Abend dieses Tages fand eine zünftige Feier statt. Als gerade die Sektpfropfen knallten, horchten alle auf. Der abendliche Wehrmachtbericht wurde gesendet. Darin hieß es über die Flieger in Afrika:

"Hauptmann Müncheberg errang am 2. Juni seinen achtzigsten Luftsieg." Dann folgte die nächste Durchsage. "Oberleutnant Marseille am 3. Juni seinen siebzigsten bis fünfundsiebzigsten Luftsieg."

Als Kommodore Neumann Marseille bat, nun einige Tage auszuspannen, war es jedem seiner Kameraden klar, daß "Jochen" dieses Angebot nicht annehmen würde, obgleich er es sicherlich nötig hatte. Sie sollten sich nicht in ihrem Kameraden getäuscht haben. Marseille flog weiter und schoß bei den nächsten drei Einsätzen acht Curtiss ab und steigerte sich danach erneut, als er in den nächsten vier Einsätzen achtzehn britische Flieger vom nordafrikanischen Himmel hinunterschickte, davon dreimal jeweils vier Maschinen und einmal wiederum sechs mit Einsatzzeiten, die zwischen zehn und fünfzehn Minuten dauerten.

Seine fliegerische Sicherheit wuchs mit jedem Tag weiter. Mit ihr das Vermögen, die Absichten des Gegners, die er vorausahnte, zu erkennen, ihnen zuvorzukommen und fast unmittelbar nach der Erkenntnis des Notwendigen zu schießen. Dies aus jeder Lage, die die Entwicklung des Luftkampfes ergeben mochte, und aus allen Schußwinkeln. Er traf immer, mit einer Sicherheit, die ins Phänomenale wuchs.

Dennoch muß hier festgehalten werden: Bei Marseille war nichts von jener Atmosphäre zu spüren, die jene Menschen zu umgeben pflegt, die das tägliche Fegefeuer der Todesgefahr in voller Länge durchmessen. Er schien mit seinen Gegnern zu spielen und ebenso spielend mit ihnen fertig zu werden, obgleich es keine Anfänger waren, denen er gegenüber stand. Nur selten merkte man ihm die gewaltigen Strapazen an, die jeder Luftkampf von seinen Teilnehmern forderte. Umso mehr, wenn man, wie dieser Flieger, oftmals gegen zehnfache Übermacht anzukämpfen hatte.

In seiner Staffel wurde er verehrt, und er war einer der Ihren, über dessen Leistungen man stolz war.

Wenn die Staffel vom Feindflug zurückkehrte und Marseille drei, vier oder gar sechs Gegner abgeschossen hatte, dann war es selbstverständlich, daß man dem Kapitän kurz vor Erreichen des Platzes einen weiten Vorsprung ließ, damit er genügend Raum zum Wackeln mit den Tragflächen hatte, womit er seine Luftsiege anzeigte.

Auch so bekannte Flieger wie Stahlschmidt, Schröer, von Lieres und Wilkau, Sinner, Schulz, Steinhausen und Remmer sahen in Jochen Marseille ihr Vorbild und versuchten immer wieder, sich seine Taktik anzueignen. Dies sollte sich in der Regel bald als Weg zu neuen Abschüssen als richtig erweisen, ohne daß sie Marseilles überragende Stellung erreichten, sich aus der Überhöhung in einen Abwehrkreis hineinzustürzen, zu schießen und zu siegen; ungeachtet der Gefahr, die in einem solchen Manöver lag.

Aber nicht nur die Sieger im Luftkampf, auch jene, denen trotz aller Tapferkeit größere Erfolge versagt blieben, wurden von Marseille mitgerissen.

Prof. Dr. Ludwig Franzisket sagte nach dem Krieg: "Wenn man Marseille angreifen sah, dann mußte man einfach zuschauen und machte selbst nichts mehr."

Zwischen Acroma und Bir Hacheim

Daß auch die Briten um den strategischen Wert des Eckpfeilers der Gazalalinie wußten, zeigte ihr Luftwaffeneinsatz um Bir Hacheim.

Alles, was die Western Desert Air Force aufzubieten hatte, flog nach Bir Hacheim, um die Stellungen der dort angreifenden Verbände Rommels, vor allem der 90. Leichten Afrika Division, anzugreifen. Sie belegten die Aufklärungsabteilungen 33 und 3 sowie die vor Bir Hacheim liegende italienische Division "Trieste" mit Bomben und Bordwaffenbeschuß.

Die Flak von Bir Hacheim, die wenige Tage vor dem deutschen Angriff verstärkt worden war, schoß aus allen Rohren, so oft die einzelnen Staffeln des Stukageschwaders 3 unter Oberstleutnant Sigel angriffen. Generalleutnant Otto Hoffmann von Waldau, der neue Fliegerführer Afrika, hatte von

Generalfeldmarschall Kesselring Weisung bekommen, alles zur Niederbombung von Bir Hacheim einzusetzen.

Die Begleitschutzaufgaben gegen Bir Hacheim wurden verstärkt, denn bis zum 8. Juni hatten die Stukas binnen einer Woche vierzehn Maschinen verloren.

Am 8. Juni 1942 wurde Hans-Joachim Marseille zum Staffelkapitän der 3./JG 27 ernannt. Das war ein stolzer Tag für ihn, und daß er diesen Tag erleben durfte, das verdankte er seinem Geschwaderkommodore. Eduard Neumann war es, der den jungen Flieger aufbaute, ihm seine Komplexe nahm und zu jenem Idol machte, das er dann wurde.

Am Vortage dieses 8. Juni konnte Marseille seinen ehemaligen Staffelkapitän und jetzigen Gruppenkommandeur Hauptmann Homuth aus einer brenzligen Situation retten.

Am Nachmittag hatten insgesamt dreißig deutsche Jäger Begleitaufgaben erhalten. Die I./JG 27 begleitete einen Stukaverband in Richtung Acroma, wo der Feind noch saß, um diesen Stützpunkt reifzubomben.

Sie stießen über dem Zielgebiet nach Erledigung der Begleitaufgabe auf die 2. SAAF, die eigene Bomber begleitete, sich aber bei Insichtkommen der deutschen Gegner diesen stellte.

Marseille, der diesmal ohne seinen Rottenflieger Pöttgen gestartet war, weil dieser für Hauptmann Homuth die Sicherung übernehmen mußte, sah, daß sich zwei Tomahawks direkt hinter das Gespann Homuth-Pöttgen setzten, um sie im schnellen Zustoßen abzuschießen.

Marseille war auch diesmal schneller. Mit einem seiner unnachahmlichen Steilangriffe stieß er von oben auf diese beiden Maschinen hinunter. Nach dem Poltern der Kanone und dem ersten kurzen Feuerstoß der beiden MG stürzte der erste Gegner steil auf den Wüstenboden und brannte dort aus.

Eine Rechtskurve brachte Marseille sofort wieder in neue Schußposition. Auch diesmal ging die Tomahawk nach dem ersten Feuerstoß der Bordwaffen Marseilles brennend hinunter. Der erste Pilot konnte sich aus der brennenden Maschine retten, bevor sie explodierte. Der zweite aber verbrannte in seiner Maschine. Es war, wie spätere Recherchen ergaben, Lieutenant Bernage, der hier den Tod fand, während Lieutenant Frewen überlebte.

Dieser Tag war jedoch in der Hauptsache ein erfolgreicher Tag für die III./JG 53. Die Italiener, die diese deutschen Begleitaufgaben mit einigen Maschinen unterstützt hatten, meldeten ebenfalls sechs Abschüsse.

Am nächsten Tage war die II./JG 27 erfolgreich. Acht ihrer Maschinen, die am Morgen zur freien Jagd nach Bir Hacheim gestartet waren, gerieten in einen erbitterten Luftkampf gegen fünfundzwanzig bis dreißig britische Jäger. Oberleutnant Bendert schoß zwei, Oberfeldwebel Schulze eine Curtiss ab. Die Zahl der deutschen Jäger vergrößerte sich von Stunde zu Stunde. Gegen Mittag waren weitere neununddreißig Me 109 in der Luft, welche die Stukas nach Bir Hacheim begleiteten. Sie trafen auf Hurricanes der 145. Squadron, die über Bir Hacheim in freier Jagd flogen. Diese britische Gruppe war soeben in Afrika eingetroffen und brachte nun ihr erstes Luftduell gegen deutsche Jäger hinter sich.

An diesem Tage wurde Major Eduard Neumann auch offiziell zum Geschwaderkommodore ernannt, während Hauptmann Homuth die Stelle des Gruppenkommandeurs erhielt und Oberleutnant Marseille nun auch offiziell als Staffelkapitän bestätigt wurde.

Am 9. Juni kam wieder einmal nach langer Zeit Hauptmann Ludwig Franzisket zu einem Erfolg im Luftkampf, als er mit einigen anderen Kameraden Stukabegleitung flog. Bei diesem Angriff wurde Unteroffizier Eberhard Pfeffer abgeschossen. Beim zweiten Start war auch die II./JG 27 dabei. Leutnant Karl-Heinz Bendert und Oberfeldwebel Alfred Schulze schossen jeweils einen Gegner ab.

Am Nachmittag dieses 9. Juni beteiligten sich die III./JG 53 und die III./JG 27 am Begleitschutz. Insgesamt waren es sechzehn Maschinen der ersten und zehn der zweitgenannten Gruppe, die für vierzig Stukas Begleitschutz flogen. Diese waren von Rommel persönlich zur endgültigen Niederwerfung von Bir Hacheim angefordert und von Generalfeldmarschall Kesselring sofort eingesetzt worden.

Obgleich die britische 216. Squadron noch in der Nacht zum 10. Juni Nachschub nach Bir Hacheim flog, war die Lage der französischen Brigade unter Oberst König aussichtslos geworden. Die Experten gaben den Franzosen, in deren Reihen auch ein jüdisches Freiwilligenbataillon kämpfte, nur noch eine Chance von vierundzwanzig Stunden.

An diesem 10. Juni, an dem sich das Schicksal von Bir Hacheim entschied, war alles auf deutscher Seite, was fliegen konnte, im Einsatz. Hinzu kamen die schnellen MC 202 der Italiener, die sich bravourös schlugen.

Auch die Briten mobilisierten die Masse ihrer Fliegerkräfte.

Im Luftraum zwischen Tobruk und Bir Hacheim tummelten sich insgesamt einundfünfzig deutsche Flugzeuge. Hier stieß die II./JG 27 auf etwa vierzig Gegner, während die I. Gruppe sich einer Phalanx von zwanzig Gegnern gegenüber sah. Die III./JG 53 hatte sich gegenüber zehn weiteren Spitfires zu behaupten.

Die Spitfires waren soeben erst auf dem nordafrikanischen Kriegsschauplatz gelandet. Im Luftkampf mit ihnen stellte sich heraus, daß sie ebenso gut waren wie die Me 109.

Insgesamt schossen die deutschen Jagdflieger acht ihrer Gegner ab. Wieder einmal mehr stand Jochen Marseille an der Spitze der Erfolgreichen. Binnen fünfzehn Minuten gelang es ihm, in einer Reihe von etwa zehn Begegnungen mit dem Gegner, von denen einige lediglich im schnellen Vorbeiflug mit einer oder zwei MG-Salven bestanden, vier Gegner abzuschießen.

Es war wieder ein Marseille-Tag, wie nunmehr die Mehrzahlabschüsse dieses Fliegerexperten genannt wurden. Daneben trugen sich noch Leutnant Schröer, Leutnant von Lieres und Wilkau und Oberfeldwebel Mentnich sowie Feldwebel Gromotka mit je einem besiegten Gegner in die Abschußliste ein.

In der Nacht zum 11. Juni brachen die letzten zweitausend französischen Kämpfer aus Bir Hacheim aus.

Es waren die Soldaten des Schützenregiments 115 unter Oberstleutnant Ernst Günther Baade, die im Verlaufe des 10. Juni Bunker um Bunker, Boxe um Boxe eroberten und tief in das Stellungssystem eingedrungen waren.

In derselben Nacht machte die Kampfgruppe unter Major Georg Briel einen Gefangenen, der ihnen verriet, daß die Franzosen in der kommenden Nacht durch eine Minengasse ausbrechen würden.

Es kam zu erbitterten Nahkämpfen der Gruppe Briel mit den ausbrechenden Fremdenlegionären, die in Oberst Königs Verband standen. Mann gegen Mann, Spaten gegen Spaten, Handgranate gegen Handgranate. Nur etwa die Hälfte der noch kampffähigen Franzosen konnte mit ihrem Kommandeur den Einschließungsring durchbrechen und zu den Linien der 7. britischen Brigade durchstoßen.

Für Rommel war der Fall von Bir Hacheim Auftakt zum Stoß des DAK nach Nordosten zur Küste. Sein Ziel war Tobruk. Am frühen Morgen des 15. Juni erreichten die Spitzengruppen der 15. PD ostwärts von Tobruk das Meer. Dadurch war die Festung von ihren rückwärtigen Verbindungen abgeschnitten. Die 21. PD nahm bis zum 16. Juni El Duda und Belhamed. Bis zum Abend des 17. gelangte sie in den Raum von Gambut, das am folgenden Morgen fiel.

Der gesamte Raum zwischen Tobruk im Westen und Gambut vierhunderfünfzig Kilometer weiter ostwärts wurde am 18. Juni gesäubert. Am 19. Juni erreichte die 90. Leichte Afrikadivision Bardia.

Am Morgen des 20. Juni um 5.30 Uhr begann das Artilleriefeuer auf Tobruk. Eine Stunde später griffen die Flieger an. Ihr Schwerpunkt lag auf der Einbruchstelle im Südosten.

Beide Panzerdivisionen des Afrikakorps traten unmittelbar nach dem Fliegerangriff an. Das Fort Gabr Gasem wurde erobert, ebenso Fort Pilastrino. Das GR 361 unter Oberstleutnant Albert Panzenhagen rollte direkt zum Flugplatz durch. Hauptmann Hans Klärmann, Kommandeur des II. Bataillons dieses Regiments, nahm ihn im Handstreich. Bis zum Abend dieses 20. Juni war der gesamte Hafen in deutscher Hand.

Am nächsten Morgen kapitulierte der Kommandant von Tobruk, General Klopper. Dreiunddreißigtausend Mann Empiretruppen gingen in die Gefangenschaft. Die große Schlacht in der Marmarica war mit der Erstürmung von Tobruk binnen vierundzwanzig Stunden siegreich beendet. Rommels Worte dazu:

"Jetzt gilt es, den Gegner vollends zu vernichten!
Wir wollen nicht eher ruhen, bis wir die letzten
Teile der 8. Armee zerschlagen haben! Rommel."

Es ging weiter nach Osten. Bardia fiel am 22. Juni. Rommel forderte alle zur Hergabe ihrer letzten Kraft auf, denn es hieß nach seinen Worten "Ausnutzen! - Ausnutzen!"

Im Kampf gegen einen Gegner, der sich tapfer zur Wehr setzte, wurde Marsa Matruk erobert. Hier gab Rommel seinem Stoßtruppführer vom Dienst, Major Georg Briel, den Befehl, auf Alexandria vorzustoßen. Die Kampfgruppe Briel gelangte bis in den Raum südlich Ras Abu Girab. Nach hartem Kampf wurde El Daba erobert, und schließlich standen die Männer Briels in Sidi Abd el Rahman, nur noch wenige Kilometer vor El Alamein. Sie waren einhundertzwanzig Kilometer tief in feindbesetztes Gebiet hineingestoßen.

Hier erhielten sie den Befehl, zur Truppe zurückzukehren. Die Julikämpfe um den Miteirya-Rücken, Deir el Shein, El Mreir, Deir el Munassib und am Quarte el Himeimat gestalteten sich verlustreich. Um den 20. Juli zeichneten sich bereits Bereitstellungen der Briten ab. Mit über einhundert Panzern rollten schließlich die 1. britische Panzerdivision, die 2. neuseeländische Division und die 5. indische Division im Mittelabschnitt zum Gegenangriff los. Sie überwanden die deutschen Linien südlich von Deir el Shein.

Von Tobruk aus bis hierher waren immer wieder die Stukas, begleitet von den Jägern, gegen britische Truppenansammlungen und Widerstandsnester angeflogen. Auch das JG 27 hatte seinen Anteil am Erfolg dieser Rommelschen Offensive.

So wurden auch diesmal die feindlichen Kräfte, allen voran die 23. britische Heerespanzerbrigade, gestoppt. Hier war es, wo der Pakzugführer

Marseille nach Verleihung der Schwerter zum Ritterkreuz mit Eichenlaub.

Postkarten-Vorderseite mit der Widmung Marseilles

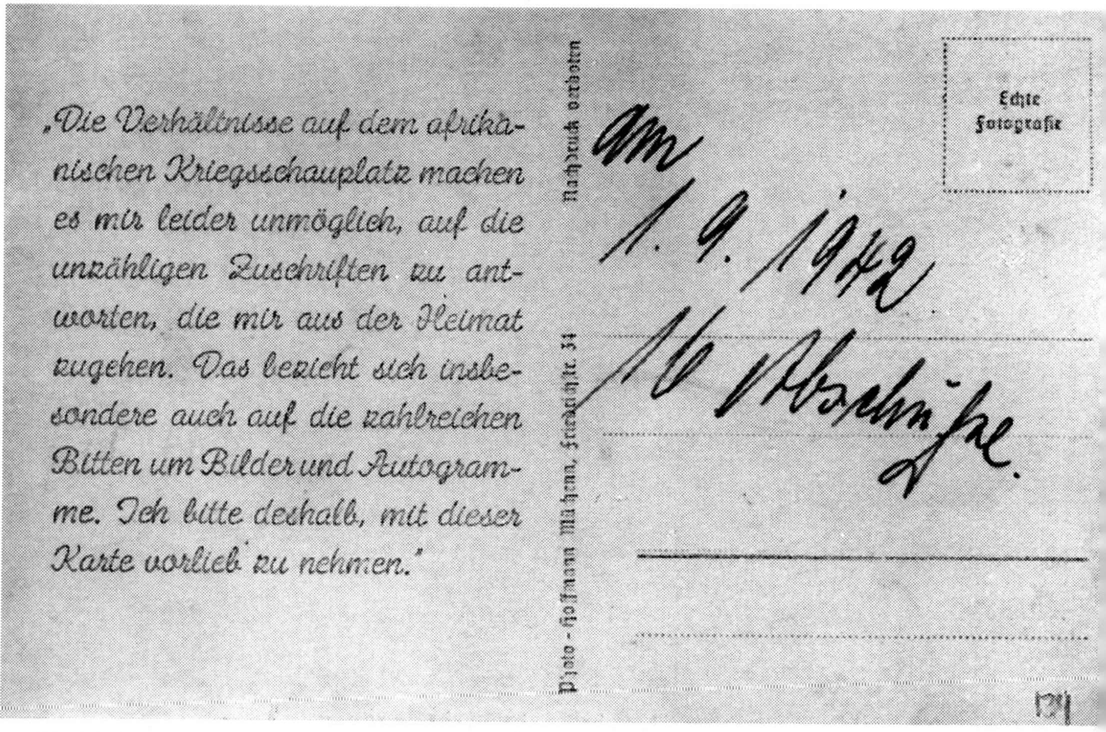

„Die Verhältnisse auf dem afrikanischen Kriegsschauplatz machen es mir leider unmöglich, auf die unzähligen Zuschriften zu antworten, die mir aus der Heimat zugehen. Das bezieht sich insbesondere auch auf die zahlreichen Bitten um Bilder und Autogramme. Ich bitte deshalb, mit dieser Karte vorlieb zu nehmen."

Nachdruck verboten

Photo-Hoffmann München, Friedrichstr. 34

Echte Fotografie

Am 1. 9. 1942 16 Abschüsse.

Die Rückseite derselben zeigt, daß sie nach dem 1. 9. 1942 herauskam. (Es waren nicht 16 sondern 17

Me 110 Zerstörer bei einem Erkundungsflug über einer Oase.

Alarmstart beim JG 27.

Zerstörer über der Küste bei Tripolis. Auch über sie flog Marseille Geleitschutz.

Start einer Me 110 des Zerstörergeschwaders 26 als Aufklärer.

Die Warte machen eine Me 109 wieder einsatzbereit.

Hier wird 2 cm - Kanonenmunition gegurtet.

Marseille mit seinem Ersten Wart an der gelben 14.

Soeben von erfolgreichem Einsatz gelandet.

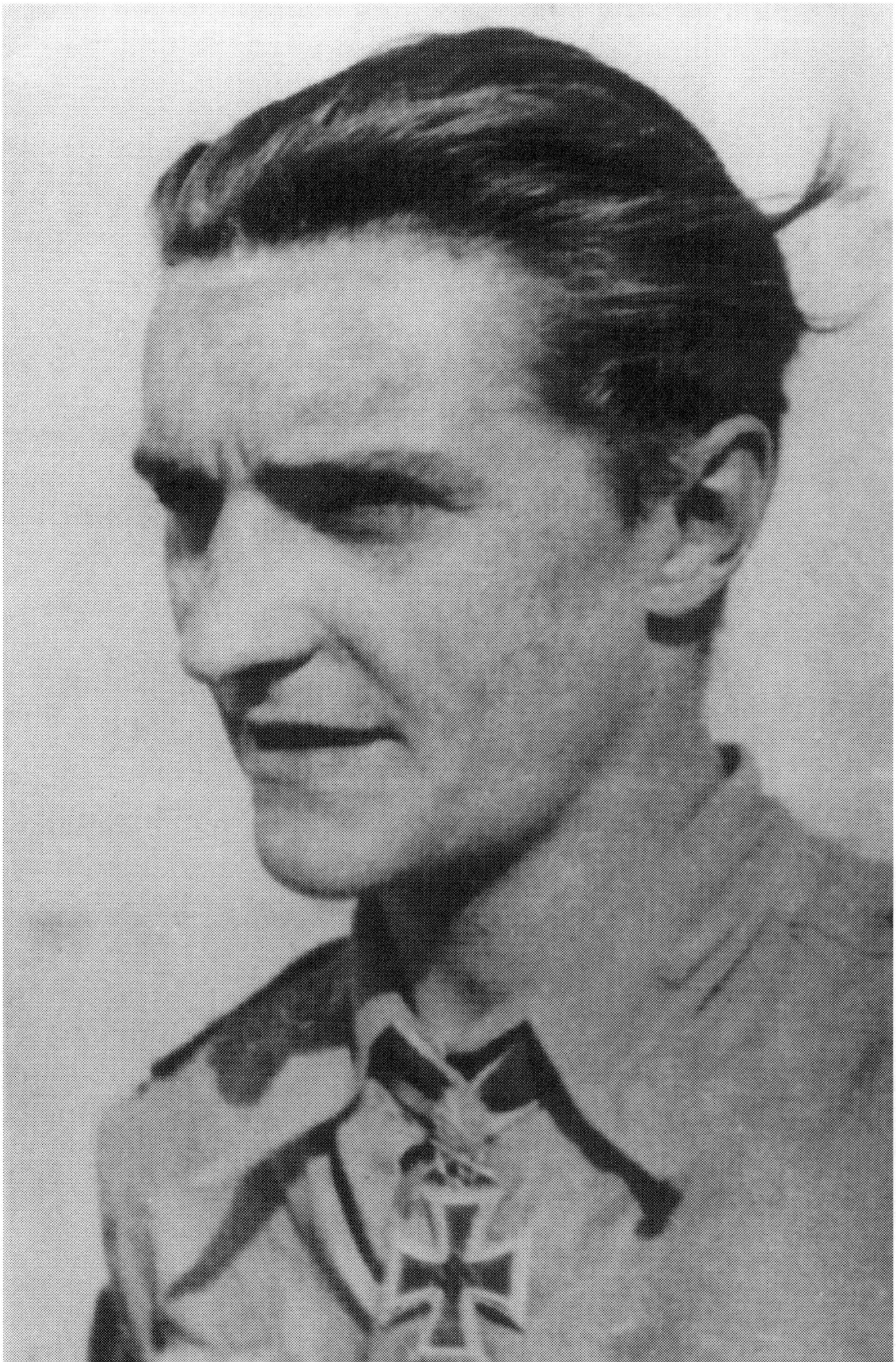

Jochen, einer der Tapfersten, der sich immer auch selbst bezwingen mußte.

Nach der Verleihung der „Schwerter“, ein lächelnder Sieger.

Bei seinen jungen Freunden von der Flieger-HJ, der er selber angehört hatte.

Leutnant Skubowius mit seinem Richtschützen, dem Grenadier Günther Halm, das Herankommen von dreißig Panzern beobachtete. Sie eröffneten das Feuer. Halm schoß nach Verwundung der Besatzung allein mit der Pak insgesamt neun Feindpanzer der 23. Heerespanzerbrigade ab und erhielt dafür am 29. Juli 1942 von Generalfeldmarschall Erwin Rommel persönlich das Ritterkreuz überreicht.

Das PR 5, das unter Oberst Gerhard Müller im Schwerpunkt des Kampfes mit eingriff, kämpfte den Rest nieder. Sechsundneunzig Feindpanzer blieben zerschossen liegen. Rommels Panzerarmee Afrika (nach dem Fall von Tobruk so genannt) hatte vom 26. Mai bis zum 30. Juli über sechzigtausend Gefangene gemacht.

Etwa zweitausend Feindpanzer und gepanzerte Fahrzeuge wurden in diesem Zeitraum vernichtet oder erbeutet. Das DAK hatte ebenfalls stärkste Verluste erlitten, die nicht ersetzt werden konnten.

Als nach einmonatiger Pause am 30. August das große "Sechstagerennen" begann, kam es zu schweren deutschen Verlusten zunächst in den britischen Minenfeldern und schließlich bei Alam Halfa, das zu einem Desaster in der Wüste wurde. General Bernard Montgomery, der die Führung der 8. Armee übernommen hatte, rüstete sich zum großen Gegenschlag.

Bis zu diesem Zeitpunkt war das JG 27 in andauernden Kämpfen im Einsatz gewesen. Seine verdienten Piloten und die nicht weniger verdienstvollen Warte und Helfer, die "schwarzen Männer" der Bodendienste, hatten Hervorragendes geleistet.

Es waren die wenigen Monate eines unerbittlichen Einsatzes, die den Stern von Afrika, Hans-Joachim Marseille, zu höchsten Höhen führten und ihm schließlich den Fliegertod brachten. Sein unbändiger Wille ließ ihn dabei weit über sich hinauswachsen. Daß er aber bereits am Rande seiner Kraft angelangt war, ahnte niemand, denn wenn er ins Kasinozelt trat, nachdem er einen Brief an seine Mutter geschrieben hatte, konnte er rufen:

"Macht Musik, laßt uns trinken und singen und fröhlich sein - laßt uns leben!"

IM ZENIT

Marseille-Einsätze bis zum 1. September 1942

Als Generalfeldmarschall Kesselring am Morgen des 10. Juni 1942, auf dem Höhepunkt des Kampfes um Bir Hacheim, auch die Ju 88 des Lehrgeschwaders 1 von Griechenland und Kreta nach Afrika beorderte, konnten noch am selben Tage in drei Großangriffen mit zwölf Wellen einhundertvierundzwanzig Stukaangriffe und sechsundsiebzig Angriffe der Ju 88 geflogen werden.

Marseille hatte an diesem Tage vier Gegner abgeschossen. Am 6. Juni war ihm das Eichenlaub zum Ritterkreuz des Eisernen Kreuzes verliehen worden, und am Abend dieses denkwürdigen Tages hatte der Staffelmaler die Balken achtundsiebzig bis einundachtzig der Luftsiegmarkierungen am Leitwerk der gelben 14 anbringen müssen.

Über dem Schlachtfeld von Tobruk bis nach El Daba flogen die Jäger des Wüstenjagdgeschwaders am 11. Juni einhundertzweiundachtzig Einsätze. Am Nachmittag dieses Tages hatte ein Schwarm von Marseilles 3. Staffel nördlich von Sidi Rezegh Feindberührung. Danach flogen alle einsatzbereiten Maschinen des Geschwaders dreimal Begleitschutz für die Stukas.

Beim zweiten Einsatz dieses Tages hatten achtunddreißig Me 109 die Sicherung übernommen. Die britischen Squadrons 33 und 274 griffen diesen Stukaverband an. Südwestlich von El Adem verbuchte Hans-Joachim Marseille zwei Abschüsse für sich. Es waren eine Tomahawk und eine Hurricane der 112. Squadron. Einer der Piloten der abgeschossenen Maschinen, Sergeant Greaves, konnte sich durch Fallschirmabsprung retten. Er wurde von einer britischen Heerespatrouille geborgen.

Der Abend des 13. Juni sah den Höhepunkt der Luftschlacht. Es kam zu turbulenten Luftduellen, in die auch immer wieder die III./JG 53 eingriff. Hauptmann Franzisket schoß hierbei einen Gegner ab, Feldwebel Steinhausen war mit zwei Abschüssen erfolgreich.

Im Kampf um El Adem, der von der 90. Leichten Afrika-Division geführt wurde, griff die I./JG 27 mit allen einsatzbereiten Maschinen in das Geschehen ein. Bereits bei der Morgenaufklärung gelangen Leutnant Körner und Leutnant Stahlschmidt je ein Abschuß, als sie eine Me 110, die Aufklärung flog, sicherten. Am Abend dieses Tages konnte Leutnant Körner zwei weitere Gegner überwinden.

Zwischen 18.10 Uhr und 18.15 Uhr griff Marseille wieder in seiner unnachahmlichen Art an. Er schoß binnen drei Minuten drei Tomahawks ab und stieß dann steil auf eine Hurricane hinunter, die versuchte, im Tiefflug zu entkommen. Sehr schnell gewann Marseilles Maschine einen Fahrtüberschuß und verringerte den Abstand. Als der Gegner nur noch wenige Meter über Grund flog, drückte Marseille den Abfeuerknopf. Die Geschoßsalven bohrten sich durch die Hurricane. Jäh neigte sich deren linke Tragfläche nach unten, berührte den Boden, und dann ging alles in einem fürchterlichen Trümmerhaufen unter.

Den Steuerknüppel stark angezogen, huschte Marseille über diesen vernichteten Gegner hinweg, schraubte sich rasch wieder in die Höhe und flog zum Abschluß dieses Tages noch mit Pöttgen in einer Rotte einen Angriff als Jabo gegen Erdziele, wobei er einige Lastkraftwagen in Brand schoß.

Erst nach restlosem Verbrauch der Kanonenmunition drehten die beiden Flieger ab und erreichten wohlbehalten den Horst.

Leutnant Körner und Leutnant Lieres waren am 14. Juni erfolgreich. Leutnant Stahlschmidt kam ebenfalls zu einem verdienten Abschuß. Insgesamt brachte es Körner an diesem Tage auf drei Luftsiege.

Als das DAK am 15. Juni auf Sidi Rezegh eindrehte, kam es zu mehreren Begegnungsgefechten deutscher und britischer Flieger. Am Abend dieses Tages flogen zwölf Me 109 Begleitschutz für aufklärende Me 110. Sie trafen nördlich von El Adem auf zwölf Curtiss. Wieder stieß Marseille in den Abwehrring dieser zwölf Maschinen hinein. In vier schneidigen Angriffen, umschwirrt vom Feuer dieser Gegner, konnte er von 18.01 bis 18.06 Uhr viermal zum Erfolg kommen. Bei diesem Gefecht erzielte auch Leutnant Schröer zwei Abschüsse.

Über diesen Kampftag ein Bericht der Waffenwarte aus der Sicht der Bodentruppe:

Am Morgen dieses Tages hatten die Waffenwarte bereits die MG-Gurte in die Magazinkästen gelegt, als Marseille und Pöttgen herankamen. Der 1. Wart Marseilles, Feldwebel Meyer, machte dem Staffelkapitän Meldung. "Also, Meyer, es bleibt dabei, für jeden Abschuß, den ich ab jetzt erziele, kriegt ihr fünfzig Lire Prämie dafür, daß ihr meine Maschine so gut in Ordnung haltet."

"Ich weiß nicht so recht, Herr Oberleutnant", gab Meyer zu bedenken, "lassen Sie das lieber, sonst werden Sie noch ein armer Mann".

Lachend klopfte Marseille seinem Wart auf die Schulter. Er verteilte, wie dies bei ihm üblich war, einige Zigaretten an die Warte, ehe die beiden Piloten weitergingen, denn noch waren sie nicht zum Einsatz aufgerufen.

Schulte, der 2. Wart, schüttelte den Kopf und deutete mit dem Kinn auf die davonschlendernden Gestalten der beiden Männer. "Was denkst du über ihn?" fragte er.

"Ich habe mir das Denken über 'Jochen' abgewöhnt. Da·kommt man einfach nicht mehr mit."

Sie setzten ihre Arbeit an Marseilles Maschine fort. Der Oberwerkmeister kam zu ihnen herüber.

"Wie sieht es aus?" fragte er.

"Wir sind gleich fertig", meldete Meyer. Alle blickten neugierig nach oben, als Motorengeräusche aufklangen. Es waren Stukas, die in dichter Formation über den Platz hinweg feindwärts flogen.

"Gleich ist es wieder soweit", meinte Schulte.

Marseille kam näher. Er trug bereits die langen Hosen und die braune Lederjacke. Die Kopfhaube schaukelte noch in seiner Hand. So heiß es hier auf dem Boden auch war: In Höhen über viertausend Meter wurde es sehr kalt, und mit einer kurzen Hose in eine Me 109 zu steigen, wäre für einen solchen Flug die Voraussetzung, sich zumindest eine schwere Erkältung zu holen.

Marseille schwang sich neben Meyer auf die Tragfläche der gelben 14. Ein unbekümmertes Lächeln lag auf seinem Gesicht.

"Was Besonderes los, Herr Oberleutnant?" fragte Meyer.

"Nichts, nur das Übliche. Begleitschutz und anschließend freie Jagd im Gesamtraum ostwärts El Adem. - Alles klar?" fragte der Oberleutnant abschließend.

"Selbstverständlich, Herr Oberleutnant!"

Marseille nickte seinen beiden Warten zu. Er stieg in die Kabine. Sein Blick schien bereits weit nach vorn gerichtet. Die Kabinenhaube senkte sich auf ihn herab. Er verriegelte sie. In einiger Entfernung sprangen die ersten Motoren an. Auf der rechten Tragfläche kurbelte der 2. Wart den Rotor des Anlassers auf Touren. Dann war es soweit.

Das Triebwerk begann mit knallenden, tuckernden Stößen anzulaufen. In der Kabine hob Marseille die Hand. Meyer zog die Bremsklötze weg. Die Me 109 schwenkte auf ihrem Spornrad leicht herum und wirbelte die erste Sandwolke auf. Ein ständig zunehmender Lärm von Flugmotoren hallte über den Wüstenflugplatz.

Die ersten Maschinen starteten. Kurze Zeit später auch Marseilles gelbe 14. Sie formierten sich in der Luft zu Rotten und stießen so in den Sonnenglast hinein. Das Singen der Motoren verlor sich in der Ferne, und dann waren auch die kleinen schwarzen Punkte verschwunden.

Der Staffelmaler gesellte sich zu den beiden Warten Marseilles. "Wollen wir mal eine Wette machen, wann der Oberleutnant die einhundertste

Feindmaschine abschießt?" fragte er.

"Ich vermute, in einer Woche", warf Schulte ein. Aber Wart Meyer schüttelte den Kopf. "So lange braucht er nicht mehr."

Sie gingen in den Schatten des Zeltes und droschen eine Partie Skat. Als sie das Summen der zurückkehrenden Maschinen hörten, das sich binnen einer Minute zu einem dumpfen Grollen steigerte, sprangen sie auf und liefen zum Platzrand. Sie sahen, wie die Me 109 der Staffel nach links und rechts ausscherten, um ihrem Kapitän Platz zu machen. Dessen Motorpartie neigte sich dem Platz entgegen und begann zu wackeln. Die Warte zählten mit: "Einmal, zweimal, dreimal, viermal."

Meyer riß sein Schiffchen vom Kopf und warf es begeistert in die Luft. Sie rannten auf das Rollfeld hinaus, bemüht, nicht den nachlandenden Maschinen in die Quere zu kommen. Die gelbe 14 slipte soeben dem Landekreuz entgegen. Dahinter folgten in langer Reihe die anderen Maschinen.

Schulte und Meyer spurteten zur gelben 14 hinüber und erkletterten die beiden Tragflächen. Sie sahen das Gesicht ihres Oberleutnants schweißbedeckt. Gemeinsam halfen sie dem Kapitän, das Kabinendach hochzudrücken. Die Schultergurte des Fallschirms wurden gelöst, und mehr gehoben als sich selber hochstemmend wurde Marseille aus der Maschine gehievt.

Marseille legte Meyer die Hand auf die Schulter. "Eine feine Maschine. Das habt ihr wieder gut gemacht. Die zweihundert Lire gibt es heute abend."

"Aber das geht doch nicht, Herr Oberleutnant, wir haben doch nur Spaß..."

Marseille sprang von der Tragfläche in den heißen Sand. Er lehnte sich mit dem Rücken neben der großen gelben 14 an die Maschine und ließ die Kameraden herankommen.

Am späten Abend markierte der Staffelmaler die nächsten vier Abschußbalken auf das Leitwerk.

"Einundneunzig" sagte er, als er fertig war. Ein Fieseler "Storch" brummte über den Platz, landete, und sein Insasse verschwand im Zelt des Gruppenkommandeurs. Marseille und Pöttgen schlenderten auf die gelbe 14 zu, um die Malerei des Staffelmalers zu begutachten, als der Oberwerkmeister angelaufen kam.

"Los, packt eure Sachen zusammen. Es geht wieder nach El Gazala. In einer halben Stunde drüben bei den Zelten zum Appell!" Dann wandte er sich den beiden Fliegern zu: "Morgen mit dem ersten Frühlicht wird gestartet, Herr Oberleutnant!"

"Also habe ich doch recht gehabt", meinte Pöttgen lässig.

"Wieso?" warf Marseille ein, obgleich er wußte, worauf sein Rottenflieger hinauswollte.

"Ich habe den Kumpels von der anderen Feldpostnummer an die Tür geschrieben, daß wir wiederkommen werden."

Marseille und Pöttgen trafen vor dem Zelt des Oberleutnants auf Stahlschmidt. "Hast du es schon gehört? Es geht wieder nach Gazala."

"Was?" fragte Stahlschmidt verblüfft. Marseille nickte nur und zündete sich eine Zigarette an. Er rauchte ein, zwei rasche Züge. Sein Blick wanderte zum Himmel hinauf. Das Lächeln, das eben noch auf seinen Zügen lag, erlosch. Sein Gesicht sah sehr hager aus.

"Woran denkst du, Jochen?" fragte Stahlschmidt leise.

"An den letzten Tommy", erwiderte Marseille, und seine Stimme wirkte dabei völlig verändert. "Den ich heute als letzten abgeschossen habe. Ich habe gerade daran gedacht, wie es wohl sein muß, wenn die Maschine mit einem nach unten rauscht, und man merkt vielleicht noch, daß es bald aus sein wird."

Stahlschmidt legte dem Kameraden die Hand auf die Schulter. Beide wußten, was damit gemeint war.

Der folgende Tag zeigte wieder Großkampf an. Es war der letzte vor der Verlegung nach Ain el Gazala, die bereits am 16. hätte erfolgen müssen, aber um einen Tag verschoben worden war. Am Abend dieses Tages griff Marseille wieder in den Kampf ein, als er um 18.02 Uhr südwestlich von El Adem eine Hurricane abschoß. Acht Minuten darauf stieß er in das "Karussell" der Südafrikaner hinein. Dreimal zischte er, einer Rakete gleich, durch den Abwehrkreis und holte um 18.10, 18.11 und 18.13 Uhr jeweils einen Gegner aus dem Kreis heraus. Das waren vier weitere Luftsiege, mit traumhafter Sicherheit erzielt. Sein Schwarm deckte ihn gegen jeden anderen Gegner ab, so daß er sich ganz auf seine Aufgabe konzentrieren konnte.

Der zweite Schwarm sah Feldwebel Steinhausen in Aktion. Drei Gegner mußten sich ihm beugen. Um 18.20 Uhr erzielte dieser Feldwebel seinen vierten Abschuß. Den letzten Gegner holte Leutnant Körner um 18.50 Uhr vom Himmel.

Während dieses Einsatzes wurde auch der britische Major Frost abgeschossen. Entweder Marseille oder Steinhausen waren sein Bezwinger. Nunmehr fehlten Marseille noch fünf Abschüsse an der legendären Abschußzahl "Einhundert".

Der 17. Juni sah die Verlegung des JG 27 nach Gazala. Dennoch kam es auch an diesem Tage zu weiteren Erfolgen. Leutnant von Lieres und Wilkau und Leutnant Körner schossen jeweils eine Kittyhawk der 450. RAAF ab.

Als Oberleutnant Otto Schulz auf Flight Lieutenant Conrad von der 274. Squadron stieß, schoß er diesen ab. Conrad machte bei Bou Amud eine Bauchlandung. Schulz stieß hinunter und schoß die Maschine des Briten in Brand. Als er das zweitemal auf dieses Wrack hinunterstieß, setzte sich eine Kittyhawk hinter ihn und eröffnete aus einhundert Meter Entfernung das Feuer. Die Salven lagen deckend im Ziel. Die Me 109 von Schulz schlug auf dem Boden auf und explodierte. Nach einundfünfzig Luftsiegen hatte Oberleutnant Otto Schulz den Fliegertod gefunden.

Zum Mittag dieses Tages trafen vier Me 109 auf zehn Hurricanes und etwa zwanzig Curtiss, die zwischen Gambut und Ras Azeiz in der Luft waren. Oberleutnant Marseille stieß als erster auf einen dichten Pulk Feindjäger hinunter und schoß im Zielanflug den ersten Gegner ab. Als er eine Abwehrkurve flog, um einen hinter ihm hängenden Gegner abzuschütteln, huschte eine andere Maschine für Sekunden durch sein Reflexvisier. Marseille feuerte sofort, und auch dieser Gegner stürzte brennend zu Boden. Danach sah er vier Jäger, die über einem niederschwebenden Fallschirm einen Sicherheitskreis flogen, um den am Schirm hängenden Kameraden zu schützen.

Von diesen vier Gegnern schoß er im Kurvenkampf, in Situationen, aus denen keiner seiner Gegner hätte zielsicher feuern können, zwei weitere Gegner ab.

"Und nun der Hundertste, Jochen!" hallte es über die Sprechfunk-Verbindung zu Marseille hinüber. Und "Jochen" stieß über Sidi Omar auf einen Gegner hinunter, der erst einhundert Meter Höhe erreicht hatte, und schoß diesen im ersten Anflug ab. Damit hatte er zwischen 12.02 und 12.09 Uhr fünf weitere Gegner zu Boden geschickt.

Nur eine Minute später entdeckte er hoch über sich zwei schnelle Spitfires, die sich auf einem Aufklärungsflug befanden. Steil zog er hoch, hing Sekunden später hinter der ersten und schickte sie zu Boden. Mit der Überwindung dieses Gegners hatte Marseille insgesamt einhundertundeinen Luftsieg errungen.

Als er anschließend, bereits auf dem Heimflug, von einer Staffel Hurricanes eingeholt wurde, flog er fünf Minuten mitten zwischen ihnen weiter, ohne daß der Gegner ihn bemerkte. Als er feuern wollte, versagten seine Waffen. Er wurde erkannt und von zwei Hurricanes gejagt. Hier zeigte Marseille seine überragenden fliegerischen Fähigkeiten. Nur wenige Meter über dem Wüstenboden hinwegjagend, immer wieder zur Seite ausbrechend, wenn ihn die beiden Gegner in die Zange nehmen wollten, stieß er plötzlich mit Vollgas durch und hängte seine Verfolger mühelos ab.

Auf dem Platz in Gazala herrschte Hochstimmung. Alle starrten auf die herankommende und einschwebende gelbe 14, die sechsmal mit den Tragflächen wackelte und dann zur Landung ansetzte. Die Kameraden eilten im Laufschritt zum Liegeplatz, während Marseille inzwischen gelandet war und mit seiner Maschine dem Liegeplatz zurollte.

Als sie die Maschine erreichten, hatte Marseille den Motor abgestellt. Er selber aber saß regungslos, das Gurtzeug noch umgehängt, im Pilotensitz. Seine beiden Warte, die ihn zuerst erreichten, sahen ein völlig anderes Gesicht ihres "Jochen". Das fröhlich-jungenhafte Lachen fehlte. Die Anspannung dieses Einsatzes ließ sein Gesicht sehr hager erscheinen. Es wirkte in dieser Situation maskenhaft starr. Sein Blick war auf das Armaturenbrett gerichtet, die Arme hingen ihm schlaff herunter.

Endlich schob er mit einer fahrigen Bewegung die Kopfhaube zurück und drehte sich seinen Warten zu. Langsam verschwand die maskenhafte Starre. Meyer stieß die Kabinenhaube hoch. In diesem Augenblick vernahm Marseille die vielen Stimmen seiner Kameraden, die angerannt kamen, um ihm zum einhundertsten Luftsieg zu gratulieren. Er stemmte sich über den Kabinenrand, die Beine voraus griff er nach der dargebotenen Rechten von Meyer und drückte sie kurz.

Plötzlich kam wieder Leben in ihn. Er winkte, auf der Tragfläche stehend, den Kameraden zu, die seine Maschine umringten. Der Ausdruck tiefer Erschöpfung wich aus seinem Gesicht. Freude breitete sich über seine Züge aus und Erleichterung. Er war wieder einmal davongekommen und hatte auch den beiden letzten Gegnern ein Schnippchen geschlagen.

Er wurde auf den Boden gehoben. Schließlich machte er sich frei und ging in Richtung Geschwadergefechtsstand, um seine Meldung zu machen.

Von dort kam ihm der Kommodore im Fliegerdress entgegen. Er schob sich durch die Menge auf Marseille zu, ergriff die Hand des jungen Fliegers, der seine Erwartungen mehr als erfüllt hatte. Ein einziger Blick zeigte ihm: Dieser junge Körper ist am Ende seiner Kraft, wurde nur noch von dem unbändigen Willen, weiterzukämpfen, aufrecht gehalten.

"Danke, Seille! Das war wieder großartig. Aber morgen will ich Sie hier nicht mehr sehen. Morgen werden Sie nach Deutschland fliegen. - Keine Widerrede!" fuhr er dem Offizier ins Wort. "Es liegt ein Befehl vor, daß Sie das Eichenlaub mit Schwertern im Führerhauptquartier in Rastenburg (Ostpreußen) von Adolf Hitler persönlich verliehen bekommen."

"Jetzt, wo es in Tobruk rundgeht, Herr Major? Wo jede Maschine gebraucht wird?" Eine entschiedene Handbewegung zeigte Marseille, daß dieser Befehl unumstößlich war.

In der Heimat
Empfang und Ehrungen

An jenem 18. Juni, als Hans-Joachim Marseille den Flug nach Deutschland antrat, wurden ihm als 12. Soldaten der deutschen Wehrmacht das Eichenlaub mit Schwertern zum Ritterkreuz des Eisernen Kreuzes verliehen.

Er war am frühen Morgen von Bengasi aus nach Neapel gestartet und schlief in einem Liegestuhl, den ihm die Besatzung der Ju 52, damit er es bequem habe, hingestellt hatte.

Von Neapel ging der Weiterflug nach Rom, und von dort aus hieß das nächste Ziel Berlin, wo die planmäßige Maschine um 16.00 Uhr auf dem Tempelhofer Flugplatz landete und auf dem glatten Asphalt der Landebahn ausrollte. Sie hielt vor der Barriere, über der in großen Lettern zu lesen stand:

BERLIN-TEMPELHOF

Marseille empfand, wie er später seinem Freund Stahlschmidt erzählte, so etwas wie Rührung. Er war wieder zu Hause.

Schlank und federnd sprang er aus der Maschine. Einen Koffer in der Rechten, im khakifarbenen Tropenanzug, das Schiffchen unternehmungslustig schief auf dem Kopf. Er fühlte sich nicht als großer Held, als der er willkommengeheißen wurde, trotz des Zeitungsartikels, der ihm von den Männern des Platzes in Bengasi gezeigt wurde, wo er ganze achtundvierzig Stunden auf einen Flug nach Neapel hatte warten müssen. Die Schlagzeile dieser Zeitung hatte ihn eher amüsiert. Sie lautete:

"Der Held Marseille - Sieger in einhundert Luftkämpfen."

Er hatte darüber gelacht. "Ein Held soll ich sein?" hatte er gefragt. "Ich ein Held?" Das war seiner Meinung nach übertrieben. Die Wochenschau stand bereit, als er Berliner Boden betrat.

Es wurde gefilmt, und Marseilles Gesicht strahlte wieder, wie immer, jungenhafte Fröhlichkeit aus. Er begrüßte das Empfangskomitee und schaute auf das Titelblatt der Berliner Illustrierten Zeitung, das ihn in voller Größe zeigte. Die Unterschrift gefiel ihm besser als jene in der Zeitung. Sie hatte folgenden Wortlaut: "Berlin ist stolz auf ihn!"

Und er war wieder in Berlin, in seiner Heimatstadt. Menschen winkten ihm zu, riefen seinen Namen, und selbst der Taxifahrer, der ihn heimbrachte, kannte ihn von der Wochenschau her, wie er bekannte. Als Marseille ihn bezahlen wollte, wehrte der Mann ab. So steckte er ihm eine Schachtel Zigaretten zu.

Daß man ihn in seinem Stadtteil kannte, zeigten die vielen Freunde und Bekannten, die ihn dort zugleich mit seiner Mutter und seiner Freundin erwarteten. Seine Mutter freute sich mehr als alle anderen. Sie hatte ihren "Jochen" wieder, wenn auch nur für wenige Wochen. Menschen kamen und baten um ein Autogramm. Es war ein buntes Festgewühle, und Hans-Joachim gefiel es, und es baute ihn wieder auf, daß er die vielen Menschen nicht enttäuscht hatte.

Hitler, Göring und Goebbels

Oberleutnant Marseille verließ für einige Tage Berlin, um nach Rastenburg zu fahren. Dort stand er Adolf Hitler gegenüber und erhielt aus dessen Hand die hohe Auszeichnung des Eichenlaubs mit Schwertern zum Ritterkreuz des Eisernen Kreuzes.

Auch er erlag der damaligen Ausstrahlung dieses Mannes. Er erkannte, daß Hitler - mehr als er gehofft hatte - in die Geschehnisse auf dem nordafrikanischen Kriegsschauplatz eingeweiht war.

Marseille mußte von Afrika berichten, von seinem Geschwader, dem Gegner, seinen Einsätzen. Er wies auf die geringe Zahl der eigenen Jäger und die Überzahl der Feindseite hin. Hitler äußerte sich zurückhaltend. Er wies auf die Ostfront hin, wo die Wehrmacht gerade wieder zu einer neuen Offensive angetreten war. Dort werde jedes Flugzeug gebraucht, erklärte er, aber er stellte auch für Nordafrika neue Flugzeuge in Aussicht, um die nächste Offensive bis ins Ziel Kairo durchführen zu können.

Beim Essen, das wie immer karg war, plauderte Hitler über Afrika und vor allem über Rommel, den Wüstenfuchs, der ja sein Führer-Begleitbataillon während des Polenfeldzuges geführt hatte. Marseille war verblüfft über den bis ins letzte Detail gehenden Wissensstand dieses Mannes. Nach dem Ende der Mahlzeit verabschiedete sich Hitler von dem jungen Offizier. Lange Zeit hielt er Marseilles Rechte in der seinen und blickte ihn fest, fast forschend und abschiednehmend, an.

Später berichtete Hans-Joachim Marseille seinem Freund Stahlschmidt von diesem letzten Blick, den er so deutete, daß er auch nach Erreichen dieses hohen Zieles von einhundert Luftsiegen nicht aufhören dürfe, seine Pflicht zu tun. Das wollte Marseille, und das wollten alle Männer des Wüstenjagdgeschwaders 27.

Danach ging es nach Karinhall in die Schorfheide, dem Jagdsitz von Reichsmarschall Hermann Göring. Marseille war überrascht über das Zeremoniell, das von der Wachkompanie des Regiments "General Göring" betrieben wurde, und auch entsprechend beeindruckt. Wer Hermann Göring einmal in dieser Umgebung im Kreise seiner Flieger gesehen hatte, der ahnte die aufrichtige, freundliche Art und die Souveränität, die dennoch von dieser Persönlichkeit ausging. Hermann Göring, im 1. Weltkrieg der letzte Kommodore des berühmten Jagdgeschwaders I "Freiherr von Richthofen", Ritter des Ordens Pour-le-mèrite und Sieger in zweiundzwanzig Luftduellen, war einer der Ihren. Seine tiefe und starke Stimme ließ Herzlichkeit und Zuneigung erkennen, als er Marseille begrüßte. Er nahm den Arm des jungen Offiziers, der neben ihm wie ein Kind wirkte, und ging mit ihm durch den Park.

"Wir haben eine halbe Stunde Zeit, Marseille, und die wollen wir nutzen", sagte er verschmitzt. "Ihnen wird es sicher gut tun, daß Sie nach dem vielen Wüstensand wieder etwas Grünes sehen können."

Er ging mit dem jungen Flieger zur Remise und ließ dort den kleinen Jagdwagen anspannen, mit dem die beiden, Seite an Seite, durch den schönen Park fuhren.

Marseille war von seinem Obersten Befehlshaber sehr angetan. Er spürte, wie ihm Herzlichkeit entgegenschlug und erwiderte diese spontan. Er erzählte mit jener Offenheit, die alle an ihm schätzten, die ihm aber zu Beginn seiner Laufbahn so große Schwierigkeiten bereitet hatte, von der Schwere des Kampfes in Afrika und von dem Leben, das sie in diesem völlig ungewohnten Kampfraum führen mußten: Vom Ghibli und den Fliegen, von Mücken und Malaria, den Hautausschlägen und der Gelbsucht bei seinen Kameraden. Auch das salzige Wasser und der Mangel an Flugzeugen und Treibstoff kamen zur Sprache.

"Ich werde dafür sorgen", versprach der Reichsmarschall, "daß der nordafrikanische Kriegsschauplatz allen notwendigen Nachschub erhält. Jetzt, wo Rommel sich anschickt, Alexandria und Kairo in Besitz zu nehmen und er diesem Ziel so nahe ist, muß er die notwendige Hilfe erhalten."

Dann mußte Marseille seinem Oberbefehlshaber erklären, was es mit seiner eigenen Taktik auf sich hatte. Er beschrieb den Sturz in den Abwehrkreis des Gegners und das blitzschnelle Schießen aus der Kurve heraus und untermalte alles mit Handbewegungen und Gesten. Er gestand dem Reichsmarschall, daß er in der ersten Zeit ein Fiasko nach dem anderen erlebt hatte.

"Aber Sie haben nicht aufgesteckt, Marseille, das gefällt mir an Ihnen."

Marseille nahm dieses Lob hin, denn wenn Hermann Göring dies sagte, daß er es geschafft hatte, dann war es auch so.

Zu schnell waren die dreißig Minuten vergangen, und der Moment des

Abschieds kam.

"Machen Sie es gut!" sagte der Reichsmarschall. Noch ein fester Händedruck und "Hals- und Beinbruch, lieber Marseille!", dann war er entlassen.

Am späten Abend kehrte Hans-Joachim Marseille nach Berlin zurück. Sein weiterer Urlaub wurde zu einer dauernden Wanderschaft, so daß weder die Mutter noch seine Braut sehr viel von ihm sahen. Er war schließlich auch zu Gast bei Dr. Joseph Goebbels, dem Reichspropagandaminister. Gemeinsam mit der Familie Goebbels trank Hans-Joachim Marseille in Schwanenwerder Kaffee. Danach hockte er noch bis tief in die Nacht hinein mit Dr. Goebbels zusammen, und dieser sah und erlebte, daß der junge Oberleutnant ein durchaus ebenbürtiger Gesprächspartner war, der zielsicher und mit Mutterwitz alles das auszugleichen verstand, was ihm Goebbels durch seine lange Routine und sein intimeres Wissen voraus hatte.

Goebbels bemerkte später zu seinem Adjutanten, daß Marseille alles das ausgestrahlt habe, was soldatisches Selbstbewußtsein und Entschlossenheit auszeichne.

Zum Abschied sagte Dr. Goebbels: "Sie sind ein Mensch von besonderen Fähigkeiten und ein Soldat mit großen Verdiensten. Sehen Sie zu, daß Sie uns und unserem Nachwuchs als Lehrer erhalten bleiben!"

"Das werde ich versuchen", entgegnete Marseille, doch er dachte nicht an eine Stellung als Lehrer für Lufttaktik oder ähnliches, sondern an seinen weiteren Einsatz als Flieger.

Im Berliner Rathaus stand er wenig später dem Oberbürgermeister der Stadt, Ludwig Steeg, gegenüber. Er trug sich in das Goldene Buch der Reichshauptstadt ein und sprach mit vielen Menschen, die sich um ihn scharten. Auf dem Rückweg nach Hause nahm er die Straßenbahn. Der Schaffner erkannte ihn natürlich sofort, und er bezahlte prompt den Fahrpreis aus seiner eigenen Tasche.

Am Abend ging Hans-Joachim mit seiner Mutter ins Kino. Er war diesmal in Zivil, um nicht überall aufgehalten zu werden. Die Wochenschau zeigte den Kampf eines deutschen Jägers gegen einen britischen Gegner über dem Kanal. Als der Deutsche schließlich nach langer Kurbelei hinter dem Gegner flog und das Feuer eröffnete, zischten seine Leuchtspursalven immer an diesem vorbei.

Seine Umgebung vergessend sprang Marseille auf. "Vorhalten, Vorhalten!" rief er aufgeregt.

Da drehte sich einer der Zuschauer vor ihm um und bemerkte in typischem Berlinerisch: "Wat verstehen Sie denn schon davon, junger Mann, Sie sind doch keen Marseille."

Hans-Joachim ließ sich lachend auf den Sitz zurückfallen. Seine Mutter blickte ihn verschmitzt an und drückte seine Hand.

Sehr bald war der Oberleutnant Marseille das Feiern und Herumgereichtwerden leid. So verschwand er ab und zu an einen der Berliner Seen oder auf den Tennisplatz. Einige unbeschwerte Tage verlebte er mit seiner Braut in Bad Saarow am Scharmützelsee.

Besondere Freude bereitete ihm auch - wie der Rückkehrer nach Afrika seinem Freund Stahlschmidt berichtete - das Wiedersehen mit seiner Berliner Flieger-HJ. Alle Jungen waren in ihrer Uniform erschienen. Hans-Joachim Marseille mußte von Afrika, von seinen Kameraden und seinen Gegnern berichten. Er sprach von der aufgehenden Sonne und dem beginnenden Ghibli, von den antiken Städten an den Küsten, von den kalten Nächten und davon, daß sie einmal fast in der Wüste ertrunken seien, oder von Alarmstarts und Begleitaufgaben für die Stukas gegen Tobruk oder Bir Hacheim. Daß er auch die britische Abwehr nicht vergaß und den britischen Fliegern seinen Respekt zollte, war für ihn selbstverständlich. Er erzählte von seinem Freund Stahlschmidt und seinem Lehrer und väterlichen Förderer "Edu" Neumann und vergaß auch den "Eins-zwei-drei-Schulz" nicht.

Er mußte jedem der Jungen ein Bild mit einer persönlichen Widmung schenken, sonst hätten sie ihn nicht fortgelassen. Zum Glück hatte "Photo Hoffmann" diese Fotos bereits gemacht, so daß er nur noch seinen Namen daraufschreiben mußte. Am unteren Rand des Fotos war jener Satz eingedruckt worden, der zur Lebensmaxime des jungen Fliegers geworden war:

"Nicht umdrehen, immer vorwärts blicken!"

Bei Prof. Willy Messerschmitt

Kurz darauf saß Hans-Joachim Marseille auch dem berühmten Konstrukteur Professor Willy Messerschmitt in Augsburg gegenüber, dem Manne, der mit der Me 109 der deutschen Jagdwaffe ein überragendes Flugzeug zur Verfügung gestellt hatte.

In dem hohen hellen Raum mit den riesigen Fenstern, die den Blick auf den gewaltigen Komplex des Messerschmitt-Werkes freigaben, auf Hallen und Gebäude und auf eine breite, durch das gesamte Werk führende Straße, kam Marseille zu seinem tiefsten Gespräch.

Hier, wo alles in die Weite strebte und wo am Ende der Straße das Rollfeld lag, auf dem in dauernder Abfolge die verschiedensten Versuchsmuster starteten und wieder landeten, hatte Marseille zunächst die Front der Werks-

HJ abgeschritten. Nun aber saß er dem allgewaltigen Professor Messerschmitt gegenüber. Marseille berichtete von seinen Erfahrungen mit den verschiedenen Baumustern der Me 109 bis hin zur "Fritz", die er als gelbe 14 in Afrika flog.

Der Professor hörte aufmerksam zu, unterbrach ihn mehrfach mit Fragen, die den Flugeigenschaften der Me 109 galten. Präzise, knapp und treffend gestellt wurden diese Fragen ebenso präzise beantwortet, denn es ging um die Eigenschaften jenes Flugzeuges, das Marseille flog.

Beide Männer spürten die Gemeinsamkeit der Flieger untereinander. Der eine, als Konstrukteur bemüht, die beste Maschine zu schaffen, und der andere, sie als Bester zu fliegen.

Vom Alter her um eine Generation voneinander entfernt, waren sie sich dennoch in dem gemeinsamen Ziel einig. Seit 1934 baute Willy Messerschmitt die Me 109.

Marseille berichtete dem Konstrukteur, wie er dessen Flugzeug mit seiner ureigenen Taktik, unter voller Ausnutzung ihres Leistungsvermögens, im Kampf führte. Er erklärte die Schwierigkeiten und machte Verbesserungsvorschläge, die sich Messerschmitt notierte.

Als Willy Messerschmitt fragte, ob er nicht schon nahe genug daran gewesen sei, diese Taktik nach den schweren Fehlschlägen aufzugeben und lieber doch so zu fliegen wie alle anderen, nickte Marseille.

"Mehrfach, wenn meine Maschine zerschossen wurde und ich sie in den Sand werfen mußte. Meine Vorgesetzten warnten mich ebenfalls, diese Scherze zu unterlassen. Aber dann sagte ich mir, daß es einmal klappen mußte, wenn man keinen Handgriff unterließ, der notwendig war, um im Kurvenkampf plötzlich in den Sturzflug überzugehen. Dann galt es vor allem, zu vermeiden, daß die Maschine wegen Überlastung auseinanderbrach."

Die Wirkung der Strömung, der Einbau der Waffen und der Sand in Afrika waren weitere Themen, die erschöpfend behandelt wurden, und Willy Messerschmitt erkannte, daß er hier einem Könner gegenüber saß, der auf alles achtete, der jede kleine Regung seiner Maschine überwachte und sie vollkommen beherrschte. Das war ein Offizier, der die Konstruktion der Me 109 kannte und demzufolge auch ihre Flugeigenschaften zu beurteilen und für sich auszunutzen wußte.

Anschließend fragte der Professor: "Sind Sie nun sicher, alles unter Kontrolle zu haben?" Marseille nickte.

"Ich habe mir alle Vorgänge beim Luftkampf und bei schwierigen Flugfiguren sorgfältig eingeprägt. Das fängt bei der Annäherung an den Gegner an. Ich bin jetzt so weit, daß ich die Me 109 in allen Lagen halten kann, selbst in engsten Kurven und bei der geringstmöglichen Fluggeschwindigkeit. Im Kampf mache ich alle Griffe unbewußt. Dadurch kann ich mich voll auf den Angriff konzentrieren und meine Maschine so fliegen, als ob ich Flügel hätte."

Danach ging der Professor mit seinem Gast durch das Werk. Marseille sah die vielen Hände, die ihre Arbeit taten. Er ging in die Fertigungshalle, wo die Maschinen montiert wurden, drückte hier einem Werkmeister die Hand, dort einem Hilfsarbeiter, und gelangte schließlich ins Konstruktionsbüro.

Soeben setzte ein Flugzeug über dem Platz zur Landung an. "Das ist Wendel, Oberleutnant Marseille. Wir sollten hinausgehen. Wenn Sie wollen, können Sie das neue Baumuster der Me 109 fliegen."

Sie eilten ins Freie, wurden zum Platz gefahren und trafen hier Flugkapitän Fritz Wendel, der den absoluten Weltrekord für Flugzeuge mit Kolbenmotoren hielt, den er auf einer Me 209 V-1 am 26. April 1939 mit 755,138 Stundenkilometern erzielt hatte.

"Grüß Gott, Marseille!" begrüßte Wendel den Fliegerkameraden. "Ich freue mich, Sie hier zu sehen. Wenn Sie meine Maschine fliegen wollen, dort steht sie!"

Fritz Wendel deutete auf das neue Versuchsmuster der Me 109 G-10. Marseille war seit Wochen nicht mehr geflogen. Aber er hatte auf diesen Moment gewartet und in der Aktentasche neben den zu verschenkenden Fotos auch seinen Fliegerschal mitgebracht, ohne den er nie in eine Maschine kletterte.

"Darf ich?" wandte sich Marseille an den Professor.

"Nur zu, wir würden uns freuen."

Marseille knüpfte sich schon sein Halstuch um und stieg unter Hilfeleistung der Warte in die Maschine und rollte zum Start. Die Flagge des Starters ging nieder, und die Männer vom Platzrand sahen, wie Marseille sich in die Luft schraubte, wie er stieg und stürzte, in Rollen und Turns und Messerkurven flog, daß es eine Pracht war. Bis auf wenige Meter über dem Platz ließ er sich fallen, um wieder hochzuziehen und mit einer Rolle in den Geradeausflug überzugehen.

Als Marseille sicher und gekonnt landete, brauste der Jubel über den Platz, in den auch Willy Messerschmitt und Fritz Wendel einfielen, denn sie sahen hier: Das war einer der ganz Großen!

"Jetzt weiß ich, wem ich diese Maschine überlasse!" sagte Fritz Wendel. "Danke, Marseille, das war ein Meisterstück!"

Den letzten Teil seines Urlaubes verbrachte Marseille noch einmal mit seiner Braut. Er nahm sie nämlich ganz überraschend auf seiner Reise nach Rom mit, wo er auch vom Duce empfangen werden sollte.

Im nahegelegenen Ostia am Mittelmeer konnten die beiden jungen Menschen noch einige glückliche Tage miteinander verbringen.

Am 6. August erreichte Hans-Joachim Marseille eine Nachricht, die ihn mit großer Freude erfüllte. Sie kam aus dem italienischen Hauptquartier in Rom und lautete:

"Der Duce hat Ihnen mit dem heutigen Tage die Medaglia d'Oro verliehen."

In der Begründung wurde Marseille mit folgenden Worten gewürdigt: "Der Jagdflieger von seltener Inbrunst und von unvergleichlicher Erfahrenheit hat mit kaltem, bewundernswerten und bewußten Mut in harten Auseinandersetzungen und Luftkämpfen an den Himmeln über dem Mittelmeer und Nordafrikas vierundneunzig Flugzeuge zuzüglich weiterer sieben Flugzeuge am Himmel über dem Ärmelkanal abgeschossen. Als stetiges Vorbild für Wagemut und Kampfesmut gegenüber der Gefahr hat er immer seine herausragendsten Tugenden als außergewöhnlicher Pilot und stolzer Kämpfer bestätigt."

Diese höchste Auszeichnung Italiens wurde Marseille am 13. August 1942, bevor er nach beendetem Urlaub wieder nach Afrika zurückkehrte, in Rom durch den Duce überreicht.

Nur noch der Schwerterträger Major Joachim Müncheberg mit einhundertfünfunddreißig Luftsiegen erhielt am 12. September 1942 als Nichtitaliener diese seltene Auszeichnung. Selbst Generalfeldmarschall Erwin Rommel mußte sich mit der silbernen Stufe begnügen.

Allgemeine Übersicht

Während jener Zeit, da Hans-Joachim Marseille in der Heimat weilte, hatten die Männer des JG 27 entscheidende Kämpfe ausgefochten. Rommels Vorstoß in Richtung El Alamein brachte es mit sich, daß die Kampffliegerverbände pausenlos eingesetzt wurden und mit ihnen auch die Begleitjäger und jene der Sicherung. Die III./JG 53 hatte in der Nacht zum 21. Juni einen britischen Bombenangriff auf ihren Platz zu überstehen, bei dem sieben Me 109 vernichtet wurden.

Über Gambut kam es zu verschiedenen Luftangriffen. Hier erzielte Leutnant Schröer einen Abschuß.

Am 24. dieses Monats verlegten die Staffeln der Regia Aeronautica von

Hier mit seiner Mutter zu Hause.

Zum letzten Male an seiner Schreibmaschine

Marseille im Türrahmen des Gefechtsstandes.

Das ist Matthias, Marseilles getreuer Bursche

Der Richtschütze, Grenadier Günther Halm, erhält von GFM E. Rommel persönlich das Ritterkreuz überreicht.

Die Absturzstelle der Maschine Marseilles.

Fassunglos stehen die Kameraden vor den Trümmern.

Die Ehrenwache ist aufgezogen.

Beisetzung des „Sterns von Afrika“ in Derna.

Der Sarg Marseilles wird zu Grabe getragen.

Generalfeldmarschall Albert Kesselring hält die Traueransprache.

Die alte Marseille-Pyramide von deutschen und italienischen Pionieren nahe der Absturzstelle errichtet.

Noch in Derna, das alte Grab Marseilles mit der alten Inschrift.

Die alten Kameraden des JG 27 und die Gemeinschaft der Jagdflieger an der neuen Pyramide.

Die neue Marseille-Pyramide.

Der Gedenkstein für Hans-Joachim Marseille auf dem Friedhof in Berlin Alt-Schöneberg.

Martuba nach Gambut. Eine Staffel der Gruppo 159 ging nach El Adem, um näher am Geschehen zu sein. Am 26. Juni war Leutnant Schröer zweimal erfolgreich. Leutnant Stahlschmidt gelangen an diesem Tage drei Abschüsse binnen zehn Minuten.

Marsa Matruk wurde von den Stukas zur Eroberung reifgebombt. In der Begleitsicherung flogen dreiundzwanzig Me 109 des JG 27 mit und erzielten durch Leutnant Körner drei, durch Leutnant Stahlschmidt einen Abschuß.

Am nächsten Tag setzte Stahlschmidt seine Siegesserie fort. Auch Hauptmann Franzisket war mit einem Abschuß beteiligt. Am 28. Juni gelang es Feldwebel Steinhausen das erstemal, vier Gegner an einem Tag abzuschießen.

Der Juli brachte andauernde Luftduelle mit dem starken Gegner. Leutnant Körner und Leutnant Stahlschmidt schossen ebenso wie Leutnant von Lieres und Wilkau, Feldwebel Steinhausen, Leutnant Schröer und Hauptmann Franzisket ihre Gegner ab und verbesserten die Abschußbilanz des Geschwaders.

Auch Oberleutnant Sinner trug sich mit Mehrfacherfolgen in die Siegerliste ein, und schließlich war auch Oberleutnant Rödel mit zwei Abschüssen am Juli-Erfolg beteiligt. Er war es übrigens auch, der von den Abschüssen des 19. Juli allein vier für sich verbuchen konnte.

Am 31. Juli traf der erste US-Jägerverband, die 57. US-Fighter Group, in Palästina ein. Bis zu diesem Tag konnte Leutnant Stahlschmidt allein im Juli den Abschuß von fünfundzwanzig Gegnern verzeichnen. Er schrieb an seine Mutter:

"Wir haben uns in der letzten Zeit toll mit den Feindflugzeugen herumgeschlagen. Oftmals bin ich ordentlich dazwischengefahren. Es kann einen dabei auch einmal erwischen, darüber bin ich mir im klaren. Aber es kann einen auch erwischen, wenn man nicht so scharf rangeht. Sicher weiß ich nicht, was mir die Zukunft hier bringen wird. Vielleicht kommt alles anders, als man es sich heute denkt und wünscht. Und wenn es so sein sollte, dann habe ich die Gewißheit, daß ich meine Pflicht aus vollem Herzen getan habe." (Siehe Stahlschmidt, Hilde: Briefe meines Sohnes Hans-Arnold.)

Am 1. August setzte Stahlschmidt seinen Erfolg mit zwei Abschüssen fort. An diesem Tag verließ Flight Lieutenant Marshall seine 250. Staffel, um nach England zurückzukehren. Er hatte in Afrika sechzehn Luftsiege errungen.

Oberleutnant Bendert und Oberfeldwebel Sawallisch gelangen am Morgen des 8. August je ein Abschuß. Am Nachmittag setzten sie ihre Siegesserie mit jeweils einem weiteren Luftsieg fort. Zwei Tage darauf war

Oberleutnant Bendert zweimal erfolgreich. Am nächsten Tag kam Hauptmann Homuth, nunmehr Gruppenkommandeur der I./JG 27, gegen zwei Gegner zum Erfolg. Leutnant Stahlschmidt hatte am 16. August zwei Luftduelle zu bestehen, die er siegreich beendete.

Am 19. August unternahm Oberfeldwebel Erwin Sawallisch einen Werkstattflug, von dem er nicht mehr zurückkehrte. Seine Leiche wurde am 20. August, am Strand angeschwemmt, gefunden. Unteroffizier Ferdinand Just geriet am 29. August bei El Alamein in britische Gefangenschaft, als er aus seiner Maschine mit dem Fallschirm aussteigen mußte.

Erfolgreichste Flugzeugführer des August waren Oberleutnant Bendert mit dreiundzwanzig und Oberfeldwebel Sawallisch mit achtzehn Luftsiegen, gefolgt von Feldwebel Stiegler mit zwölf und Oberleutnant Vögl mit zehn Abschüssen.

Marseille kehrt zurück

Als Oberleutnant Marseille am 23. August nach Afrika zurückkehrte, fand er die 3. Staffel verändert vor. Sein ehemaliger zeitweiliger Rottenflieger Leutnant Karl Kugelbauer war bei El Daba in den Wüstenboden gebettet worden. Unteroffizier Eberhard Pfeffer und Feldwebel Karl-Heinz Berben waren bereits vor ihm gefallen. Aber sein Stellvertreter, Leutnant Friedrich Hoffmann, konnte auch Gutes melden. Darunter die Tatsache, daß Leutnant Hans-Arnold Stahlschmidt mit fünfundzwanzig Abschüssen im Juli unmittelbar vor der Verleihung des Ritterkreuzes stand und daß auch Leutnant Werner Schröer sich dieser Marke näherte.

Marseille fand sein Zelt verändert vor. Es war viel wohnlicher geworden und mit einer Bar ausgestattet. Ein Musikschrank vervollständigte die Ausrüstung. In der linken Seite des Zeltes standen drei Tische, die bereits zum Essen gedeckt waren. An der hinteren Zeltwand führte eine mannshohe Öffnung in das anschließende Schlafzelt der Flugzeugführer. "Alles bestens!" freute sich Marseille. "Nur eines fehlt noch. Hinter der Bar müßte eine Bedienung stehen, mit schneeweißer Jacke!"

Nach einigem Suchen wurde per Zufall der Barkeeper für die Wüstenbar in dem Corporal Mathew Letuku gefunden. Die Geschichte, daß er Helfer eines Missionars aus Transvaal gewesen sei, ist nur ein Märchen. Richtig ist, daß er am frühen Morgen des 21. Juni 1942 in Tobruk in deutsche Gefangenschaft geriet. Er gehörte zur südafrikanischen Besatzung dieses Wüstenforts, das General Klopper hatte verteidigen sollen.

Zunächst war Matthias, wie er genannt wurde, bei einem deutschen

Militärzahnarzt tätig, dann als freiwilliger Fahrer in der 3. Staffel. Danach avancierte er als Helfer ins Kasino der 3. Staffel, wo sich ganz besonders Marseille seiner annahm und Matthias dessen Bursche wurde.

Nach Marseilles Tod nahm sich Hauptmann Ludwig Franzisket dieses treuen Afrikaners an. Matthias war nun sein Bursche. Auch nachdem Franzisket mit dem Fallschirm hatte aussteigen müssen und dabei ebenfalls gegen das Leitwerk schlug und ihm ein Bein zerschmettert wurde, blieb Matthias bei der Gruppe. Nach der Rückkehr von Franzisket diente er diesem in Tunesien und auf Sizilien und bis nach Griechenland.

Hier hatte sich im Sommer 1944 die Situation zugespitzt, und eine britische Invasion auf dem griechischen Festland stand bevor. Nun war die Chance gekommen, Matthias in eines der lasch geführten Gefangenenlager zu bringen, wo er bei der Landung der Briten befreit werden konnte.

Gemeinsam mit Hauptmann Buchholz plante Franzisket diesen Coup. Matthias wurde wieder Mathew und war Corporal der südafrikanischen Division. Alles ging glatt. Er wurde im September 1944 von den britischen Truppen befreit und nach Kriegsschluß in die Heimat entlassen.

Durch einen Zufall erfuhren Angehörige des JG 27 lange nach dem Krieg, daß Matthias noch lebte. Sie luden ihn sofort ein, bezahlten die Überfahrt und die anderen anfallenden Kosten, und so stand er ihnen anläßlich des 16. Bundestreffens des Deutschen Afrikakorps im Herbst 1984 in Stuttgart wieder gegenüber. Die Freude war groß. Es regnete Einladungen. Zum glücklichen Ende der Odyssee dieses ehemaligen Gegners und heutigen Freundes Letuku die Worte des Corporals, die er zu Ehren von Hans-Joachim Marseille in Deutsch sprach:

"Hauptmann Marseille war ein großartiger Mann und ein hilfsbereiter Mensch. Er war immer humorvoll und freundlich. Und: Er war sehr gut zu mir."

Marseille holte eine Schallplatte aus dem Koffer, die den Weg von Rom aus bis hierher heil überstanden hatte, und legte sie auf den Plattenteller. Der "Rumba Azúl" erklang, den die Männer vor langer Zeit im italienischen Offizierskasino in Treviso zum erstenmal gehört hatten. Nun sollte er immer öfter ertönen und zu Marseilles und seiner Staffel Lieblingslied werden.

In seinem Zelt hatte sich außerdem ein hoher Berg von Post angesammelt, vor allem Briefe von Verehrerinnen und Verehrern, die er in seinen Freistunden gerne beantwortete.

Für Hans-Joachim Marseille gab es bis zu einhundert Heimatbriefe pro Tag. Fotos hübscher Mädchen, von denen etwa ein Dutzend der schönsten seine Zeltwand zierten, getrocknete Blüten, rote Papierherzen, Autogrammwünsche und Einladungen zu Parties, Tanztees und anderen Feiern in der Heimat.

Er genoß damals die gleiche Popularität wie die sogenannten Megastars fünfzig Jahre später.

Marseille meldete sich bei Kommodore Neumann zurück, begrüßte seinen Freund Stahlschmidt, und dann aßen sie alle gemeinsam zu Abend. Der Platz Torbya, auf dem sie derzeit lagen und damit eine gute Ausgangsposition zu Angriffsflügen nach El Alamein hatten, wurde in den nächsten Tagen nicht angegriffen.

Am späten Abend des Festtages trafen auch Steinhausen, Franzisket, Schröer, Remmer und von Lieres im Zelt der 3. Staffel ein. Marseille erfuhr im Gespräch mit Remmer, daß dieser am Vortage mit seinem Schwarm über Kairo aufgetaucht sei.

Am nächsten Morgen fuhr Marseille zu seiner Staffel, um am Liegeplatz seine beiden Warte und Feldwebel Hennig zu begrüßen. Dieser meldete ihm die gelbe 14 einsatzbereit. Sein für die Gefechtsmeldungen zuständiger Schreiber, der Gefreite Neumann, erhielt die lakonische Weisung, sich auf viel Arbeit vorzubereiten.

Leutnant Hoffmann, der im Bunker gearbeitet hatte, kam ins Freie und meldete Marseille die angetretene Staffel. Es war in den vergangenen Tagen buchstäblich nichts geschehen, und Marseille meinte scherzhaft:

"Wenn in den nächsten Tagen noch immer nichts passiert, dann werde ich mich wohl selber abschießen müssen."

Doch diese Befürchtung sollte sich sehr bald als unbegründet erweisen. Allerdings vergingen noch einige Tage bis Ende August, bevor jener Monat begann, der zum Höhepunkt in der fliegerischen Laufbahn von Hans-Joachim Marseille führen sollte.

Am 20. August hatte das JG 27 folgende Plätze bezogen:

Stab JG 27	mit 2 Me 109	in Sanyet Quotaifiya
II./JG 27	mit 24 Me 109	in Sanyet Quotaifiya
I./JG 27	mit 23 Me 109	in Turbiya
III./JG 27	mit 10 Me 109	in Haggag Quasaba (als Jabos eingesetzt)

Damit verfügte das JG 27 derzeit über insgesamt neunundfünfzig Maschinen.

Hinzu kamen:

III./JG 53	mit 24 Me 109	in Haggag Quasaba
Jagdkommando Kreta		
	mit 3 Me 109	in Kreta
III./ZG 26	mit 46 Me 110 C	in Kastelli
10./ZG 26	mit 7 Do 17 und Ju 88	in Barce

Dies bedeutete, daß insgesamt einhundertneununddreißig Maschinen in Nordafrika standen. Von ihnen waren am 20. August ganze siebenundneunzig einsatzbereit.

Leutnant Stahlschmidt und Hauptmann Homuth, letzterer soeben aus dem Urlaub zurückgekehrt, schossen am 29. August jeweils einen Gegner ab.

Ein Stern geht auf und erlischt
Marseilles größte Abschußserien

Am 31. August 1942 begann der Wüstenkrieg aufs neue. Marseille hatte von seinem Stellvertreter Hoffmann die Führung der Staffel wieder übernommen.

Im ersten Büchsenlicht dieses Tages hatte Rommels Offensive, deren Aufmarsch in der Nacht begonnen hatte, ihren Anfang genommen. Um 10.20 Uhr erfolgte der erste Stukaeinsatz, der von sechs Maschinen der I./JG 27 und einigen italienischen MC 202 gesichert wurde. Drei Maschinen der Gruppe kamen im Verlauf dieses Einsatzes hinzu. Damit hatten die Deutschen gegenüber den plötzlich auftauchenden acht Hurricanes einen leichten Vorteil auf ihrer Seite.

Marseilles große Serie begann. Er flog den umherkurvenden Gegnern direkt entgegen und stürzte in alter Manier auf sie hinunter. Sein erstes Opfer fiel binnen weniger Sekunden und zeigte Marseille, daß er in den Monaten der erzwungenen Untätigkeit nichts von seinem Können verloren hatte.

Während die von wenigen Feuerstößen getroffene Maschine zur Erde stürzte, zog Marseille bereits den Steuerknüppel an und jagte steil nach oben, die Glückwünsche der Kameraden im Kopfhörer kaum wahrnehmend. Er stieß genau in den Wirbel der Gegner hinein, und eine Minute danach stürzte eine zweite Hurricane brennend ab.

Als Marseille am Abend beim letzten Einsatz des 31. August auf eine einzelne Spitfire stieß, die soeben an der nordafrikanischen Front aufgetaucht war, schoß er auch dieses ausgezeichnete Flugzeug nach kurzem Kurvenkampf ab. Damit hatte er sich mit drei Abschüssen an der Front zurückgemeldet.

Der 1. September 1942 zog herauf, jener Tag, der Marseille von der Wirklichkeit zur Legende machte. Generalfeldmarschall Rommel war in Nöten. Die Panzerarmee Afrika war in tiefgestaffelten Minenfeldern liegengeblieben und wurde schwer bombardiert.

Um 7.00 Uhr standen Marseille und der Kapitän der 1. Staffel, Hauptmann Franzisket, in der Nähe der gelben 14 zusammen. Marseille erklärte dem älteren Kameraden, der sich seiner im vorangegangenen Sommer so mustergültig angenommen hatte, den Luftkampf des Vortages gegen die Spitfire. Der Kommodore kam hinzu. Eine lebhafte Diskussion setzte ein. Währenddessen machten die Warte die gelbe 14 zum Start fertig. Der Kommodore beendete das Gespräch, und Marseille ging zu seiner Maschine, die ihm einsatzklar gemeldet wurde.

Die ersten Maschinen rollten bereits zum Start, und ab 7.56 Uhr starteten auch die fünfzehn einsatzbereiten Maschinen der I. Gruppe. Begleitschutz für die Stukas war befohlen, und als indirekter Jagdschutz starteten auch zehn Me 109 der III./JG 53. Zehn weitere Flugzeuge der III./JG 27 kamen noch hinzu. Damit waren sämtliche Jagdflugzeuge im Einsatz, die der Fliegerführer Afrika einsetzen konnte.

Wie schon so oft vorher entdeckte Marseille den Gegner als erster. Er zählte insgesamt sechzehn Feindjäger. Diesmal fungierte der neu zur 3. Staffel gestoßene Oberleutnant "Jost" Schlang als Marseilles Rottenflieger.

Um 8.25 Uhr war Marseille bereits in Angriffsposition. Diesmal stieß er von unten her steil zu den Feindjägern empor. Seine Waffen feuerten aus kürzester Entfernung, und Oberleutnant Schlang blieb nur noch übrig, um 8.26 Uhr den ersten Abschuß Marseilles zu notieren.

Marseille griff sofort einen zweiten Gegner an, der um 8.28 Uhr in der Luft explodierte.

Als die Stukas ihre Bomben geworfen hatten, schlich sich eine Tomahawk von unten her an die gelbe 14 heran. Marseille erspähte sie jedoch, jagte steil nach unten und schoß im Vorbeiflug. Auch dieser Gegner stürzte wie ein

Stein dem Wüstensand entgegen. Es war 8.35 Uhr.

Nur wenige Minuten später stießen sechs Spitfires aus Überhöhung auf Marseille und Schlang hinunter. Marseille ließ sie bis auf einhundertfünfzig Meter herankommen, riß dann seine Maschine nach links aus deren Flug- und Schußrichtung heraus, und als die Spitfires mit großem Fahrtüberschuß an den beiden Deutschen vorbeirauschten, warf sich Marseille mit einer neuen scharfen Wendung auf eine der Spitfires und schoß sie um 8.39 Uhr ab.

Mit diesem Abschuß hatte Marseille vom Beginn des Luftkampfes an achtzig Schuß Kanonenmunition und zweihundertvierzig Schuß MG-Munition verbraucht, wie seine Warte nach der Landung beim Aufmunitionieren feststellten.

Marseille hatte viermal tragflächenwackelnd den Platz angeflogen. Oberleutnant Schlang, der bei Marseille Erfahrungen sammeln sollte, hatte einen ersten unauslöschlichen Eindruck von diesem Flieger erhalten.

Die Maschinen wurden in aller Eile wieder einsatzbereit gemacht, aufgetankt und aufmunitioniert. Der nächste Einsatz ging als Stukabegleitung nach Alam Halfa, wo der Gegner einen Höhenrücken zu einer waffenstarrenden Festung ausgebaut hatte, vor dem das DAK liegengeblieben war.

Noch vor Erreichen dieses Zieles kam ihnen ein Bomberverband des Gegners entgegen, der von dreißig Feindjägern begleitet wurde. Eine Staffel von acht Curtiss warf sich auf die deutschen Jäger.

Marseille nahm mit seinen Staffelkameraden den Luftkampf auf. Die Curtiss bildeten einen Abwehrkreis. Auch diesmal stieß Marseille von oben auf den Gegner hinab. Er feuerte aus kürzester Entfernung im Sekundenbruchteil des richtigen Vorhaltes und vernichtete den ersten Gegner, nachdem er den Abwehrkreis durchstoßen hatte.

Noch ehe aus dem Kreis Gegenwehr geleistet werden konnte, hatte Marseille bereits ein zweitesmal zugeschlagen. Auch diese Curtiss stürzte brennend ab. Das war um 10.55 und 10.56 Uhr geschehen.

Nun löste sich der Abwehrkreis in einzelne Rotten auf, die nach Norden zu entkommen versuchten. Die Me 109 folgten ihnen, und Marseille gelang es, den am weitesten zurückliegenden Gegner zu erreichen und abzuschießen. Dabei hatte er auch schon das nächste Ziel erspäht und korrigierte seine Flugrichtung dorthin.

Es dauerte nur noch eine weitere Minute, bis auch diese Curtiss zerschossen vom Himmel fiel. Eine kurze Kanonensalve ließ dann auch noch die fünfte auseinanderplatzen.

Marseille sah, daß sich einer dieser Gegner hinter eine Kameradenmaschine zu setzen versuchte. In einer halsbrecherisch anmutenden Messerkurve stieß er auf diesen Gegner hinunter und schoß ihn hinter seinem Kameraden weg.

Oberleutnant Schlang war nicht imstande, die einzelnen Aktionen dieses dramatischen Kurvenkampfes nachzuvollziehen. Er sah nur die phänomenalen Stürze, die rasanten Turns und Rollen und die rotglühenden Feuerstöße sowie die abstürzenden brennenden Gegner.

Nach dem Abschuß der sechsten Curtiss dirigierte Marseille seinen Schwarm wieder auf Höhe. Nur wenig später erkannte er einen weiteren Schwarm Curtiss-Jäger, die mit Ostkurs abflogen.

Marseille stieß wie ein Adler auf diesen Gegner hinunter und fegte die erste Curtiss mit einem Feuerstoß aller Waffen vom Himmel. Als Oberleutnant Schlang einen Nachzügler angriff, diesen aber verfehlte, setzte sich Marseille in steilem Abschwung hinter diesen und vollendete Schlangs Angriff mit einem weiteren Abschuß. Damit hatte er von 10.55 bis 11.05 Uhr acht Feindjäger besiegt. Leutnant Remmer war mit einem weiteren Abschuß erfolgreich.

Daß Marseille diese und andere beschriebene Luftkämpfe überhaupt durchführen konnte, daß er inmitten seiner Gegner fliegen konnte, ohne abgeschossen zu werden, das verdankte er seinem gesamten Schwarm, der für ihn die Sicherung übernommen hatte. Wäre dies nicht geschehen, hätte er nicht dem von allen Seiten auf ihn eindringenden Gegner auf die Dauer widerstehen können.

Dies sollte an dieser Stelle auch gesagt werden, um all jene zu ehren, deren Einsätze zwar an Abschußerfolgen arm, jedoch an Hilfeleistungen reich waren.

Als Marseille zum Platz zurückflog und ihn zweimal überfliegen mußte, um achtmal mit den Tragflächen wackeln zu können, war der Jubel groß. Alle hielten den Atem an, als die gelbe 14 beim Aufsetzen plötzlich einen Plattfuß bekam und Marseille die Maschine, schleudernd und schlingernd, dennoch, ohne Bruch zu machen, ausrollen lassen konnte.

Aber er mußte beim nächsten Einsatz aussetzen, weil die Reparatur des Rades zu viel Zeit beanspruchte.

Kommodore Neumann fehlten bei der Beglückwünschung die Worte. Er umarmte den jungen schmächtigen Flieger, und als er ihn forschend anblickte, sah er, wieviel Kraft es Marseille gekostet hatte, diese Luftkämpfe erfolgreich durchzustehen. Marseille war total erschöpft. Was ihn aufrecht hielt, war sein unbändiger Wille, weiter zu fliegen, zu kämpfen und zu siegen.

"Nun müssen Sie aber ausruhen, Seille!" meinte Neumann schließlich, als er zu Wort kam. Marseille nickte und ging zu seinem Gefechtsbunker hinüber. Dort ließ er sich auf den Liegestuhl fallen und verharrte lange Zeit mit geschlossenen Augen.

Nach dem Essen legte er sich auf sein Feldbett. Stahlschmidt, der ihn besuchen wollte, stahl sich leise wieder davon. Matthias, sein Bursche, der seinen Chef verehrte, bewachte nun dessen Schlaf und scheuchte jeden weiteren Besucher fort.

Während dieser Zeit waren Marseilles italienische Kameraden nicht untätig. Sie gingen zum Kübelwagen des Staffelkapitäns und bemalten ihn mit den Großbuchstaben: "OTTO - acht." Damit zollten sie Marseille ihre Anerkennung über jene acht Abschüsse während des zweiten Starts.

Am frühen Nachmittag erwachte Hauptmann Marseille. Er fühlte sich ausgeruht und auch zu einem seiner neuen Streiche bereit, den er nun in Szene setzte.

Er trat ans Telefon, nahm den Hörer auf und ließ sich mit Hans-Arnold Stahlschmidt verbinden, der Wachdienst hatte.

"Servus, Herr Leitnant!" meldete er sich mit dem Dialekt der österreichischen Kameraden, "hier ist Flieger Finkelhuber, i bin zu Eahna versetzt. Holens mi ab, oder schickens mi an Wagn?"

Am anderen Ende der Leitung herrschte einige Sekunden sprachloses Staunen. Dann dröhnte die Stimme Stahlschmidts laut durch die Hörermuschel:

"Menschenskind, Finkelhuber, sind Sie wahnsinnig geworden. Ich werde Ihnen schon auf den Weg helfen!" rief er vor Wut kochend, und Finkelhuber, die Drohung offenbar nicht erkennend, antwortete:

"Dös wehra sehr freindlich, Herr Leitnant. I hoab vüll Bagasche dabei."

Das schlug dem Faß den Boden aus. Stahlschmidt rotierte förmlich vor Zorn.

"Wo stecken Sie eigentlich, Finkelhuber, ich werde Ihnen schon heimleuchten!"

"Danke sehr, Herr Leitnant, i bin in Afrika!" rief "Finkelhuber" zurück und legte auf.

Die Lachsalven der Männer der 3. Staffel konnte Stahlschmidt nicht mehr miterleben. Als er aber wenig später in das Staffelzelt trat, sah er überall grinsende Gesichter, und da ging ihm plötzlich ein Licht auf.

"Flieger Finkelhuber!" wandte er sich an seinen Freund, "das haben Sie gut gemacht, abtreten!"

"Danke, Herr Leitnant!" schloß Marseille dieses Intermezzo ab.

Inzwischen hatte der Staffelmaler an der gelben 14 die weiteren Abschußbalken angebracht. Damit standen unter dem Eichenkranz, der die Zahl Hundert umrankte, sechzehn weitere senkrechte Balken.

Als Marseilles Staffel, die fünfzig Stukas zum Einsatz begleitet hatte, zurückkehrte, stand Marseille am Rollfeldrand. Seine Mechaniker hatten die gelbe 14 inzwischen repariert, und mit dem vierten Start an diesem Tage um 17.06 Uhr, von zehn Me 109 der II. und elf der I. Gruppe begleitet, war Marseille wieder dabei. Er startete an der Spitze des Schwarms, der ihm zur Seite stand. Diesmal mußten Ju 88 des KLG 1 zum Ziel Imayid begleitet werden.

Während die II. Gruppe bereits über Deir el Raghat Kampfberührung erhielt, stand ab 17.47 Uhr auch die I. Gruppe im Kampf gegen fünfzehn Hurricanes und Curtiss. In niedriger Höhe jagten die Maschinen frontal aufeinander zu. Um 17.45 Uhr hatten die Männer am Funkwagen auf dem Liegeplatz bereits Marseilles Stimme gehört:

"Elbe 1 an alle: Aufpassen!"

Marseille hatte wieder einmal als erster den Gegner gesehen. Zwei Minuten darauf griff er an. Es war 17.47 Uhr, als der erste Gegner brennend vom Himmel fiel. Von nun an ging es im Minutentakt: 17.48, 17.49, 17.50 Uhr, und dann noch einmal um 17.53 Uhr war Marseille zum Schuß gekommen. Binnen sechs Minuten hatte er - geschützt von seinem Stabsschwarm - fünf britische Jäger abgeschossen.

In dieser wilden Kurbelei waren auch Steinhausen und Stahlschmidt mit jeweils zwei und von Lieres mit einem Abschuß dabei. Dieser schoß den letzten Gegner dieses Luftkampfes um 17.54 Uhr ab, was bedeutete, daß dieses Luftduell ganze sieben Minuten gedauert hatte.

Damit hatte Hans-Joachim Marseille an diesem Tage in drei Einsätzen siebzehn Feindflugzeuge abgeschossen.

Wie dieser Luftkampf sich den am Boden um den Funkwagen herum gescharten Männern der Bodendienste anhörte, sei im folgenden Situationsbericht eines der "Schwarzen Männer" dargelegt:

"Wir hatten uns vor der offenen Tür des Funkwagens versammelt. Um 17.44 Uhr war der Kommodore hinzugekommen. Er hatte seine Mütze weit ins Genick geschoben und wehrte ab, als Stabsfeldwebel Geserick melden wollte. Er lehnte sich im Eingang des Funkwagens gegen den Türrahmen.

'Ist schon eine Meldung durch?' fragte er.

'Sie haben Curtiss im Anflug gemeldet, Herr Major!'

Plötzlich erscholl ein Krächzen im Lautsprecher, dann drang die Stimme Marseilles zu ihnen durch: 'Aufpassen!' rief er seinen Kameraden zu. Es

war 17.47 Uhr, als eine erregte Stimme rief: 'Gratuliere, Elbe eins!'
'Er ist wieder dran!' rief einer aus der Menge. Major Neumann nahm seine Mütze ab und wischte sich über die Stirn. Er wußte, daß dies der dreizehnte Luftsieg Marseilles an diesem Tage war.
Ein wildes Stimmengewirr hallte durch den Empfänger. Warnungen, Erfolgsmeldungen, Befehle, alles durcheinander. Genau eine Minute nach der ersten Meldung hörte man den Ruf des Rottenfliegers: 'Treffer, Jochen, er geht hinunter!'
Dazwischen die Stimme Marseilles, ruhig wie immer und völlig beherrscht: 'Aufpassen, Elbe vier!'
Wieder eine Minute später eine neue Gratulation, was den fünfzehnten Abschuß in der Gesamtrechnung dieses Tages bedeutete.
Um 17.50 Uhr der nächste Abschuß. Major Neumann zündete sich eine Zigarette an, und dann, nach drei Minuten, die wie drei Stunden vergingen, kam der nächste Ruf von Schlang:
'Fünf, Jochen! Der fünfte ist runter!'
Der Kommodore schüttelte den Kopf und verschwand im Funkwagen. Er hatte wahrscheinlich ebensolche Angst wie wir, daß dies nicht ewig so weitergehen konnte, und daß einmal auch unser "Jochen" dran sein würde.
'Sie kommen zurück!' meldete der Funker. Der Staffelmaler griff nach seiner Schablone, um die nächsten Balken auf das Leitwerk zu malen.
Dreißig Minuten darauf kamen die ersten Maschinen in Sicht. Kurz vor dem Platz schwärmten sie auseinander, um "Jochen" Platz zu machen.
Sehr tief flog die gelbe 14 den Platz an. Sie wackelte dreimal mit den Tragflächen, überflog den Platz, kehrte mit einem Turn zurück und wackelte noch zweimal. Jetzt hatten wir es amtlich.
Wenig später berührten die Räder den Wüstenboden. Die Maschine rollte aus, und von allen Seiten rannten wir dorthin, wo sie zum Stehen kommen würde. Major Neumann rannte mit uns um die Wette. Er arbeitete sich durch die Schnellsten hindurch. Sein Gesicht strahlte, als er Marseille wortlos die Hand schüttelte."
"Das bringt Ihnen die Brillanten, Seille", sagte er herzlich, und er sollte sich nicht getäuscht haben, denn am 3. September wurden Hans-Joachim Marseille die Brillanten zum Ritterkreuz des Eisernen Kreuzes mit Eichenlaub und Schwertern verliehen, die er als vierter deutscher Soldat nach Werner Mölders, Adolf Galland und Gordon M. Gollob erhielt. Als fünfter sollte ebenfalls ein Flieger, Hermann Graf, damit ausgezeichnet werden, bevor auch der Wüstenfuchs Erwin Rommel als sechster diese höchste deutsche Tapferkeitsauszeichnung erhielt.

Am Abend dieses Tages ging Marseille mit seinen Kameraden ins Wüstenkino Marabu. Gezeigt wurde der Film "Der Tanz mit dem Kaiser", aber davon sollte Marseille nicht viel sehen. Er wurde, kaum daß er Platz genommen hatte, zum Geschwadergefechtsstand gerufen, weil dort ein Ferngespräch auf ihn wartete.

Marseille nahm den Hörer auf und meldete sich. Am anderen Ende der Leitung war Generalfeldmarschall Albert Kesselring: "Oberleutnant Marseille, ich spreche Ihnen meine besondere Anerkennung aus für die von Ihnen errungenen Abschüsse! Wieviele Gegner sind heute insgesamt abgeschossen worden?"

"Sechsundzwanzig, Herr Feldmarschall!" antwortete Marseille. "Und von Ihnen selbst?" "Siebzehn, Herr Feldmarschall!"

Nach einem kurzen Schweigen sagte der Feldmarschall: "Gratuliere, Marseille, und passen Sie gut auf sich auf! Sie werden sehr bald mehr von ganz oben hören!"

Damit sprach Kesselring die Verleihung der Brillanten durch Adolf Hitler an. Er selber hatte den Vorschlag von Major Neumann bereits gesehen und genehmigt und nach Berlin weitergeleitet.

Am 4. September meldete der Wehrmachtbericht: "Oberleutnant Marseille, Staffelkapitän in einem Jagdgeschwader, errang am 2. September 1942 seinen einhundertfünfundzwanzigsten Luftsieg, nachdem er im Luftkampf des vorangegangenen Tages sechzehn Gegner bezwungen hatte." (Es waren siebzehn, wie später korrigiert wurde.)

Da diese Abschußzahlen von einigen Experten des Luftkrieges und gegnerischen Jagdfliegern angezweifelt wurden und man sogar behauptete, daß überhaupt keine sechsundzwanzig Flugzeuge an diesem Tage in der Luft gewesen seien, hier die Abschußliste des 1. September, die vom Gegner anerkannt wurde:

Oblt. Sinner:	6.59 Uhr eine Curtiss bei El Taqua
Oblt. Sinner:	7.01 Uhr eine Curtiss bei El Taqua
Hptm. Rödel:	7.00 Uhr eine Maschine unbekannten Musters
Oblt. Marseille:	8.26 Uhr eine Curtiss südsüdostw. Imayid
Oblt. Marseille:	8.28 Uhr eine Curtiss südsüdostw. Imayid
Oblt. Marseille:	8.35 Uhr eine Curtiss südostw. Imayid
Oblt. Marseille:	8.39 Uhr eine Spitfire ostsüdostw. Imayid
Oblt. Marseille:	10.55 Uhr eine Curtiss südostw. Alam Halfa
Oblt. Marseille:	10.56 Uhr eine Curtiss südostw. Alam Halfa
Oblt. Marseille:	10.58 Uhr eine Curtiss südostw. Alam Halfa

Oblt. Marseille:	10.59 Uhr eine Curtiss ostsüdostw. Alam Halfa
Oblt. Marseille:	11.01 Uhr eine Curtiss südostw. Alam Halfa
Oblt. Marseille:	11.02 Uhr eine Curtiss südostw. Alam Halfa
Oblt. Marseille:	11.03 Uhr eine Curtiss ostsüdostw. Alam Halfa
Oblt. Marseille:	11.05 Uhr eine Curtiss ostsüdostw. Alam Halfa
Lt. Remmer:	11.12 Uhr eine Curtiss südostw. El Alamein
Fw. Fink:	14.00 Uhr eine Spitfire unbekannter Ort
Ofw. Steinhausen:	17.46 Uhr eine Hurricane südostw. Imayid
Oblt. Marseille:	17.47 Uhr eine Curtiss südw. Imayid
Lt. Stahlschmidt:	17.48 Uhr eine Hurricane südostw. Imayid
Oblt. Marseille:	17.48 Uhr eine Curtiss südostw. Imayid
Oblt. Marseille:	17.49 Uhr eine Curtiss südostw. Imayid
Oblt. Marseille:	17.50 Uhr eine Curtiss südsüdostw. Imayid
Lt. Stahlschmidt:	17.50 Uhr eine Hurricane südostw. Imayid
Oblt. Marseille:	17.53 Uhr eine Curtiss südsüdwestw. Imayid
Lt. von Lieres und Wilkau:	17.54 Uhr eine Hurricane südostw. Imayid

Leider wurde der deutschen Seite der Einblick in die amtlichen Unterlagen dieses Tages verwehrt. Dennoch ist zu sagen: Die Abschußzahlen Marseilles und des gesamten JG 27 waren korrekt. Niemandem wurde ein Abschuß zugestanden, der nicht zumindest durch Zeugenaussagen erhärtet war.

Der 2. September sah Marseilles Staffel erneut im Einsatz. Stukabegleitung im Raum Imayid war befohlen, und zwar für die I. und II. Gruppe, während die III. Gruppe zu freier Jagd unterwegs war.

Um 9.16 Uhr griffen die beiden Schwärme der I. Gruppe britische Jäger an, die achtzehn Bomber - "die sturen 18" - begleiteten. Marseille war wieder als erster am Feind. Er schoß um 9.16 Uhr den ersten Gegner im direkten Ansturm ab und schickte zwei Minuten später eine zweite Maschine zu Boden. Um 9.24 Uhr gelang es ihm, nach einiger Kurbelei einen dritten Gegner auszuschalten. Es war Lieutenant Stuart, der mit dem Fallschirm aus seiner Spitfire abspringen konnte.

Als Marseille am Nachmittag mit zwei Maschinen seines Stabsschwarms einen Aufklärer begleitete, stießen sie auf eine dichte Gruppe von etwa vierzig Kittyhawks. Marseille, im Rücken durch seine beiden Kameraden gesichert, flog diesen Verband direkt an, zischte wie ein Komet durch ihn hindurch, vernichtete im Vorbeiflug die erste Kittyhawk, zog steil hoch, von drei, vier Verfolgern vergeblich verfolgt, weil diese nicht schnell genug waren und dann von den Schüssen seiner Sicherer gestoppt wurden. Weiter steigend und in einer steilen Messerkurve wieder hinunterstoßend, schoß er eine zweite Kittyhawk ab. Es war 15.21 Uhr dieses Tages, als der fünfte Gegner fiel.

Am 3. September startete die 8. Armee der Briten einen Gegenangriff aus dem Raum Alam Halfa und drückte die Truppe des DAK zurück. Zum Glück für das DAK blieb die 2. neuseeländische Division im tiefen Sand stecken und konnte Rommels Verbände nicht abschneiden, wie dies geplant war.

In freier Jagd auf britische Bomberverbände versuchte der Fliegerführer Afrika Generalfeldmarschall Kesselrings Weisung "Stoppen der gegnerischen Bomberwaffe" durchzuführen. Ab 7.08 Uhr liefen die Angriffe des Royal Bomber Command. Zunächst waren es achtzehn Bostons und drei B-25, die von dreiundzwanzig Kittyhawks I und II begleitet wurden. Acht schnelle Spitfires flogen darüber Höhenschutz, und weitere vierundzwanzig Hurricanes versuchten sich in freier Jagd.

Mit vierzehn Maschinen flog die I./JG 27 freie Jagd gegen diese Kampfverbände. In dem folgenden Duell der Experten gegeneinander konnte Stahlschmidt drei Abschüsse erzielen. Auf die gleiche Anzahl kam auch Marseille. Seine Gegner fielen um 7.20, 7.23 und 7.28 Uhr vom Himmel herunter.

Doch dies war nicht das Ende des Tageserfolges, denn um 14.48 Uhr starteten wieder zwei Schwärme der I./JG 27 zu freier Jagd, dem vier Minuten später noch eine Zweierrotte folgte.

Südlich Imayid kam es zu einem ersten Kräftemessen mit dem Gegner, bei dem Marseille zu Siegen um 15.08 und 15.10 Uhr kam. Ein dritter Gegner wurde von Stahlschmidt um 15.12 Uhr abgeschossen, der vier Minuten darauf den zweiten Abschuß erzielte.

Inzwischen war ein Verband Kittyhawks gestartet. Als Marseille diesen neuen Gegner sichtete, flogen er, Steinhausen und Remmer hoch über diesem Verband. Sie drehten und stürzten, für den Gegner unsichtbar, weil direkt aus der Sonne kommend, auf die Maschinen der 7. SAAF hinunter. Im ersten Angriff wurden vier Gegner abgeschossen, von denen Steinhausen zwei auf sein Konto verbuchen konnte, während Remmer und Marseille je einmal erfolgreich waren.

Damit hatte Marseille auch an diesem Tage wiederum sechs Feindjäger zum Absturz gebracht.

Während sich die Panzerarmee Afrika vom Feind absetzte, hatte Marseille am 4. September keinen Einsatz. Erst am nächsten Tage startete die I. Gruppe einige Stunden nach der II., die in freier Jagd unterwegs war, um

10.00 Uhr als Begleitschutz für die Stukas. Es waren insgesamt dreiunddreißig deutsche Jäger in der Luft, von denen die I. Gruppe vierzehn und die zweite neunzehn stellte.

In diesem Einsatz kam Hans-Joachim Marseille zwischen 10.48 und 11.00 Uhr zum Angriff und schoß drei Spitfires und eine Kittyhawk ab. Diese waren als Jagdbomber eingesetzt gewesen. Leutnant Stahlschmidt gelangen zwei Abschüsse.

Der nächste Tag sah Marseille erneut in voller Aktion. Zunächst aber gelang es Leutnant von Lieres am frühen Morgen, vier Gegner zu überwinden, während Oberfeldwebel Steinhausen, Unteroffizier Becker, Feldwebel Gerhard Keppler und Unteroffizier Winkler je einen Gegner zum Absturz brachten.

Es war übrigens der vierzigste Abschuß von Oberfeldwebel Günther Steinhausen. Der junge Flieger kehrte von diesem erfolgreichen Feindflug nicht mehr zurück. Posthum erhielt er am 3. November 1942 das Ritterkreuz sowie seine Beförderung zum Leutnant.

Am Nachmittag flogen dreiundzwanzig Me 109 des JG 27 Begleitschutz für die Stukas. Den direkten Begleitschutz hatte die I. Gruppe übernommen, ihr standen dazu neun Maschinen zur Verfügung. Vierzehn weitere der II. Gruppe flogen erweiterten Begleitschutz, und die III./JG 53 flog mit zwei Schwärmen freie Jagd voraus, um den Gegner noch vor Erreichen der Stukas auszuschalten.

Als südwestlich El Alamein zwanzig Curtiss und Spitfires gemeldet wurden, griffen die neun Me 109 der I. Gruppe sofort an. Marseille war ganz vorn dabei und kam um 17.03 Uhr zum ersten Erfolg. Elf Minuten später stieß er aus großer Überhöhung auf einen Feindschwarm hinunter und schoß um 17.14 und 17.16 Uhr jeweils einen weiteren Gegner ab. Vier Minuten darauf war er nach längerer Kurbelei erneut erfolgreich, sein brennender Gegner taumelte der Erde entgegen. Unterwegs brach noch eine seiner Tragflächen ab. Vier Abschüsse waren das Ergebnis des 6. September.

Um 17.25 Uhr kam auch Stahlschmidt zum Schuß und überwand seinen neunundfünfzigsten Gegner südlich von El Hamman.

Über einen der schweren Luftkämpfe des Monats August schrieb Hans-Arnold Stahlschmidt in seinem letzten Brief an seine Mutter:

"In diesen Tagen erlebte ich meinen schwersten Luftkampf. Er war aber zugleich das schönste Erlebnis, das ich bisher an gegenseitiger kameradschaftlicher Hilfe bei einem Luftkampf gehabt habe. Zuerst hatten wir Luftkampf mit etwa vierzig Hurricanes und Curtiss, dann kamen noch etwa zwanzig Spitfires von oben dazu. Wir waren zu acht mitten drin in dem umheimlichen Gewirr von feindlichen Flugzeugen. Ich flog mit meiner Me 109 um mein Leben, aber trotz der unendlichen Übermacht wurde nicht gekniffen, sondern gekurvt. Ich habe mich derartig herumgeschlagen, daß mir der Schweiß in Bächen den Körper herunterlief, und ich zuletzt deutlich die Erschöpfung spürte. Immer wieder hatte man einen feindlichen Jäger hinter sich. Drei- oder viermal mußte ich wegdrücken, weil es einfach nicht mehr anders ging, aber dann zog ich wieder hoch und stürzte mich erneut ins Getümmel. Einmal schien es für mich keinen Ausweg mehr zu geben, ich hatte alles aus meiner Maschine herausgeholt, eine Spitfire saß fünfzig Meter hinter mir, da kam im letzten Augenblick Marseille und schoß den Tommy ab. Ich drückte und zog wieder hoch, da sah ich Sekunden später, wie nun hinter Marseille eine Spitfire saß. Ich zielte so sauber wie noch nie, schoß, und brennend stürzte die Spitfire ab. Dann waren nur mehr Marseille und ich in dem tollen Gewühle. Wir konnten uns wunderbar ergänzen und helfen. Völlig fertig stiegen wir zu Hause aus den Maschinen. Marseille hatte Kanonentreffer und ich elf MG-Treffer. Anschließend fielen wir uns um den Hals. Es gab keine Worte für das, was wir eben erfahren hatten. Es war ein unvergeßliches Erlebnis der schönsten Kameradschaft."

Der 7. September gestaltete sich ähnlich. Bei nahezu einhundert Einsätzen der deutschen Jäger war ein Schwarm mit Leutnant von Lieres und Leutnant Stahlschmidt zur freien Jagd gestartet. Südostwärts El Alamein wurden sie von Spitfires entdeckt und angegriffen. Als eine Maschine dieses Schwarms in Quotaiyfia um 14.40 Uhr landete, berichtete der Pilot, er habe mit den anderen einen Luftkampf mit Spitfires gehabt. Wo die anderen Flieger geblieben waren, wußte er nicht zu melden. Wenige Minuten später kam die Nachricht durch, daß Leutnant von Lieres in den eigenen Linien notgelandet aber unverwundet sei. Nun fehlte nur noch Stahlschmidt. Er wurde vermißt und blieb dies auch. Sein Schicksal sollte sich nicht aufklären.

Nach über vierhundert Feindflügen in Nordafrika und sechzig Luftsiegen war er irgendwo in der Wüste verschollen. Am 3. Januar 1944 wurde ihm posthum das 365. Eichenlaub zum Ritterkreuz des Eisernen Kreuzes verliehen. Außerdem wurde er zum Oberleutnant befördert.

Am Nachmittag dieses Tages erzielte Oberleutnant Marseille südostwärts El Alamein zwei Abschüsse, während Hauptmann Homuth eine dritte Curtiss niederkämpfte.

Marseille hatte gerade seinen Gefechtsstand erreicht, als der Feldfernsprecher schrillte. Er nahm den Hörer ab und erfuhr, daß Leutnant Stahlschmidt vermißt werde.

"Ich komme sofort!" rief er, und den Kameraden sagte er im Hinauseilen:

Hauptmann Hans-Joachim Marseille. Ölgemälde von Helmut Libuda, Rhade/Westf.

Die gelbe 14 im Luftkampf über der Bomba-Bucht. Ölgemälde von Uli Günscht.

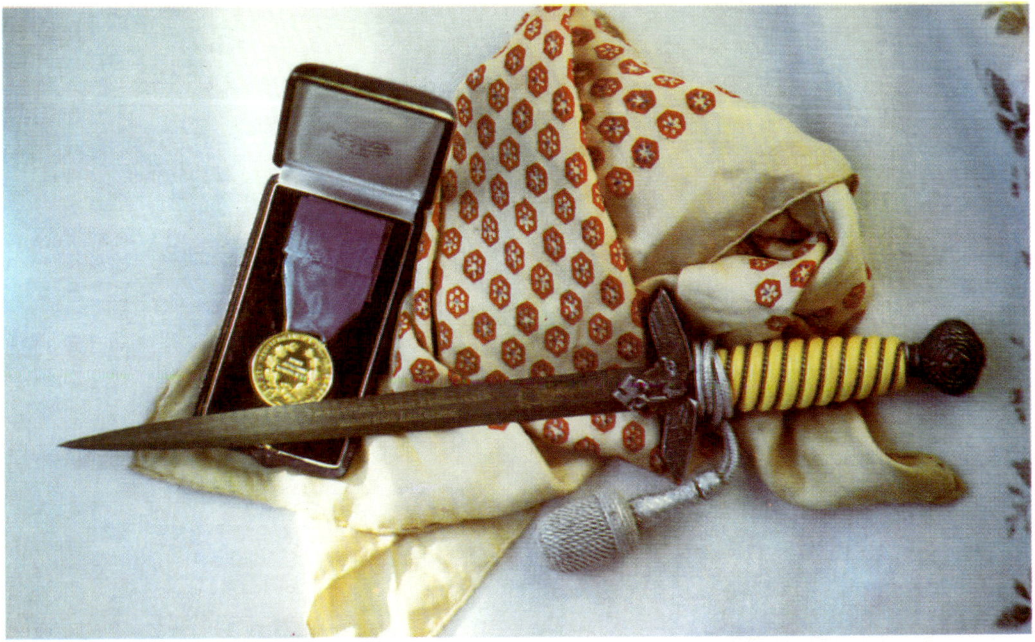

Das berühmte Halstuch von Hans-Joachim Marseille, die goldene italienische Tapferkeitsmedaille und der Ehrendolch de GFM Rommel zu Marseilles 150. Luftsieg (Privatbesitz).

Die Bundesluftwaffe ehrte Unteroffiziersschule in Uetersen mit dem Namen Marseilles.

In der Marseille-Kaserne ist ein kleines Museum. Originale Uniformstücke werden gezeigt.

Das Leitwerk von Marseilles letzter Maschine Me 109 G in der Marseille-Kaserne in Uetersen (Leihgabe seines Bruders Hans-Rudolf Marseille).

Der Rock, wie ihn Hauptmann Marseille mit seinen Auszeichnungen — ohne die Halsorden — hätte tragen können. (In Privatbesitz)

"Stahlschmidt ist noch draußen!"

Als er den Geschwadergefechtsstand erreichte, saßen die beiden Piloten ebenfalls dort. Sie waren mit Stahlschmidt und von Lieres geflogen. Einer meldete, daß Stahlschmidt angeschossen worden sei und vermutlich eine Bauchlandung ungefähr fünfzig Kilometer hinter den feindlichen Linien versucht habe.

"Lassen Sie mich mit der Staffel oder wenigstens mit dem Stabsschwarm starten, Herr Major!" bat Marseille. "Wir haben noch eine Stunde Zeit bis zum Einfall der Dunkelheit!"

"Sie bleiben hier, Marseille!" entschied der Kommodore nach einem kurzen Blick in das schmale Gesicht des Oberleutnants, der soeben erst vom Feindflug zurückgekehrt war. "Die 1. und 2. Staffel starten zum Suchflug!"

Marseille kehrte in den Gefechtsstand zurück mit der Zusicherung des Kommodore, ihn sofort zu verständigen, wenn es etwas Neues geben sollte.

Es dämmerte bereits stark, als die letzten Maschinen von ihrer Suche zurückkehrten. Niemand hatte etwas gesehen.

Schweigend verzehrte Marseille sein Abendessen. Wenig später brachte der Nachrichtenmann einen Funkspruch von Reichsmarschall Hermann Göring, dessen Adressat Oberleutnant Marseille war.

"Ich bin unendlich stolz auf Ihre überragenden Erfolge. In unbeugsamem Kampf- und Siegeswillen haben Sie den britischen Gegner in der Luft bezwungen, wo immer Sie ihn trafen. Dankbar und voller Bewunderung beglückwünsche ich Sie zu der Ihnen vom Führer verliehenen höchsten deutschen Tapferkeitsauszeichnung. Seien Sie versichert, lieber Marseille, daß mit mir das gesamte deutsche Volk in Ihnen einen seiner größten Helden dieses Krieges erblickt. Kämpfen Sie, von immerwährendem Soldatenglück begünstigt, in diesem Geiste weiter für den Endsieg unserer Waffen! - Göring, Reichsmarschall und Oberbefehlshaber der Luftwaffe."

Telegramme gingen in Massen ein. Eines war auch von Reichsminister Dr. Joseph Goebbels. Zwei andere von Reichsaußenminister Joachim von Ribbentrop und Generalfeldmarschall Erhard Milch. Eines aber machte Marseille die größte Freude. Es kam ganz aus der Nähe: Aus dem Hauptquartier der Panzerarmee Afrika, von Generalfeldmarschall Erwin Rommel.

Oberstleutnant Walter Sigel, Kommodore des Stukageschwaders 3, dem am 2. September das 116. Eichenlaub zum Ritterkreuz verliehen worden war, schrieb Marseille:

"Die Glückwünsche meines Geschwaders sind umso herzlicher, als Sie, lieber Marseille, ja viele Ihrer Erfolge beim Schutz meiner Stukas errungen haben. Ohne den Schutz des Jagdgeschwaders 27 wäre ein erfolgreicher

Stukaeinsatz überhaupt nicht denkbar. Unser aller Freude möge sich Ihrer Freude über die hochverdiente Auszeichnung und zum Bewußtsein Ihrer eigenen jägerischen Gipfelleistung hinzugesellen. So sicher und zuverlässig der von Ihnen geflogene Begleitschutz stets gewesen ist, ebenso fest begleiten Sie unsere Wünsche auf der Bahn zu neuem Ruhm! - Ihr Sigel."

Im Spätsommer 1942 kam aus Deutschland sogar der General der Jagdflieger Adolf Galland, mit einhundertvier Luftsiegen gegen Westgegner selbst Brillantenträger, nach Afrika zu Besuch. Er erinnert sich folgendermaßen:

"Kurz nachdem ich General der Jagdflieger geworden war, besuchte ich das JG 27 in Nordafrika, das unter dem Befehl von Eduard Neumann stand. Marseille war einer seiner Staffelkapitäne. Der Feldflugplatz befand sich auf einem Felsplateau, und die Staffel war in einem nahe gelegenen Tal untergebracht.

Als ich mit Neumann in einem Kübelwagen zum Lager von Marseilles Staffel fuhr, sahen wir Schilder an Bäumen und Büschen, die den Weg zur "besten Jagdstaffel der Welt" wiesen. Die humorvollen Untertitel und Texte zeigten die hohe Kampfmoral von Marseilles Einheit. Am späten Abend, nach angeregter Unterhaltung, sprach ich davon, daß ich einer wichtigen menschlichen Verrichtung nachgehen müsse, bevor ich mich nach einem letzten Schluck schlafen legen wollte. Neumann besorgte sofort einen kleinen Spaten und sagte: 'Gehen Sie sechzig Schritte geradeaus vom Zelt weg, dann zwanzig Schritte nach rechts, und benutzen Sie den Spaten, Herr General!' Ich befolgte gehorsam seine Anweisungen. Am Morgen nach dem Wecken trat ich aus dem Zelt, um den Spaten wieder zu benutzen. Ich war erstaunt, jetzt Wegweiser vorzufinden. Das letzte Schild hatte einen großen Pfeil nach unten und die Aufschrift: 'An dieser Stelle antwortete am 22. September 1942 der General der Jagdflieger dem Ruf der Natur.'"

Hans-Joachim Marseille stand im Zenit seines Ruhmes. Aber diese Kämpfe der vergangenen Monate hatten ihre Spuren in sein Gesicht geschrieben, das schmaler geworden war. Die beiden Falten, die sich zwischen Mundwinkel und Nase angedeutet hatten, waren nun tief eingeschnitten.

Marseille, der vor jedem Kampf von fliegerischer Leidenschaft erfüllt und bereit war, das Beste zu geben, verbrannte an dieser unlösbaren Aufgabe. Nur noch selten wurden seine strengen Züge durch ein Lächeln aufgelockert. Er war ausgebrannt. "Abgeflogen", wie es in der Fliegersprache hieß.

Am 8. September herrschte bei der I. Gruppe Einsatzruhe, die zur Reparatur der überholungsbedürftigen Maschinen genutzt wurde. Die II. und III. Gruppe flogen Einsätze, bei denen Leutnant Schröer bei El Tarfa zwei Spitfires abschießen konnte.

Insgesamt flogen an diesem Tage trotz eines starken Ghiblis noch vierundzwanzig Maschinen des JG 27 Stukabegleitschutz. Bei der folgenden Stukabegleitung am 11. September übernahm Marseille mit seiner Staffel die Nahdeckung. Als sie westlich von Imayid auf zwanzig britische Jabos stießen, löste sich Marseille aus seinem Schwarm und griff diese mit seinem Rottenflieger an. Um 7.40 und 7.42 Uhr stürzten zwei Jabos schwer getroffen ab, um auf dem Boden zu zerschellen.

Der 15. September war wiederum ein Großkampftag. Marseille startete mit seinem Stabsschwarm, um den zweiten Stukaeinsatz dieses Tages zu unterstützen. Davor hatte die III./JG 27 einen schweren Luftkampf mit Curtiss und Spitfires zu bestehen, die den ersten Stukaeinsatz stoppen wollten. Leutnant Werner Schröer schoß drei dieser Gegner ab, während Oberleutnant Willi Althoff den vierten besiegte.

Um 16.15 Uhr starteten schließlich auch achtzehn Me 109 der I., fünfzehn der II. und zehn der III. Gruppe als Begleitschutz. Ihnen flogen sechsunddreißig Kittyhawks entgegen. Ein Luftkampf, wie ihn die nordafrikanische Wüste noch nicht gesehen hatte, begann. Die I. Gruppe erzielte in mehreren Einsätzen bis zum Abend elf Abschüsse, die II. Gruppe einen, und der III. Gruppe gelangen neun Abschüsse, von denen allein vier durch Unteroffizier Erich Krainik und drei von Leutnant Werner Schröer erzielt wurden.

In den Kämpfen der I. Gruppe, die nur insgesamt elf Minuten andauerten, konnte Marseille abermals sieben Gegner überwinden. Hauptmann Gerhard Homuth und Oberleutnant Ernst Börngen schossen jeweils einen Gegner ab.

Nach diesem großen Erfolg hatte Marseille insgesamt einhunderteinundfünfzig Abschüsse erzielt. Damit hatte er nach Hermann Graf und Gordon M. Gollob den dritten Platz in der absoluten Rekordliste erreicht.

Bei diesem Einsatz stieß die Me 109 von Leutnant Friedrich Hoffmann, Marseilles Stellvertreter als Staffelkapitän, mit jener von Unteroffizier Heinrich Prein zusammen. Hoffmanns Me 109 verlor eine Tragfläche. Der Leutnant sprang mit dem Fallschirm ab. Dabei stieß er gegen das Leitwerk seiner Maschine und brach sich beide Beine, womit er nach elf Luftsiegen aus dem Rennen geworfen war. Unteroffizier Prein aber stürzte tödlich ab.

Marseille fuhr sofort zum Truppenverbandsplatz, um Leutnant Hoffmann zu besuchen und sich nach seinem Ergehen zu erkundigen. Er fand den Kameraden in einem großen Lazarettzelt mit etwa zwanzig weiteren Verwundeten. Es war stickig heiß im Zelt. Marseille hob das Moskitonetz an und blickte in ein leichenblasses Gesicht. Leutnant Hoffmann war ohne Besinnung.

Langsam ließ der Staffelkapitän den Netzrand wieder sinken. Er ging hinaus. Die Ärzte gaben dem Leutnant keine Chance mehr. Er sollte sich von diesem schweren Schlag, der offenbar auch innere Verletzungen herbeigeführt hatte, nicht wieder erholen.

Bei Generalfeldmarschall Rommel

Von Feldmarschall Erwin Rommel eingeladen, fuhr Marseille in diesen Tagen zum Armeegefechtsstand der Panzerarmee Afrika. Er hatte darum gebeten, einige Kameraden mitbringen zu dürfen, und Rommel hatte spontan zugestimmt.

In seinem khakigestrichenen "OTTO" traf er beim Hauptquartier ein. Dem Wagen entquollen ein halbes Dutzend Flieger seiner Staffel. Vor Rommels "Mammut" bauten sie sich auf. Als Rommel aus seinem Gefechtswagen stieg und auf die Flieger zutrat, machte Marseille Meldung. Rommel dankte und reichte dem Staffelkapitän die Hand.

"Ich gratuliere Ihnen zu Ihrem Erfolg, ich bewundere Sie, Marseille, und freue mich, Sie hier bei mir zu sehen. Dank vor allem Ihnen und Ihren Kameraden für die wirksame Waffenhilfe, die Sie der Panzerarmee geleistet haben und weiter leisten werden."

Marseille bedankte sich für diese Einladung und stellte seine Kameraden vor, von denen alle das Eiserne Kreuz erster Klasse trugen. Rommel gab jedem die Hand, erkundigte sich nach ihrer Person und den Familien und war aufgeschlossen wie selten zuvor.

Als der Feldmarschall schließlich in den Gefechtsstand zurückgerufen wurde, erklärte der Ordonnanzoffizier, der die Männer zum Essen einlud, daß der Feldmarschall erst vor wenigen Minuten von der Front zurückgekehrt sei.

"Zu Ihren Ehren, Marseille, hat er den guten Waffenrock angezogen. Das ist bei solchen Besuchen bisher nur einmal passiert, als er einen hoch ausgezeichneten Panzeroberleutnant empfangen hat, der es nach schwerer Verwundung durchsetzte, wieder nach Afrika zu kommen."

Als Marseille an diesem Abend mit Oberleutnant "Jost" Schlang im Zelt saß, kam es zu einem langen Gespräch, in dem viele Facetten des Lebens beleuchtet wurden. Erst allmählich erloschen ihre Stimmen. Durch die Zeltwände drang nur noch der leise Hauch der Wüste. Stille umfing sie. Sie schliefen dem neuen Tag entgegen.

Am Mittwoch, dem 16. September, meldete der Wehrmachtbericht: "An der ägyptischen Front errang Oberleutnant Marseille seinen einhundertfünfundvierzigsten bis einhunderteinundfünfzigsten Luftsieg."

Am Morgen dieses 16. September ging es bei der I. Gruppe sehr geheimnisvoll zu. Unteroffizier Herrmann von der Kraftfahrabteilung des Geschwaders begrüßte Marseille mit den Worten:

"Ich bitte, Herrn Oberleutnant gratulieren zu dürfen."

Marseille stutzte. "Wozu denn, Herrmann?" fragte er.

"Das darf ich Ihnen nicht sagen, Herr Hauptmann!"

Damit war das Geheimnis keines mehr. Eine halbe Stunde später sprach Major Neumann die bevorzugte Beförderung Marseilles zum Hauptmann aus. Er war nun der jüngste Hauptmann der deutschen Wehrmacht.

Zum Mittagessen um 14.00 Uhr waren einige Gäste erschienen. Mentnich legte Marseilles Lieblingsplatte, den "Rumba Azúl", auf. Zum Abendessen lud Marseille etwa zwanzig Freunde ein, darunter auch einige italienische Flieger, mit denen er sich gut verstand. Matthias aus Transvaal, Marseilles treuer Bursche, stand hinter der Bar. Neben dem Kommodore waren alle Gruppenkommandeure und Staffelkapitäne eingeladen. Hinzu kamen Männer der 3. Staffel, einschließlich der beiden Warte des frischgebackenen Hauptmanns. Nachdem Matthias einen Steptanz aufgeführt hatte, trat der Zauberer in Gestalt des Kommodore in Aktion. Mit einem feuchtfröhlichen, ausgelassenen Gelage, das sich bis tief in die Nacht hinzog, ging dieser für Hans-Joachim Marseille so stolze Tag zu Ende.

Am anderen Morgen erteilte Kommodore "Edu" Neumann Marseille für eine Woche Flugverbot. Ihm war es nicht verborgen geblieben, daß "Jochen" wieder einmal am Ende seiner physischen und psychischen Kräfte war. Neumann nahm es mit der Fürsorgepflicht gegenüber seinen ihm anvertrauten Untergebenen sehr ernst. Er haßte das "Verheizen", wie er es nannte, seiner Piloten, und er nahm, wenn er es für an der Zeit hielt, den entsprechend Schutzbedürftigen für ein paar Tage aus dem mörderischen Kampfgeschehen heraus. Seine Männer wußten das zu würdigen und dankten es ihm.

Am Abend des 25. September, der Kommodore hatte Marseille wieder Flugerlaubnis erteilt, beriet "Jochen" mit seinem Rottenflieger Schlang die kommende Einsatztaktik. "Laß uns früh schlafen gehen, Jost", sagte er. "Morgen ist wieder Abschußtag, und dann sollst auch Du Deinen ersten Abschußerfolg feiern können!"

Der Morgen des 26. September begann für Hans-Joachim Marseille und fünf weiteren Kameraden mit einem Alarmstart. Zehn Feindflugzeuge waren gemeldet worden. Zwei Tomahawk und acht Spitfires. Bei El Alamein wurde der Hauptverband mit den Spitfires gestellt. Schon beim ersten Durchfliegen des Abwehrkreises schoß Marseille um 9.10 Uhr eine Tomahawk ab. In einer wilden Kapriole aus Turns, Rollen und Messerkurven kam er in den nächsten drei Minuten noch dreimal zum Schuß und zum Sieg über jeweils eine Spitfire. Die Abschußzeiten waren 9.13, 9.15 und 9.16 Uhr.

"Jost, jetzt geh du ran!" forderte Marseille seinen Rottenflieger auf. Er selber übernahm die ungewohnte Position des Sicherers, während Schlang den nächsten Gegner anflog und das Feuer eröffnete. Er sah, wie die rechte Tragfläche des gegnerischen Flugzeuges davonflatterte. Noch eine Korrektur, dann bellten die Bordwaffen abermals los. Diesmal wurde der Motor der Spitfire zerschossen. Sie stürzte ab.

"Gut gemacht, Jost!" lobte Marseille. "Das war die erste! Viele weitere sollen folgen!"

"Danke, Jochen!" antwortete Schlang.

Als sie den Platz anflogen, zeigte Marseille durch viermaliges Wackeln mit den Tragflächen der Maschine seine vier Luftsiege an. Schlang konnte durch dieses Flugmanöver zum erstenmal einen Luftsieg anzeigen und war sehr stolz darauf.

Über Mittag herrschte bei der 3. Staffel Ruhe. Erst um 15.00 Uhr starteten insgesamt dreiunddreißig Me 109 zur Stukabegleitung, mit dem der schnelle Vorstoß des Gegners gestoppt werden sollte. Unter den dreiunddreißig Maschinen befanden sich neun der I. Gruppe.

Die Stukas wurden sicher nach El Hammam begleitet. Als sie ihre Bomben auf Truppenansammlungen geworfen hatten, tauchten sechs Spitfires auf, die bedeutend tiefer flogen und versuchten, in kürzester Zeit auf Höhe zu gelangen. Von den Stukas nahmen sie keine Notiz. Sie wollten die deutschen Jäger niederkämpfen.

Wieder war es Marseille, der diese gegnerische Absicht bereits im Ansatz erkannte und so steil auf den Pulk der Spitfires hinunterstieß, daß ihm die Kameraden nicht folgen konnten.

Der erste Gegner wurde im Vorbeirauschen von einer Kanonengarbe getroffen und montierte auseinander. Schlang hielt den Zeitpunkt dieses Abschusses fest: 15.56 Uhr.

Der Kampf ging weiter. Marseille zeigte wieder einmal das gesamte Repertoire seines fliegerischen Könnens, dem niemand gewachsen war. Der Spitfire, die versuchte ihn abzuschießen, saß plötzlich der Angegriffene im Nacken. Marseilles Waffen spien die tödlichen Feuerstöße aus. Um 15.59

Uhr stürzte die zweite Spitfire ab. Dann sah sich Marseille einer dritten Spitfire gegenüber.

Dies war ein Gegner, der ihm alles abverlangte. So wie dieser Flieger angriff, war klar, daß er ein Könner sein mußte. Er wich Marseilles Bewegungen geschickt aus, eröffnete immer wieder das Feuer auf den Deutschen, der sich mit halsbrecherischen Flugbewegungen den Treffern zu entziehen wußte. Sie kurvten umeinander herum, rasten in voller Fahrt aufeinander zu, um in den letzten Sekundenbruchteilen auszuweichen und zu schießen. Es ging hinauf und hinunter in die Tiefe bis etwa einhundert Meter über den Wüstenboden. Kurven und Drehungen, das gesamte Können dieser beiden Experten stand gegeneinander.

Die rote Warnlampe leuchtete auf und zeigte Marseille, daß er nur noch für fünfzehn Minuten Treibstoff hatte. Er mußte jetzt das Duell so schnell wie möglich beenden, um den eigenen Horst noch zu erreichen.

Elf weitere Minuten vergingen in einer hektischen Kurbelei. Mehrfach waren beide Gegner einander um Haaresbreite entkommen. Marseille steuerte plötzlich direkt der abendlichen Sonne entgegen. Die Spitfire folgte nach, und dies war ihr Verderben. Als der Gegner in die strahlende Helle des Sonnenlichts eintauchte, riß Marseille seine Maschine in einem Turn herum, vollführte eine Rolle und sah sich der Spitfire auf einhundert Meter Entfernung gegenüber.

Augenblicklich traten die Bordwaffen der Messerschmitt in Aktion. Dieser Feuerstoß zersägte die Maschine eines tapferen und ebenbürtigen Gegners. Der Motor brannte sofort, eine Tragfläche montierte ab, und die Spitfire stürzte dem Boden entgegen. Der Gegner hatte sich nicht mehr aus ihr lösen können. Die Uhr zeigte 16.10 an.

Dies war der einhundertachtundfünfzigste Luftsieg von Hans-Joachim Marseille. Als die gelbe 14 in Quotaifiya landete, wackelte Marseille mit den Tragflächen seiner Maschine nicht.

Er ließ die Messerschmitt zum Liegeplatz hin ausrollen. Als er sie verließ, waren seine beiden Warte entsetzt. So hatten sie ihren "Jochen" noch nie vorher gesehen. Es war so, als stehe hier das Gespenst ihres Staffelkapitäns. Mit zitternden Händen griff er nach der Zigarette, die Wart Meyer ihm reichte. Er nahm ein, zwei tiefe Züge. Sein Gesicht sah aus wie das eines alten Mannes.

Er ging zur Flugbesprechung wie in Trance. Hier rang er sich das Eingeständnis ab: "Ein meisterhafter Gegner. Noch nie vorher hatte einer so gekämpft wie er. Ich weiß nicht, wie dies beim nächstenmal ausgehen würde."

Am nächsten Tag kam die 3. Staffel nicht zum Einsatz. Der 28. September sah dann die II./JG 27 und die III./JG 53 im Einsatz, und am folgenden Tage waren es die II. und III./JG 27 sowie die III./JG 53, die Stukabegleitung flogen.

Unbesiegt in den Tod

Am 28. September erhielt Hans-Joachim Marseille einen Anruf aus dem Hauptquartier der Panzerarmee Afrika. Es war Feldmarschall Rommel, der den Hauptmann zu sprechen wünschte. In seiner leicht schwäbelnden Art sagte Rommel:

"Hören Sie zu, Marseille, ich will Sie entführen - nach Berlin! Der 'Führer' spricht am 30. September im Berliner Sportpalast. Sie sollen rechts von ihm und ich zu seiner Linken sitzen. Das ist doch für uns beide ein große Ehre, die auch Sie sich nicht entgehen lassen dürfen!"

"Aber Herr Feldmarschall!" lautete Marseilles Antwort, "ich kann doch nicht schon wieder in Urlaub fahren. Die anderen fliegen hier und kämpfen, und ich mache mehr Urlaubsreisen als das gesamte Geschwader zusammen!"

"Das ist doch Unsinn, Marseille! Geben Sie sich einen Stoß und fliegen Sie in meiner Maschine mit!"

"Es geht auch aus einem anderen Grunde nicht, Herr Feldmarschall. Ich möchte zu Weihnachten nach Berlin. Ich habe mich im letzten Urlaub verlobt. Wir wollen zu Weihnachten heiraten!"

Marseille konnte das Schmunzeln nicht sehen, das um Rommels Mund spielte. Einen jungen Offizier, der lieber zu seiner Braut wollte als zum "Führer", den fand er nicht nur amüsant, sondern auch bewundernswert. Bei diesem jungen Hauptmann war nichts von Konventionszwängen zu spüren. Hier entschied ein Soldat mit dem Herzen, und das hatte Rommel immer respektiert.

"Sie sollten es sich trotzdem noch einmal überlegen, Marseille!" bohrte Rommel weiter.

"Ich bitte Herrn Feldmarschall, nicht auf dieser Einladung zu bestehen!" sagte Marseille fest. "Außerdem werde ich hier dringend gebraucht!"

Rommel gab sich geschlagen und lachte leise in sich hinein.

"Na, meinetwegen, Marseille! Wenn Sie vom Heiraten mehr halten als vom 'Führer', dann bleiben Sie in Gottes Namen!"

Der 30. September sah am frühen Morgen weitere Angriffe deutscher Stukas gegen britische Stellungen und Transportkolonnen. Sie wurden von der III./JG 53 begleitet.

Erst um 10.47 Uhr erfolgte auch der Start der 3. Staffel des JG 27, die Hauptmann Marseille anführte. Vor dem Start hatte ihn der Staffelfriseur, der Obergefreite Boguschewski, noch um ein "schönes, großes Porträtphoto von Herrn Hauptmann mit Unterschrift" gebeten. "Ja, wozu denn?" hatte Marseille gefragt. "Es wird ja auch mal wieder Frieden geben", hatte Boguschewski geantwortet. "Dann möchte ich mich selbständig machen. Und wenn ich dann das Bild von Herrn Hauptmann im Schaufenster habe - das wäre doch was! Leibfriseur von Hauptmann Marseille sozusagen...!" Freundlich lachend winkte Marseille ab. "Das hat noch Zeit bis nachher!" sagte er, und schwang sich in den Sitz seiner Maschine.

Boguschewski bekam das Porträtphoto mit Unterschrift nicht mehr.

Sie waren zu acht und hatten den Höhenschutz für die Stukas zu fliegen. Drei Minuten später folgten fünfzehn Maschinen der III. Gruppe nach, um als erweiterter Begleitschutz die Voraussicherung zu übernehmen.

Um 10.55 Uhr starteten weitere zehn Me 109 der III./JG 53 zum direkten Begleitschutz.

Kommodore Neumann leitete vom Geschwadergefechtsstand aus diesen Einsatz und führte Marseilles Staffel über die Sprechfunk-Verbindung an einen britischen Jägerverband heran, der südlich von Imayid auf Westkurs gesichtet worden war.

Als Marseilles Staffel Sichtkontakt mit diesem Gegner hatte, drehte dieser wenig später auf Nordkurs und nahm den Kampf nicht an. Bei Abu Dweis hatte die III./JG 27 Gefechtsberührung. Leutnant Werner Schröer und Unteroffizier Erich Krainik schossen je einen Gegner ab.

Bei diesem Einsatz mußte Hauptmann Marseille erstmals eine völlig neue Maschine fliegen. Es war eine Me 109 G. Seine Staffel hatte keine Feindberührung. Sie drehte ab, nachdem die Stukas ihre Bomben geworfen hatten, und trat den Heimflug an.

Es war 11.30 Uhr, als auf dem Geschwadergefechtsstand das Empfangsgerät quakte. Dann erscholl eine helle Stimme:

"Mein Motor brennt!"

"Wessen Motor brennt?" fragte der Funker zurück.

"Was ist los? Bitte melden!"

Es war Marseille, der sich meldete: "Von Elbe 1: Habe starke Rauchentwicklung in der Kabine. Ich kann nichts mehr sehen!"

Ein Blick auf die Karte zeigte Eduard Neumann, daß die Staffel noch etwa fünf Minuten Flug bis zu den deutschen Frontlinien hatte. Vielleicht noch vierzig Kilometer.

In 3000 Meter Höhe flogen Marseille, Schlang und Pöttgen unterdessen eng geschlossen, Schlang und Pöttgen dabei immer auf die gelbe 14 starrend, den deutschen Linien entgegen. Der Qualm über dem Motor von Marseilles neuer Maschine wurde immer dichter. Dann sahen sie, wie "Jochen" mit der linken Hand die Entlüftungsscheibe zurückriß. Weißer Rauch strömte nun auch aus der Kanzel.

"Noch drei Minuten, Jochen!" meldete Schlang dem Kameraden. "Wir lotsen dich rüber!"

In enger Formation flogen sie um Marseille herum, schirmten ihn nach allen Seiten hermetisch ab. Schlang und Pöttgen führten ihn mit Zurufen, die dieser in Steuerausschläge umsetzte, sobald dies notwendig wurde. Es schien eine harmlose Sache, den Freund und Kameraden heimzulotsen.

Es war 11.34 Uhr. Schlang und Pöttgen bemühten sich weiter. Marseille fragte: "Sind wir schon über den eigenen Linien?" Es klang drängend.

"Nur noch zwei Minuten, Jochen!" rief Pöttgen. Aus wenigen Metern Entfernung erkannten sie zwischen den Rauchschleiern das Gesicht des Kameraden. Es wirkte schneeweiß.

Schlang rief: "Elbe 1: Etwas nach rechts halten!" Marseille korrigierte die Flugrichtung und flog wieder exakten Kurs. Dann erklang die Stimme des Geschwaderkommodore, der nicht mehr an sich halten konnte:

"Werden Sie es schaffen, Elbe 1? Steigen Sie lieber sofort aus!" Es erfolgte keine Antwort.

Marseilles Maschine verlor ständig an Höhe. Dann war die weiße Moschee von Sidi Abd el Rahman erreicht. Sie hatten es geschafft. Hier begannen die deutschen Linien.

Aus den Stellungen heraus verfolgten die Soldaten am Boden den Jägerschwarm mit den Ferngläsern. Jetzt sahen auch sie, wie kleine Flämmchen aus dem Motor der rauchenden Messerschmitt herauszüngelten.

Kommodore Neumann sah die Männer im Gefechtsstand erleichtert an. 'Jetzt waren sie über El Alamein! Nun konnte nicht mehr viel passieren', dachten sie. Höchstens eine Bauchlandung. Eine Minute später rief Marseille mit gepreßter Stimme:

"Ich muß jetzt raus! Ich halte es nicht mehr aus!" Dies waren die letzten Worte, die seine Kameraden von ihm hörten. Während die beiden begleitenden Maschinen nach links und rechts wegscherten, legte Marseille seine neue Maschine in einer halben Rolle auf den Rücken in die günstigste Ausstiegsposition. Dann flog das Kabinendach weg. Schlang und Pöttgen sahen, wie Marseille vom Luftstrom hinausgewirbelt wurde und daß sich - als habe er einen Schlag erhalten - sein Körper etwas aufbäumte. Sie leiteten eine Messerkurve ein, um das Hinabgleiten des Kameraden zu überwachen und zu sichern.

"Der Jochen ist raus!" rief Pöttgen erleichtert.

Die Sekungen vergingen. Unruhig warteten die Männer im Gefechtsstand. Lauschten.

Dann jähes Stimmengewirr im Äther.

"Der Fallschirm! Er hat sich nicht geöffnet!" schrie Schlang entsetzt.

Der Körper des Kameraden fiel zur Erde, aber die weiße Blume des Fallschirmes entfaltete sich nicht. Es war 11.36 Uhr geworden, als ein vielfacher Schrei durch das Aufnahmegerät gellte. Er war so voller Entsetzen, daß alle den Atem anhielten.

Dann erklang eine brüchige Stimme: "Jochen ist tot!"

Auf dem Gefechtsstand legte Kommodore Neumann den Kopfhörer aus der Hand. Er blickte in die ungläubig aufgerissenen Augen seiner Männer und nickte nur stumm. Dann ging er totenbleich und steifbeinig hinaus.

Totenbleich war auch der Fallschirmwart Paul Geisinger. Der Fallschirm, den er zusammengelegt hatte, hatte sich nicht geöffnet. Er wagte nicht, weiterzudenken.

Marseilles ganzes Sinnen war darauf ausgerichtet, die brennende Messerschmitt über die eigenen Linien zu bringen und somit noch zu retten. Dabei füllte sich die Kabine immer mehr mit Rauch und Hitze. Davon wohl zu benommen, war er nicht mehr in der Lage, seine Maschine in die günstigste Absprungposition zu bringen. Das hatte zur Folge, daß er beim Absprung gegen das Leitwerk schlug und wahrscheinlich sofort tot war, was auch die Nichtbetätigung des Fallschirmgriffs erklärt.

In Rückenlage gekommen, hatte die Maschine leicht zu schwimmen begonnen, um dann in einen steilen Gleitflug überzugehen. Etwa 200 Meter stürzte sie bis Marseille aus der Kabine freikam. Fast waagerecht fiel er in die Tiefe und schlug mit Bauch und Brust auf dem Wüstenboden auf.

Nun lag auf dem Sand der leblose, vom Sturz zerschmetterte Körper des Sterns von Afrika. So hatte er einhundertachtundfünfzig Gegner bezwungen, und so endete auch er, wenn auch ohne Feindeinwirkung.

Oberarzt Dr. Bick, Regimentsarzt des Panzergrenadierregiments 115, sah an diesem Vormittag den Absturz eines deutschen Jägers. Er warf sich in seinen Kübelwagen und raste der Absturzstelle entgegen. Dort fand er den Toten einige hundert Meter vor dem brennenden Flugzeugwrack.

Hier sein Bericht an die Panzerarmee Afrika:

"Der Flieger lag wie schlafend auf dem Bauch. Seine Arme waren unter dem Körper verborgen. Als ich nähertrat, sah ich eine Blutlache, die aus der zertrümmerten Seite seines Schädels ausgetreten war, dort lagen auch Gehirnteile frei. Dann erkannte ich die fürchterliche Wunde über der Hüfte. Diese rührte mit Sicherheit nicht vom Sturz her. Der Flieger mußte beim Aussteigen gegen die Maschine geschleudert worden sein.

Der Fallschirm lag einige Meter neben dem Toten. Der Leinensack, in dem er sich noch befand, war etwa vierzig Zentimeter lang aufgerissen, und wie ein Rinnsal quoll weiße Fallschirmseide daraus hervor. Der Auslösegriff des Fallschirms hatte sich dicht neben dem Toten in den Sand gegraben. Er war noch auf 'gesichert' geschaltet.

Vorsichtig drehte ich den jungen Flieger auf den Rücken. Das feingeschnittene Gesicht unter der hohen Stirn war fast unversehrt. Es war das Antlitz eines müden Kindes.

Ich öffnete den Reißverschluß seiner Fliegerjacke, sah das Ritterkreuz mit dem Eichenlaub und den Schwertern und wußte gleich, wer dies war. Auch das Soldbuch zeigte es mir:

Vor mir lag Hauptmann Marseille.

Ich blickte auf die Armbanduhr des Toten. Sie war bei 11.42 Uhr stehengeblieben.

Ich ging fort, um Männer zu Hilfe zu holen, mit denen ich den Toten bergen konnte. Wir errichteten eine provisorische Bahre und stellen eine Ehrenwache auf.

Kommodore "Edu" Neumann schickte in höchster Eile Stabsarzt Dr. Winkelmann und Hauptmann Franzisket mit dem VW-Kübelwagen zur Absturzstelle. Dort fanden sie den toten Flieger und Freund und stellten fest, daß der Auslösegriff des Fallschirms nicht gezogen worden war.

Quer über die linke Brustseite des Toten verlief eine scharfe Schlagwunde, die nicht vom Aufprall auf dem Boden herrühren konnte.

Starr vor Erschütterung standen sie einige Minuten vor ihrem toten Kameraden, unfähig, irgend etwas zu sagen oder zu tun. Nur allmählich wurden ihre Gedanken wieder klarer und kehrten in die Wirklichkeit zurück, ohne diese jedoch schon begreifen zu können.

Mit größter Vorsicht betteten sie den toten Kameraden auf die Rückbank des VW-Kübelwagens und fuhren schweigend zum Geschwadergefechtsstand nach Quotaifiya zurück.
(Zur Absturzschilderung siehe: Ring, Hans / Girbig, Werner: Jagdgeschwader 27.)

Die letzten Eintragungen in seinem Flugbuch lauteten:
"382 Feindflüge mit 158 Abschüssen.

Laufende Nummer des Fluges: 482.
Flugdauer: 49 Minuten.
Zeit der Landung - - - (+ 11.36)
Fallschirmabsprung 7 km südlich Sidi Abd el Rahman.
Besondere Bemerkungen:
Freie Jagd, Alarmstart, Motorschaden.
Die Richtigkeit der Flüge unter der
laufenden Nummer 1 bis 482, der 382 Feind-
flüge und insgesamt 158 Abschüsse bescheinigt:
Im Felde am 30. September 1942."

Im Staffelrevier wurde Hans-Joachim Marseille aufgebahrt. Offiziere, Unteroffiziere und Mannschaften nahmen Abschied von ihrem "Jochen". Und auch Matthias verabschiedete sich für immer von seinem Freund und Helfer. Abwechselnd hielten alle die Totenwache.

Am späten Nachmittag kam Ludwig Franzisket zu den wortlos dasitzenden Männern herüber, in den Händen eine Feigentorte, Spezialität der 1. Staffel. Er spendete sie jetzt der Dritten. "Hier, eßt die Torte. Ihr müßt doch was essen!" sagte er mit gekünstelt forscher Stimme. "Ihr könnt doch nicht ewig so weitermachen. Wenn 'Jochen' das sähe!" Etwas Bewegung kam in das Zelt. Mit automatenhaften Bewegungen legte Jost Schlang, Marseilles letzter Rottenflieger und Freund, jene Schallplatte auf, die Marseille so gern gehört hatte: den "Rumba Azúl":

"Mit dem blauen Rumba und seinem sinnlichen Rhythmus kam die Liebe in mein Herz. Lieblich ist dein Rhythmus, oh blauer Rumba, blaue Hingabe, oh blauer Rumba." (Übersetzung aus dem Spanischen.)

Alle sahen stumm irgendwo hin, keiner wagte, den anderen anzublicken. Oberleutnant der Propagandatruppe Fritz Dettmann und Matthias, Marseilles treuer Bursche, weinten. Alle anderen waren nach den Worten von Major Franzisket "durch den Krieg so unglaublich hart geworden, daß sie selbst den Tod von Marseille ohne äußere Zeichen der Trauer hinnahmen. Dennoch: Jeder von uns hatte das Gefühl, daß nun das Leben zu Ende war."

Die Platte war längst zu Ende. Nur noch das Kratzen der Nadel blieb, und in jedem ein Gefühl unendlicher Leere.

Am anderen Morgen wurde Hans-Joachim Marseille mit einer Ju 52 zum Ehrenfriedhof der Panzerarmee Afrika nach Derna geflogen. Auf dem Flugfeld von Quotaifiya aber startete zur gleichen Zeit, zu der Feldmarschall Albert Kesselring die Abschiedsrede hielt, seine Staffel.

Sie stiegen in das Blau des Himmels empor, um dann über dem Friedhof in einem jähen Turn über die Tragflächen wegzukippen und über das Grab hinwegzufliegen.

Sie fingen ab, flogen Fläche an Fläche über den Ehrenfriedhof, um noch einmal steil auf das Grab niederzustoßen und ihren toten Kameraden zu ehren.

Albert Kesselring sprach von dem jungen Soldaten Marseille.

Seine Abschiedsworte gingen allen zu Herzen, und sie wußten, daß das Versprechen, ihn niemals zu vergessen, ein Vermächtnis aller an ihn war.

Der Kernpunkt der Ansprache des Generalfeldmarschalls lautete: "Hauptmann Marseille ist gefallen. Unbesiegt. Mit ihm ist eine heldische Persönlichkeit, ein prachtvoller Kamerad, ein Künstler im Fliegen und der beste Jagdflieger der Welt aus unseren Reihen geschieden."

Als Hans-Joachim Marseille zu Grabe getragen wurde, war auch Matthias dabei. Er hatte aus Seemuscheln eine Kette gefertigt, die aus einhundertachtundfünfzig dieser Muscheln bestand, für jeden Luftsieg eine. Pöttgen legte sie für Matthias in die Gruft, die den Sarg Marseilles aufgenommen hatte.

Major Eduard Neumann, Geschwaderkommodore des Wüstenjagdgeschwaders, gedachte seines besten Fliegers sowohl in seiner Rede am Grab als auch mit einem "Tagesbefehl":

Tagesbefehl

Am 30. September 1942 ist Hauptmann Marseille, unbesiegt vom Feinde, den Fliegertod gestorben.

Es will uns nicht einleuchten, daß dieser frische und frohe und tapfere Jagdflieger unseres Geschwaders nicht mehr unter uns sein soll.

Einmalig sind seine Erfolge über unseren zähesten Luftgegner - den Engländer. Wir dürfen glücklich und stolz sein, ihn als einen der Unsrigen zu zählen.

Die schönsten Worte vermögen nicht das auszudrücken, was dieser Verlust für uns bedeutet.

Er hinterläßt uns die Verpflichtung, ihm nachzueifern als Mensch und Soldat. Sein Geist wird dem Geschwader immer Vorbild bleiben.

Der Geschwaderkommodore
m.d.W.d.G.b.
Neumann
Major.

Am 1. Oktober gab das Oberkommando der Wehrmacht bekannt:
"Donnerstag, den 1. Oktober 1942:
Hauptmann Hans-Joachim Marseille, Träger der höchsten deutschen Tap-

ferkeitsauszeichnung, fand, unbesiegt vom Feind, auf dem nordafrikanischen Kriegsschauplatz den Fliegertod.

Erfüllt von unbändigem Angriffsgeist, hat dieser junge Offizier in Luftkämpfen 158 britische Gegner bezwungen. Die Wehrmacht betrauert den Verlust eines wahrhaft heldenhaften Kämpfers."

Aus Afrika erhielt die Familie in Berlin folgenden Brief:
"Nun ist das Entsetzliche doch geschehen, das wir wohl alle im Unterbewußtsein selbst bei fröhlichstem Zusammensein gelegentlich befürchteten. Wir sind alle ganz gebrochen. Trost gibt es nicht. Nur vielleicht der letzte Gedanke, daß wir bis zum letzten Augenblick bemüht waren, ihm Freude zu machen, ihm seine Jugend zu verschönen, ihm auf dem Höhepunkt seines einzigartigen Lebens zu zeigen, daß unsere Herzen ihm ebenso gehörten wie unser Dank und unsere Bewunderung."

Eine Untersuchungskommission, welche die Flugzeugtrümmer, vor allem aber den Motor, genau untersuchte, stellte fest, daß am Untersetzungsgetriebe aus dem gerissenen Gehäuse Schmierstoff ausgetreten war und sich entzündet hatte, nachdem einige Getriebezahnräder gebrochen waren. Es war eine werkneue Maschine vom Typ Me 109 G-2, Werknummer 14256, Lizenzbau Erla, die, kurz bevor sie Marseille zum erstenmal im Einsatz flog, aus Bari (Italien) überführt worden war. Ehe die neue Me 109 einsatzklar gemeldet wurde, hatte das technische Personal Zelle und Motor - wie üblich - gründlichst überprüft und keinerlei Mängel festgestellt.

Der unter dem Aktenzeichen 52 Nr. 270/42 angefertigte Bericht der Untersuchungskommission schließt mit dem Satz: "Sabotage oder ein sonstiges Verschulden von Personen hat nicht vorgelegen."

Vom Ehrenfriedhof in Derna wurde Hans-Joachim Marseille nach Fertigstellung des Ehrenmales von Tobruk dorthin überführt. Hier besuchte seine Mutter im Jahre 1955 das Grabmal ihres Sohnes.

Neben der Ehrenstätte in Tobruk wurden auch in der Gedenkhalle des Ehrenmales zu El Alamein Männer des JG 27 beigesetzt. Es waren dies: Werner Boden, Wolfgang Burger, Cay Carstensen, Friedrich Hoffmann, Karl Kugelbauer, Heinrich Müller, Heinrich Prein, Erwin Sawallisch, Eberhard Schmidt, Hans Schirmer, Hermann Tangerding, Hans Würschinger, Günther Zahn.

ANHANG

Ehrung Marseilles durch die Bundesluftwaffe

Am 24. Oktober 1975 wurde die Kaserne der Bundesluftwaffe in Uetersen als MARSEILLE-KASERNE den jungen Fliegern übergeben. Der Vorschlag dazu kam von der Bundeswehr. In Anwesenheit von Generalleutnant E. D. Bernhard hielt Oberst a. D. Eduard Neumann, der ehemalige Kommodore des Wüstenjagdgeschwaders 27, die Ansprache. Zur Benennung der Kaserne erklärte er, daß alle ehemaligen Jagdflieger des JG 27, dessen hervorragende Persönlichkeit Hans-Joachim Marseille war, diese positive Einstellung der Bundeswehr zu einer gesunden Tradition dankbar anerkennen würden.

Der Auszug seiner Rede sei im folgenden wiedergegeben:

"Wir fühlen uns durch diese Benennung geehrt.

Hans-Joachim Marseille kam zur I. Gruppe des Geschwaders Anfang 1941, kurz bevor wir nach Afrika verlegten.

Als Neuer hatte er es in der Gruppe nicht immer leicht, und er machte es einem Vorgesetzten auch nicht einfach, ihn zu beurteilen.

Die ersten Einsätze an der Tobrukfront ließen ahnen, daß in ihm etwas steckte. Aber zum Durchbruch kam dies erst, als der damalige Oberleutnant Ludwig Franzisket vertretungsweise die 3. Staffel, in der Marseille flog, übernahm und diesem begnadeten Flieger mehr freie Hand und mehr Entwicklungsmöglichkeiten gab.

Marseille wurde nicht nur ein alle überragender Jagdflieger, sondern darüber hinaus auch ein großartiger Kamerad.

Ein Rätsel war uns allen, woher Marseille die physische Kraft in den Luftkämpfen nahm. Er war beinahe zart, schlank und sehr leichtgewichtig. Trotzdem flog er in den Luftkämpfen mit hoher Geschwindigkeit, was in den Kurvenflügen eine besondere Belastung war.

Im Gegensatz zu den meisten anderen Flugzeugführern war er im Gefechtstrubel leicht zu erkennen an den weißen Kondensfahnen, die von den Flügelenden seiner Maschine abzogen, wenn er mit großer Fahrt in den Kurven flog.

Seine Erfolge machten ihn nicht anmaßend oder unbescheiden, er blieb immer liebenswürdig und stets bereit, allen, die es wissen wollten, zu sagen, wie man es macht.

Die Flugzeugführer der Staffel, die er später führte, und das gesamte

Bodenpersonal schworen auf ihn. Er brauchte keine Strafen auszusprechen.

Sein Mitgefühl mit Menschen war ein ganz besonders hervorzuhebender Zug. Seine Zuneigung zu den Soldaten des Afrikakorps und seine praktizierte tätige Hilfe, unabhängig vom Dienstgrad, sind allgemein bekannt.

Es war daher kein Wunder, daß Marseille nicht nur das Idol der Flieger war, sondern auch der Männer des gesamten Afrikakorps.

Marseille starb unbesiegt an der Front, an der die Italiener und wir eingesetzt waren. Er errang einhunderteinundfünfzig Luftsiege über der nordafrikanischen Wüste. Als Inhaber der höchsten italienischen Tapferkeitsauszeichnung - der Medaglia d'Oro - galt Marseille auch für die italienischen Flieger als einer der Ihrigen. Zahlreiche italienische Jagdflieger ehren ihn durch ihre Anwesenheit bei der Namensgebung in Uetersen." (Siehe Neumann, Eduard: Gedenkrede anläßlich der Namensgebung der Kaserne in Uetersen am 24. Oktober 1975.)

Die Marseille-Pyramide bei El Alamein
Ein Mahnmal in der Wüste

An der Seite des ehemaligen Geschwaderkommodore des JG 27, Oberst a. D. Eduard Neumann, flogen am 21. Oktober 1989 eine Reihe ehemaliger Geschwaderangehöriger nach Ägypten. Es waren alle noch lebenden Angehörigen des ehemaligen Wüstenjagdgeschwaders dabei. Hinzu kamen Horst Amberg, der Geschäftsführer des Jägerblattes, und der Präsident der Gemeinschaft der Jagdflieger, Anton Weiler.

Neben Emil Clade, Fritz Keller, Friedrich Körner, Franz Elles, Günter Bode, Sighart Dinkel, Gustav Holderle, Georg Rauwolf und Willi Risse des JG 27 waren Wolfgang Ewald vom JG 53 und Ulrich Walk vom JG 77 mit dabei, deren Geschwader ebenfalls in Afrika eingesetzt waren.

Nach der Gedenkfeier an der deutschen Ehrenstätte bei El Alamein, die bereits im Jahre 1959 eingeweiht worden war, an der auch Generalmajor Kamal Soliman Manour als Vertreter der ägyptischen Regierung und Generalmajor Ibrahim Said Atwa von den ägyptischen Streitkräften teilnahmen, fuhren die deutsche und die italienische Delegation zur Marseille-Pyramide.

Die Einweihung dieser Gedenkstätte für Hans-Joachim Marseille wurde eine würdige Feierstunde. Anton Weiler hielt die Gedenkansprache. Nach der Würdigung dieses unerreichten Jagdfliegers wurde die wiedererrichtete Pyramide eingeweiht. Hier an der Absturzstelle Hans-Joachim Marseilles hatten direkt in den ersten Oktobertagen des Jahres 1942 italienische und deutsche Pioniere die erste Pyramide errichtet. Darauf angebracht eine

Gedenktafel aus Zement mit der Inschrift:

"Hier starb unbesiegt Hptm. H.-J. Marseille. 30. 9. 1942."

Im Laufe der Jahre war sie mehr und mehr verfallen. Auf Spurensuche im Februar 1986 fanden Eduard Neumann und einige Kameraden des JG 27 Reste dieser Pyramide. Das war auch gleichzeitig die Geburtsstunde der jetzigen neuen Pyramide mit der von Bildhauer Georg Rauwolf in Arabisch, Italienisch und Deutsch abgefaßten bronzenen Inschrift gleichen Wortlauts.

Neben Oberst a. D. Neumann und Bundespräsident a. D. Walter Scheel in Deutschland waren es die Deutsche Botschaft in Kairo und das Generalkonsulat in Alexandrien, die dieses Projekt unterstützten.

Es war Eduard Neumann, der die Enthüllung der Gedenktafel vornahm.

Botschafter a. D. Franz Elles sprach für die Traditionsgemeinschaft des JG 27. Er war einer jener Jagdflieger gewesen, die mit Marseille am Himmel über der nordafrikanischen Wüste gekämpft hatten.

Der Fliegermarsch beendete diese schlichte Feier, die auch der ehemalige Oberleutnant Friedrich Körner, der als Leutnant und Staffelführer der 2./JG 27 dabei war und in Afrika nach sechsunddreißig Luftsiegen das Ritterkreuz erhielt, in besonderer Ergriffenheit miterlebte. Er war mit Emil Clade und Fritz Keller oftmals dabei gewesen, wenn Hans-Joachim Marseille seine unnachahmlichen Luftangriffe flog. Am 4. Juli 1942 war Friedrich Körner einige Kilometer ostwärts dieser Pyramide abgeschossen worden und in britische Gefangenschaft geraten.

Einer war es, der bei dieser Feier schlicht in den Hintergrund trat, obgleich er die treibende Kraft gewesen war, damals wie heute: Oberst a. D. Eduard Neumann.

(Siehe: Anton Weiler: "Ein würdiges Mahnmal in der Wüste" in: Jägerblatt Nr. 5/1989.)

In memoriam Hans-Joachim Marseille - 1942 - 1992

Im Oktober 1992 versammelten sich die Angehörigen des früheren Wüstenjagdgeschwaders 27 zu einer kleinen Feier an der Marseille-Pyramide. Hier hatte auch am 50. Todestag Hans-Joachim Marseilles, am 30. September, Staatssekretär Dr. Peter Wichert im Auftrag des Bundesministers für Verteidigung einen Kranz niedergelegt. Ehemalige Soldaten des deutschen Afrikakorps erlebten mit den "Siebenundzwanzigern" und einer Abordnung des Volksbundes Deutsche Kriegsgräberfürsorge eine besinnliche und würdige Feierstunde. Die 1. Luftlandedivision der Bundeswehr stellte die Ehrenposten und Kranzträger, das Musikkorps des Heeres übernahm die musikalische Begleitung. Nach einer Serenade aus dem "Großen Zapfenstreich" sprach Werner Stahl für das Jagdgeschwader 27: "Wir stehen hier an der Stelle, wo vor fünfzig Jahren der Jagdflieger Hauptmann Hans-Joachim Marseille abgestürzt ist. Zum Gedenken an ihn ist damals von Heereskameraden diese Pyramide errichtet und von uns vor drei Jahren erneuert worden."

Im Namen des damaligen Kommodore des JG 27, Eduard Neumann, begrüßte Werner Stahl die Teilnehmer an der Gedenkstunde, besonders die Soldaten der Bundeswehr. "Mögen alle Opfer und diese heutigen Freundschaften dazu beitragen, daß Kriege auf unserer Erde überwunden werden." Werner Stahl schloß mit den Worten: "Lieber Hans-Joachim Marseille, ich lege im Auftrag unseres Jagdgeschwaders 27 und der Gemeinschaft der Jagdflieger diesen Gruß aus deiner deutschen Heimat nieder. Unsere italienischen Jagdfliegerkameraden schließen sich diesem Gruß an. Wir werden dich auch in der Zukunft nicht vergessen." (siehe Jägerblatt 5/6 1992.)

Hans-Joachim Marseille

Werdegang und Kriegseinsatz

geb. 13. Dez. 1919	in Berlin Charlottenburg als Sohn des Heeres-Offiziers Siegfried Marseille, der 1944 als Generalmajor an der Ostfront fiel, und seiner Ehefrau Charlotte.
1926 - 1930:	Besuch der 12. Volksschule Berlin.
1930 - 1938:	Besuch des Prinz-Heinrich-Gymnasiums in Berlin-Schöneberg.
April - Okt. 1938:	RAD-Einsatz in Osterholz-Scharmbeck bei Bremen.
7. Nov. 1938	Eintritt in die deutsche Wehrmacht zur infanteristischen Grundausbildung in Quedlinburg.
13. März 1939:	Ernennung zum Fahnenjunker.
1. Mai 1939:	Beförderung zum Fahnenjunker-Gefreiten.
1. Juli 1939:	Beförderung zum Fahnenjunker- Unteroffizier.
1. Nov. 1939:	Versetzung zur Jagdfliegerschule 5 nach Wien-Schwechat unter gleichzeitiger Beförderung zum Fähnrich.
Frühsommer 1940:	Von Merseburg aus Werkschutzflüge für die Leunawerke.
10. Aug. 1940:	Versetzung mit hervorragender Beurteilung zur 1.(Jagd)/Lehrgeschwader 2 nach Calais-Marck an die Kanalfront. Von dort aus Einsätze gegen England (Begleitschutz für Kampfflugzeuge).
September 1940:	Nach den ersten sieben Luftsiegen Verleihung der Eisernen Kreuze II und I. Viermal selbst abgeschossen. Einmal Notlandung im Kanal; vom Seenotdienst der deutschen Luftwaffe geborgen.
Anfang Okt. 1940:	Versetzung zur 4./JG 52 in Peuplinge unter Staffelkapitän Oberleutnant Johannes Steinhoff; von diesem wegen angeblicher Disziplinwidrigkeiten abgeschoben.
21. Febr. 1941:	Versetzung zur I./JG 27 nach Döberitz.
Anfang März 1941:	Verlegung mit der I./JG 27 nach Norditalien in den Raum Brescia auf den Flugplatz von Ghedi; von dort Weiterleitung nach Graz.

März	1941:	Beförderung zum Oberfähnrich.
6. Apr.	1941:	Einsatz auf dem Balkan. Angriff auf den Flugplatz Laibach (Slowenien) von Graz aus.
10. Apr.	1941:	Verlegung nach Agram (Kroatien). Danach Rückkehr über Graz nach München-Riem.
18. Apr.	1941:	Verlegung nach Nordafrika.
22. Apr.	1941:	Eintreffen auf dem ersten Einsatzplatz in Ain el Gazala (Libyen).
23. Apr.	1941:	Erster Luftsieg (Hurricane bei Tobruk) in Afrika (und anschließende Notlandung mit dreißig Treffern in der Kabine).
28. Apr.	1941:	Abschuß einer Bristol Blenheim bei Tobruk über See.
14. Juni	1941:	Durch Motortreffer zur Notlandung auf eigenem Gebiet gezwungen.
16. Juni	1941:	Über Tobruk angeschossen. Rückkehr und Blindlandung auf eigenem Platz.
Juli	1941:	Beförderung zum Leutnant mit Wirkung vom 1.3.1941
24. Sept.	1941:	Abschuß einer Martin Maryland und vier Hurricanes.
3. Nov.	1941:	Ehrenpokal der Luftwaffe.
Nov. - Dez.	1941:	Verlegung auch der 3./JG 27 nach Deutschland zur Umrüstung auf die neue Me 109 F-4 Trop.
24. Nov.	1941:	Verleihung des Deutschen Kreuzes in Gold als erstem Flieger in Afrika nach fünfundzwanzig Luftsiegen.
4. Dez.	1941:	Rückkehr nach Afrika.
17. Dez.	1941:	Nach Rückkehr vom 35. und 36. Luftsieg Überreichung des Deutschen Kreuzes in Gold durch GFM A. Kesselring persönlich.
Dezember	1941:	Einlieferung ins Lazarett nach Athen.
21. Febr.	1942:	Abschuß zweier Curtiss über Acroma (50. Luftsieg).
22. Febr.	1942:	Verleihung des Ritterkreuzes des Eisernen Kreuzes.
März - Apr.	1942:	Urlaub in Deutschland.
April	1942:	Beförderung außer der Reihe zum Oberleutnant.
23. Mai	1942:	Über Luftraum Tobruk zwei Douglas Boston Bomber abgeschossen.
3. Juni	1942:	Binnen elf Minuten sechs Curtiss bei Bir Hacheim abgeschossen (75. Luftsieg).
6. Juni	1942:	Verleihung des 97. Eichenlaubs zum Ritterkreuz des Eisernen Kreuzes.
8. Juni	1942:	Ernennung zum Staffelkapitän der 3./JG 27.

17. Juni	1942:	Sechs Abschüsse binnen sieben Minuten. (Als 11. deutscher Jagdflieger erreichte Marseille den 100. und 101. Luftsieg.)
18. Juni	1942:	Verleihung des Eichenlaubs mit Schwertern zum Ritterkreuz des Eisernen Kreuzes als 12. Soldat der Wehrmacht (durch Adolf Hitler im FHQ Rastenburg/Ostpreußen persönlich überreicht an...).
19.6 - 21.8.	1942:	Urlaub in Deutschland. Treffen mit Hitler, Göring, Goebbels und Prof. Messerschmitt.
6. Aug.	1942:	Verleihung der höchsten italienischen Tapferkeitsauszeichnung, der Medaglia d'Oro (Goldene italienische Tapferkeitsmedaille) durch den Duce Benito Mussolini.
23. Aug.	1942:	Rückkehr nach Afrika.
1. Sept.	1942:	Bei drei Einsätzen dieses Tages über Imayid und Alam Halfa insgesamt 17 Luftsiege erzielt.
3. Sept.	1942:	Als 4. deutscher Soldat Auszeichnung mit den Brillanten zum Ritterkreuz des Eisernen Kreuzes mit Eichenlaub und Schwertern.
16. Sept.	1942:	Beförderung außer der Reihe zum zu dieser Zeit jüngsten Hauptmann der deutschen Wehrmacht.
26. Sept.	1942:	Sieben Luftsiege an der El Alamein-Front (Nr. 152 bis 158).
30. Sept.	1942:	Tödlicher Absturz ohne Feindeinwirkung um 11.36 Uhr 7 km südlich der weißen Moschee von Sidi Abd el Rahman wegen Triebwerkbrandes. Nach Absprung Aufprall gegen das Leitwerk.
2. Okt.	1942:	Beisetzung auf dem Heldenfriedhof in Derna.
	1955:	Überführung in das Ehrenmal des DAK bei Tobruk, wo er seine letzte Ruhestätte fand.

Gesamtfeindflüge:	382
Luftsiege:	158
Davon in Afrika:	151

Abgeschossene Gegner:

Jäger:	154
Bomber:	4

Ehrenpokal der Luftwaffe:	3. Nov. 1941	Eisernes Kreuz 1. Klasse
Deutsches Kreuz in Gold:	24. Nov. 1941	Eisernes Kreuz 2. Klasse
Ritterkreuz am:	22. Febr. 1942	Frontflugspange für Jäger in:
97. Eichenlaub am:	6. Juni 1942	Bronze, Silber, Gold
12. Schwerter am:	18. Juni 1942	Ärmelband Afrika
4. Brillanten am:	3. Sept. 1942	Deutsch-italienische Feld-
Leutnant am:	1. Juli 1941	zugsmedaille Afrika in Silber
Oberleutnant am:	April 1942	Medaglia d'Oro
Hauptmann am:	16. Sept. 1942	Italienisches Fliegerabzeichen

Die Luftsiege des Hauptmanns Hans-Joachim Marseille

1 Sa,	24.08.40		Spitfire		Kent
2 Mo,	02.09.40		Spitfire		Südengland
3 Mi,	11.09.40	17.05	Spitfire		Südostengland
4 So,	15.09.40		Hurricane		Themsemündung
5 Mi,	18.09.40		Spitfire		Südostengland
6 Fr,	27.09.40		Hurricane		London
7 Sa,	28.09.40		Spitfire		Südostengland
8 Mi,	23.04.41	12.50	Hurricane		Tobruk
9 Mo,	28.04.41	09.50	Blenheim	N	Tobruk über See
10 Do,	01.05.41	09.15	Hurricane		Ft. Acroma
11 Do,	01.05.41	09.25	Hurricane		Ft. Acroma
12 Di,	17.06.41	17.15	Hurricane	SO	Sidi Omar
13 Di,	17.06.41	18.45	Hurricane		Sidi Omar
14 Do,	28.08.41	18.00	Hurricane		Sidi Barani
15 Di,	09.09.41	17.12	Hurricane		Bucht von Sollum
16 Di,	09.09.41	17.18	Hurricane		Sidi Barani
17 Sa,	13.09.41	17.25	Hurricane	S	Bardia
18 So,	14.09.41	17.46	Hurricane	SO	El Sofafi
19 Mi,	24.09.41	13.30	Martin 167	N	Bardia über See
20 Mi,	24.09.41	16.45	Hurricane		Halfayapaß
21 Mi,	24.09.41	16.47	Hurricane		Halfayapaß
22 Mi,	24.09.41	16.51	Hurricane		Halfayapaß
23 Mi,	24.09.41	17.00	Hurricane	W	Buq Buq
24 So,	12.10.41	08.12	P-40		Bir Sheferzen
25 So,	12.10.41	08.15	P-40		Bir Sheferzen
26 Fr,	05.12.41	05.25	Hurricane		

27 Sa,	06.12.41	12.10	Hurricane	SSO	El Adem
28 Sa,	06.12.41	12.25	Hurricane	S	El Adem
29 So,	07.12.41	09.30	Hurricane	W	Sidi Omar
30 Mo,	08.12.41	08.15	P-40	SO	El Adem
31 Mi,	10.12.41	08.50	P-40	SO	El Adem
32 Do,	11.12.41	09.30	P-40	SO	Tmimi
33 Sa,	13.12.41	16.00	P-40	NO	Martuba
34 Sa,	13.12.41	16.10	P-40	NO	Tmimi
35 Mi,	17.12.41	11.10	P-40	WNW	Martuba
36 Mi,	17.12.41	11.28	P-40	SO	Derna
37 So,	08.02.42	08.22	P-40	ONO	Martuba
38 So,	08.02.42	08.25	P-40	N	Martuba
39 So,	08.02.42	14.20	P-40	NW	Bombabucht
40 So,	08.02.42	14.30	P-40		Bombabucht
41 Do,	12.02.42	13.30	P-40	NW	Tobruk
42 Do,	12.02.42	13.32	P-40	NW	Tobruk
43 Do,	12.02.42	13.33	P-40	NW	Tobruk
44 Do,	12.02.42	13.36	Hurricane	WNW	Tobruk
45 Fr,	13.02.42	09.20	Hurricane	SO	Tobruk
46 Fr,	13.02.42	09.25	Hurricane	OSO	Tobruk
47 So,	15.02.42	13.00	P-40	WSW	Gambut
48 So,	15.02.42	13.03	P-40	SW	Gambut
49 Sa,	21.02.42	12.10	P-40	W	Ft. Acroma
50 Sa,	21.02.42	12.18	P-40	NO	Ft. Acroma
51 Fr,	27.02.42	12.00	P-40	ONO	Ain el Gazala
52 Fr,	27.02.42	12.12	P-40	ONO	Ft. Acroma
53 Sa,	25.04.42	10.06	P-46	N	Ain el Gazala
54 Sa,	25.04.42	10.08	P-46	N	Ain el Gazala über See
55 So,	10.05.42	09.13	Hurricane	SO	Martuba
56 So,	10.05.42	09.15	Hurricane	SO	Martuba
57 Mi,	13.05.42	10.10	P-40	SO	Ain el Gazala
58 Mi,	13.05.42	10.15	P-40	OSO	Ain el Gazala
59 Sa,	16.05.42	18.05	P-40	O	Ain el Gazala
60 Sa,	16.05.42	18.15	P-46		Ft. Acroma
61 Di,	19.05.42	07.20	P-46	SW	Ft. Acroma
62 Di,	19.05.42	07.30	P-46	S	Ft. Acroma
63 Sa,	23.05.42	11.05	Douglas DB-7		Tobruk
64 Sa,	23.05.42	11.06	Douglas DB 7		Tobruk

65 Sa, 30.05.42	06.05	P-40	NW	El Adem
66 So, 31.05.42	07.26	P-40	N	Bir Hacheim
67 So, 31.05.42	07.28	P-40	W	Bir el Harmat
68 So, 31.05.42	07.34	P-40	SW	Ft. Acroma
69 Mo, 01.06.42	19.15	P-40	SW	Mteifel Chebir
70 Mi, 03.06.42	12.22	P-40	W	Bir Hacheim
71 Mi, 03.06.42	12.25	P-40	W	Bir Hacheim
72 Mi, 03.06.42	12.27	P-40	W	Bir Hacheim
73 Mi, 03.06.42	12.28	P-40	W	Bir Hacheim
74 Mi, 03.06.42	12.29	P-40	W	Bir Hacheim
75 Mi, 03.06.42	12.33	P-40	W	Bir Hacheim
76 So, 07.06.42	16.10	P-40	SW	El Adem
77 So, 07.06.42	16.13	P-40	NO	El Adem
78 Mi, 10.06.42	07.35	P-40	NW	Bir Hacheim
79 Mi, 10.06.42	07.41	P-40	N	Bir Hacheim
80 Mi, 10.06.42	07.45	P-40	N	Bir Hacheim
81 Mi, 10.06.42	07.50	P-40	N	Bir Hacheim
82 Do, 11.06.42	16.25	P-40	SO	Ft. Acroma
83 Do, 11.06.42	16.35	Hurricane	SW	El Adem
84 Sa, 13.06.42	08.10	P-40	W	El Adem
85 Sa, 13.06.42	18.11	P-40	W	El Adem
86 Sa, 13.06.42	18.14	P-40	NNO	El Adem
87 Sa, 13.06.42	18.15	Hurricane	NO	El Adem
88 Mo, 15.06.42	18.01	P-40	NO	El Adem
89 Mo, 15.06.42	18.02	P-40	NNW	El Adem
90 Mo, 15.06.42	18.04	P-40	NNO	El Adem
91 Mo, 15.06.42	18.06	P-40	NO	El Adem
92 Di, 16.06.42	18.02	Hurricane	SW	El Adem
93 Di, 16.06.42	18.10	P-40	O	El Adem
94 Di, 16.06.42	18.11	P-40	SW	El Adem
95 Di, 16.06.42	18.13	P-40	W	El Adem
96 Mi, 17.06.42	12.02	P-40	N	Ras Azeiz
97 Mi, 17.06.42	12.04	P-40	N	Ras Azeiz
98 Mi, 17.06.42	12.05	Hurricane	N	Ras Azeiz
99 Mi, 17.06.42	12.08	Hurricane	SO	Sidi Omar
100 Mi, 17.06.42	12.09	Hurricane	SO	Sidi Omar
101 Mi, 17.06.42	12.12	Spitfire	SO	Sidi Omar
102 Mo, 31.08.42	10.03	Hurricane	SSO	El Alamein
103 Mo, 31.08.42	10.04	Hurricane	SSO	El Alamein

104 Mo, 31.08.42	18.25	Spitfire	O	El Alamein
105 Di, 01.09.42	08.26	P-40	SSO	Imayid
106 Di, 01.09.42	08.28	P-40	SSO	Imayid
107 Di, 01.09.42	08.35	P-40	SO	Imayid
108 Di, 01.09.42	08.39	Spitfire	OSO	Imayid
109 Di, 01.09.42	10.55	P-40	SO	Alam Halfa
110 Di, 01.09.42	10.56	P-40	SO	Alam Halfa
111 Di, 01.09.42	10.58	P-40	SO	Alam Halfa
112 Di, 01.09.42	10.59	P-40	OSO	Alam Halfa
113 Di, 01.09.42	11.01	P-40	OSO	Alam Halfa
114 Di, 01.09.42	11.02	P-40	O	Alam Halfa
115 Di, 01.09.42	11.03	P-40	OSO	Alam Halfa
116 Di, 01.09.42	11.05	P-40	OSO	Alam Halfa
117 Di, 01.09.42	17.47	P-40	S	Imayid
118 Di, 01.09.42	17.48	P-40	SO	Imayid
119 Di, 01.09.42	17.49	P-40	SO	Imayid
120 Di, 01.09.42	17.50	P-40	SSO	Imayid
121 Di, 01.09.42	17.53	P-40	SSW	Imayid
122 Mi, 02.09.42	09.16	P-46	SO	Imayid
123 Mi, 02.09.42	09.18	P-46	SSO	Imayid
124 Mi, 02.09.42	09.24	Spitfire	S	Imayid
125 Mi, 02.09.42	15.18	P-46	SO	El Alamein
126 Mi, 02.09.42	15.21	P-46	SO	El Alamein
127 Do, 03.09.42	07.20	P-46	SW	El Hammam
128 Do, 03.09.42	07.23	Spitfire	SW	El Hammam
129 Do, 03.09.42	07.28	Spitfire	SW	El Hammam
130 Do, 03.09.42	15.08	P-46		Imayid
131 Do, 03.09.42	15.10	P-40	SW	Imayid
132 Do, 03.09.42	15.42	P-46	SSO	El Alamein
133 Sa, 05.09.42	10.48	Spitfire	SO	El Alamein
134 Sa, 05.09.42	10.49	Spitfire	SO	El Alamein
135 Sa, 05.09.42	10.51	Spitfire	SSO	Imayid
136 Sa, 05.09.42	11.00	P-46	SSO	Imayid
137 So, 06.09.42	17.03	P-46	SO	El Alamein
138 So, 06.09.42	17.14	P-46	SSW	El Alamein
139 So, 06.09.42	17.16	P-46	SSW	El Alamein
140 So, 06.09.42	17.20	Spitfire	SSW	El Alamein
141 Mo,07.09.42	17.43	P-46	SO	El Alamein
142 Mo,07.09.42	17.45	P-46	SW	El Hammam

143 Fr,	11.09.42	07.40	P-46	SO	El Alamein
144 Fr,	11.09.42	07.42	P-46	WSW	Imayid
145 Di,	15.09.42	16.51	P-46	SW	El Alamein
146 Di,	15.09.42	16.53	P-46	SW	El Alamein
147 Di,	15.09.42	16.54	P-46	SW	El Alamein
148 Di,	15.09.42	16.57	P-46	SW	El Alamein
149 Di,	15.09.42	16.59	P-46	SW	El Alamein
150 Di,	15.09.42	17.01	P-46	SW	El Alamein
151 Di,	15.09.42	17.02	P-46	SW	El Alamein
152 Sa,	26.09.42	09.10	P-40	SW	El Alamein
153 Sa,	26.09.42	09.13	Spitfire	SW	El Alamein
154 Sa,	26.09.42	09.15	Spitfire	SSW	El Alamein
155 Sa,	26.09.42	09.16	Spitfire	SSW	El Alamein
156 Sa,	26.09.42	15.56	Spitfire	SW	Imayid
157 Sa,	26.09.42	15.59	Spitfire	SSO	Imayid
158 Sa,	26.09.42	16.10	Spitfire	S	El Hammam

Diese Daten wurden zusammengestellt nach

Prien, Jochen: Geschichte des JG 77, Teil 1,Hamburg 1992
und
Ring,Hans/Shores, Christopher: Luftkampf zwischen Sand und Sonne, Stuttgart 1978

Do, 4. Juni 1942	Hauptmann Müncheberg errang am 2. Juni seinen 80, Oberleutnant Marseille am 3. Juni in Nordafrika seinen 70. bis 75. Luftsieg.
Fr, 12. Juni 1942	Oberfeldwebel Steinbatz errang an der Ostfront seinen 95., Oberleutnant Marseille in Nordafrika seinen 78. bis 81. Luftsieg.
Do, 18. Juni 1942	Oberleutnant Marseille schoß in Nordafrika innerhalb vierundzwanzig Stunden zehn feindliche Flugzeuge ab und erhöhte damit die Zahl seiner Luftsiege auf 101.
Fr, 4. Sept. 1942	Oberleutnant Marseille, Staffelkapitän in einem Jagdgeschwader, errang am 2. September an der ägyptischen Front seinen 125. Luftsieg, nachdem er in Luftkämpfen des vorangegangenen Tages 16 (17) britische Gegner bezwungen hatte.
Mi, 16.Sept. 1942	An der ägyptischen Front errang Oberleutnant Marseille seinen 145. bis 151. Luftsieg.
Do, 1 . Okt. 1942	Hauptmann Hans-Joachim Marseille, Träger der höchsten deutschen Tapferkeitsauszeichnung, fand, unbesiegt vom Feind, auf dem nordafrikanischen Kriegsschauplatz den Fliegertod. Erfüllt von unbändigem Angriffsgeist, hat dieser junge Offizier in Luftkämpfen 158 britische Gegner bezwungen. Die Wehrmacht betrauert den Verlust eines wahrhaft heldenhaften Kämpfers.

Filmberichte über Hans-Joachim Marseille in:
"Die Deutsche Wochenschau" vom:

Mi, 17. Juni 1942	Oberst Galland, Inspekteur der Jagdflieger, besucht das JG 27 in Afrika . Rückkehr des Eichenlaubträgers Oberleutnant Marseille vom Feindflug in Nordafrika. Er errang bisher 87 Luftsiege.
Mi, 1. Juli 1942	Verleihung der 12. Schwerter mit Eichenlaub zum Ritterkreuz des Eisernen Kreuzes an Oberleutnant Marseille durch Adolf Hitler im Führerhauptquartier in Rastenburg/Ostpreußen nach 101 Luftsiegen.
Mi, 9. Sept. 1942	Oberleutnant Marseille kehrt vom Feindflug in Nordafrika zurück. Der "Führer" hat ihm nach 125 Luftsiegen als vierten Soldaten der Wehrmacht die Brillanten, die höchste deutsche Tapferkeitsauszeichnung, verliehen. Kürzlich gelang es ihm, an einem Tage 16 (17) britische Flugzeuge abzuschießen.
Mi, 30. Sept. 1942	Brillantenträger Hauptmann Marseille wird in Nordafrika von Generalfeldmarschall Erwin Rommel empfangen. Er hat bisher 158 Luftsiege errungen.

Brillanten zum Ritterkreuz mit Eichenlaub und Schwertern:

4. Träger Hptm. Hans-Joachim Marseille	am 03. Sept. 1942

Schwerter zum Ritterkreuz mit Eichenlaub:

12. Träger Hptm. Hans-Joachim Marseille	am 18. Juni 1942
130. Träger Hptm. Ernst-Wilhelm Reinert	am 30. Jan. 1945
144. Träger Major Werner Schröer	am 19. Apr. 1945

Eichenlaub zum Ritterkreuz:

39. Träger Hptm. Erbo Graf von Kageneck	am 26. Okt. 1941
97. Träger Oblt. Hans-Joachim Marseille	am 06. Juni 1942
255. Träger Major Gustav Rödel	am 20. Juni 1943
267. Träger Hptm. Joachim Kirschner	am 02. Aug. 1943
268. Träger Hptm. Werner Schröer	am 02. Aug. 1943
289. Träger Oblt. Wolf-Udo Ettel	am 31. Aug. 1943
365. Träger Oblt. Hans-Arnold Stahlschmidt	am 03. Jan. 1944
527. Träger Oblt. Willy Kientsch	am 20. Juli 1944
736. Träger Hptm. Herbert Schramm	am 11. Febr. 1945

Das Ritterkreuz des Eisernern Kreuzes:

Hptm. Wilhelm Balthasar	am 14. Juni 1940
Oblt. Karl-Heinz Bendert	am 30. Dez. 1942
Major Ernst Börngen	am 27. Juli 1944
Major Ernst Düllberg	am 20. Juli 1944
Major Ludwig Franzisket	am 20. Juli 1941
Lt. Fritz Gromotka	am 28. Jan. 1945
Major Gerhard Homuth	am 14. Juni 1941
Generalmajor Max Ibel	am 22. Aug. 1940
Hptm. Erbo Graf von Kageneck	am 30. Juli 1941
Oblt. Willy Kientsch	am 22. Nov. 1943
Oblt. Friedrich Körner	am 06. Sept. 1942
Hptm. Hans-Joachim Marseille	am 22. Febr. 1942
Major Karl-Wolfgang Redlich	am 09. Juli 1941
Hptm. Hans Remmer	am 09. Juni 1944
Oberst Gustav Rödel	am 22. Juni 1941
Hptm. Joachim Schlichting	am 14. Dez. 1940

Hptm. Herbert Schramm	am 06. Aug. 1941
Major Werner Schröer	am 21. Okt. 1942
Oblt. Otto Schulz	am 22. Febr. 1942
Obtl. Hans-Arnold Stahlschmidt	am 20. Aug. 1942
Lt. Günther Steinhausen	am 03. Nov. 1942
Major Dr. Peter Werfft	am 28. Jan. 1945
Oberst Bernhard Woldenga	am 05. Juli 1941

Zum Geschwader gehörende Flieger, die diese Auszeichnung vor oder nach ihrer Zugehörigkeit zum Geschwader erhielten:

Hptm. Walter Adolph (beim JG 26)	am 13. Nov. 1940
Ofw. Heinrich Bartels (beim JG 5)	am 13. Nov. 1942
Major Diethelm v. Eichel-Streiber(beim JG 51)	am 05. Apr. 1944
Oblt. Wolf-Udo Ettel (beim JG 3)	am 01. Juni 1943
GenLt. Adolf Galland (beim JG 26)	am 29. Juli 1940
Hptm. Günther Hannak (beim JG 77)	am 01. Juli 1942
Major Erich Hohagen (beim JG 77)	am 06. Okt. 1941
Hptm. Joachim Kirschner (beim JG 3)	am 23. Dez. 1942
Hptm. Herbert Kutscha (beim S.K.G. 210)	am 24. Sept. 1942
Hptm. Wolfgang Lippert (beim JG 27)	am 24. Sept. 1940
Major Walter Matoni (beim JG 2)	am 16. Dez. 1944
OLt. Wolfgang Schellmann (beim JG 2)	am 18. Sept. 1940
Major Heinrich Setz (beim JG 77)	am 31. Dez. 1941
Major Wilhelm Steinmann (beim JG 4)	am 28. März 1945
OLt. Franz Woidich (beim JG 52)	am 11. Juni 1944

(Dienstgrade sind die letzten, nicht jene zur Zeit der Verleihungen.)

Jagdgeschwader 27

Stellenbesetzung vom April 1941 bis Mai 1943

Kommodore:

Oberst Max Ibel	bis zum 14. Okt. 1940
Maj. Bernhard Woldenga	bis zum 02. Nov. 1940
Maj. Wolfgang Schellmann	bis zum 22. Juni 1941
Maj. Bernhard Woldenga	bis zum 07. Juni 1942

OLt. Eduard Neumann	bis zum 22. Apr. 1943
Oberst Gustav Rödel	bis zum 29. Dez. 1944
Maj. Ludwig Franzisket	bis zum 07. Mai 1945
I. Gruppe:	
Maj. Eduard Neumann	bis zum 07. Juni 1942
Hptm. Gerhard Homuth	bis zum 11. Nov. 1942
Hptm. Heinrich Setz	bis zum 13. März 1943
Hptm. Hans-Joachim Heinecke	bis zum 07. Apr. 1943
Hptm. Erich Hohagen	bis zum 15. Juli 1943
1. Staffel:	
Hptm. Karl-Wolfgang Redlich	bis zum 01. Dez 1941
Hptm. Ludwig Franzisket	bis zum 31. Okt. 1942
Hptm. Hans Remmer	bis zum 02. Apr. 1944
2. Staffel:	
Hptm. Erich Gerlitz	bis zum 25. Dez. 1941
Oblt. Fritz Keller	bis zum 30. März 1942
Hptm. Ernst Maack	bis zum 15. Juli 1942
Lt. Hans-Arnold Stahlschmidt	bis zum 07. Sept. 1942
Hptm. Josef Janssen	bis zum 30. Juni 1944
3. Staffel:	
Oblt. Gerhard Homuth	bis zum 01. Juni 1941
Oblt. Ludwig Franzisket (i.V.)	bis zum 15. Aug. 1941
Hptm. Gerhard Homuth	bis zum 08. Juni 1942
Hptm. Hans-Joachim Marseille	bis zum 30. Sept. 1942
Oblt. Josef Schlang	bis zum 06. Jan. 1943
Oblt. Karl von Lieres und Wilkau	bis zum 11. Juni 1943
II. Gruppe	
Hptm. Wolfgang Lippert	bis zum 23. Nov. 1941
Oblt. Gustav Rödel	bis zum 25. Dez. 1941
Hptm. Erich Gerlitz	bis zum 20. Mai 1942
Hptm. Gustav Rödel	bis zum 20. Apr. 1943
Hptm. Werner Schröer	bis zum 13. März 1944

4. Staffel:

Oblt. Gustav Rödel	bis zum 20. Mai 1942
Oblt. Ferdinand Vögl	bis zum 20. Juli 1943

5. Staffel:

Hptm. Ernst Düllberg	bis zum 26. Mai 1942
Hptm. Ernst Börngen	bis zum 16. Juli 1943

6. Staffel:

Oblt. Rolf Strössner	bis zum Jan. 1942
Oblt. Emmerich Fluder	bis zum 31.Mai 1942
Oblt. Rudolf Sinner	bis zum 31. Mai 1943

III. Gruppe:

Hptm. Max Dobislav	bis zum Okt. 1941
Hptm. Erhard Braune	bis zum Okt. 1942
Hptm. Ernst Düllberg	bis zum 30. Sept. 1944

7. Staffel:

Oblt. Erhard Braune	bis zum Okt. 1941
Oblt. Erich Gerlitz	bis zum Dez. 1941
Oblt. Hermann Tangerding	bis zum 31. Aug. 1942
Lt. Erich Schöfbeck	bis zum 13. Okt. 1942
Oblt. Willi Althoff	bis zum 24. Okt. 1942
Oblt. Günther Hannak	bis zum 05. Mai 1943

8. Staffel:

Oblt. Hans Lass	bis zum Juni 1942
Hptm. Werner Schröer	bis zum 19. Apr. 1943

9. Staffel:

Oblt. Erbo Graf von Kageneck	bis zum 24. Dez. 1941
Lt. Klaus Faber	bis zum 30. Jan. 1942
Hptm. Hans-Joachim Heinecke	bis zum März 1943
Hptm. Frank-Werner Rott	bis zum Juni 1943

IV. Gruppe:
Diese Gruppe wurde nicht in Afrika eingesetzt. Sie wurde im Mai 1943 in Griechenland aufgestellt und kämpfte bis März 1944 auf dem Balkan. Ihre

letzten Einsatzorte waren Steinamanger in Ungarn und an der Westfront. (Die Auflösung dieser Gruppe erfolgte im März 1945.)

Flugzeugführer des JG 27 mit zehn und mehr Luftsiegen:

Hptm. Erhard Braune	14
Oblt. Emil Clade	26
Lt. Hans-Gunnar Culeman	14 (vermißt)
Hptm. Max Dobislav	15
Major Ernst Düllberg	33 (insg. 50)
Ofw. Albert Espenlaub	14 (gefallen)
Oblt. Gert Framm	10
Maj. Ludwig Franzisket	43
GenLt. Adolf Galland	12 (insg. 104)
Hptm. Erich Gerlitz	15 (gefallen)
Lt. Fritz Gromotka	27
Fw. Viktor Gruber	10
Hptm. Hans-Joachim Heinecke	10 (insg. 28)
Lt. Friedrich Hoffmann	11 (gefallen)
Hptm. Erich Hohagen	1 (insg. 55)
Hptm. Gerhard Homuth	61 (insg. 63, gefallen)
Fw. Hans Jürgens	11 (gefallen)
Oblt. Erbo Graf von Kageneck	67 (gefallen)
Oblt. Emil Kaiser	13
Oblt. Karl-Heinz Kapp	10 (gefallen)
Hptm. Friedrich Keller	13
Lt. Gerhard Keppler	12
Oblt. Willi Kientsch	52 (gefallen)
Hptm. Joachim Kirschner	13 (insg. 188)
Oblt. Friedrich Körner	36 (Gefangenschaft)
Lt. Willi Kothmann	13 (vermißt)
Uffz. Erich Krainik	12 (gefallen)
Ofw. Herbert Krenz	11 (vermißt)
Oblt. Hans Lass	14
Oblt. Karl von Lieres und Wilkau	31 (gefallen)
Hptm. Wolfgang Lippert	14 (insg. 25, gefallen)
Lt. Hans Löffler	11 (vermißt)
Hptm. Hans-Joachim Marseille	151 (insg. 158)
Hptm. Otto Meyer	15 (insg. 21, gefallen)

Ofw. Alfred Müller	15 (gefallen)
FJ-Ofw. Hermann Müller	10
Oberst Eduard Neumann	11 (insg. 13)
Ofw. Hans Niederhöfer	12
Lt. Alexander Ottnad	13 (Gefangenschaft)
Maj. Karl-Wolfgang Redlich	37 (insg. 43, gefallen)
Hptm. Hans Remmer	26 (gefallen)
Lt. Horst Reuter	21
Lt. Hans Richter	21 (gefallen)
Oberst Gustav Rödel	52 (insg. 98)
Oblt. Heinrich Rosenberg	11 (insg. 12)
Ofw. Erwin Sawallisch	24 (insg. 38, gefallen)
Oblt. Eberhard Schade	11 (vermißt)
Fw. Georg Schanz	10
Lt. Hans Schliedermann	14 (gefallen)
Lt. Bernd Schneider	23 (vermißt)
Lt. Erich Schöfbeck	12 (vermißt)
Maj. Werner Schröer	95 (insg. 114)
Oblt. Otto Schulz	51 (vermißt)
Ofw. Alfred Schulze	10
Maj. Rudolf Sinner	32 (insg. 39)
Oblt. Hans-Arnold Stahlschmidt	60 (vermißt)
Lt. Günther Steinhausen	40 (vermißt)
Lt. Heinrich Steis	21 (gefallen)
Oblt. Franz Stiegler	28
Lt. Gustav Sturm	16 (insg. 21)
Oblt. Hermann Tangerding	11 (gefallen)
Hptm. Ferdinand Vögl	31 (insg. 33)
Hptm. Peter Werfft (Wessely)	26
Oblt. Wilhelm Wiesinger	10 (gefallen)
Oblt. Max Winkler	21
Lt. Karl Wünsch	22 (vermißt)

Die erste Zahl bedeutet die beim JG 27 erzielten Luftsiege.
(Tabellen siehe auch: Ring, Hans und Girbig, Werner: Jagdgeschwader 27, 7. Auflage, Stuttgart 1991).

Deutsche Luftwaffenverbände in Afrika

Die 1. Wüstennotstaffel

Stand: 1. Oktober 1942:

Staffelkapitän Hauptmann Heinz Kroseberg, von seinen Kameraden liebevoll Abu Makub (Vater der Storche) genannt, weil er mit Hilfe seines Fieseler "Storches" viele in der Wüste in Not geratene Flieger vor dem Verdursten gerettet hat, wird seit dem 12. Mai 1942 über dem Mittelmeer mit seiner Fi 156 vermißt. An diesem Tag waren fünfzehn Ju 52 Transportflugzeuge über dem Mittelmeer abgeschossen worden. Hauptmann Kroseberg beteiligte sich an der Suche nach noch im Meer schwimmenden Kameraden. Es wurde beobachtet, wie er einem der im Wasser treibenden Männer seine eigene Schwimmweste zuwarf. Dieses war seine letzte Rettungstat und auch das Letzte, was man von ihm gesehen hat. Sein Tod wurde von allen Afrikafliegern außerordentlich bedauert. Für seine großen Verdienste wurde ihm am 19. Juni 1942 posthum das Ritterkreuz verliehen.

Jäger:

Stab JG 27	in Turbiya	mit Me 109 F und G
I./JG 27	z. Zt. Sizilien auf dem Weg nach Afrika	mit Me 109 F und G
II./JG 27	Quotaifiya	mit Me 109 F und G
III./JG 27	Bir el Abd	mit Me 109 F und G
III./JG 53	verließ Afrika am 27. Oktober 1942	mit Me 109 F und G
I./JG 77	auf dem Weg nach Afrika	mit Me 109 F und G
Jagdkommando Kreta	Kastelli	mit Me 109 F und G
Jagdkommando Barce	Barce	mit Me 109 F und G
Jagdkommando Tobruk	Tobruk	mit Me 109 F und G
III./JG 26	Kastelli	
8. Staffel	in Derna	mit Me 110 C
10./ZG 26	Kastelli	mit Ju 88

Jagdbomber:		
I./StG 2	Bir el Abd	mit Me 109 E
Nahaufklärer:		
4.(H)/12	Bir el Abd	mit Me 109 E und F
Fernaufklärer:		
1.(F)/121	Fuka-Nord	mit Ju 88
2.(F)/123	Kastelli	mit Ju 88
Kampfverbände:		
Korpskette	10. FlK. Kastelli	mit He 111, Fi 156
Stab/LG 1	Heraklion	mit Ju 88
I./LG 1	Heraklion	mit Ju 88
II./LG 1	Heraklion	mit Ju 88
III./KG 77	auf dem Weg nach Afrika	mit Ju 88
Sturzkampfflieger:		
Stab StG 3	Quasaba	mit Ju 87
I./StG 3	Quasaba	mit Ju 87
III./StG 3	Quasaba	mit Ju 87
Seeflieger:		
2./125	Sudabucht	mit Ar 196

Kurzdaten der in Afrika eingesetzten Jagdflugzeuge:
(beider Seiten)

Type:	Bewaffnung:	Geschwindigkeit:	Gipfelhöhe:
Me 109 F-4 Trop.	1 x 20 mm und 2 x 7,9 mm	544 km/h	11.000 m
Me 109 G-1 Trop.	1 x 20 mm und 2 x 12,7 mm	621 km/h	12.100 m
Ju 88 C-6	3 x 20 mm und 3 x 7,9 mm	500 km/h	9.900 m
Hurricane II C	4 x 20 mm	507 km/h	9.150 m
Hurricane II D	2 x 37 mm und 2 x 7,7 mm	460 km/h	7.800 m
Spitfire V	2 x 20 mm und 4 x 7,7 mm	579 km/h	11.300 m
Curtiss Kittyhawk III	6 x 12,7 mm	583 km/h	8.500 m
Curtiss P-40 F (Warhawk)	6 x 12,7 mm	586 km/h	10.500 m

(Angaben nach Ring/Shores)

Die Dienstgrade der deutschen Luftwaffe

1. Mannschaften und Unteroffiziere

Flieger
Gefreiter
Obergefreiter
Hauptgefreiter
Stabsgefreiter
Unteroffizier
Feldwebel
Oberfeldwebel
Hauptfeldwebel
Stabsfeldwebel

2. Offiziersanwärter

Fahnenjunker - Gefreiter
Fahnenjunker - Obergefreiter
Fahnenjunker - Unteroffizier
Fahnenjunker - Feldwebel
Fahnenjunker - Oberfeldwebel
Fähnrich
Oberfähnrich

3. Offiziere

Leutnant
Oberleutnant
Hauptmann
Major
Oberstleutnant
Oberst
Generalmajor
Generalleutnant
General (d. Flieger)
Generaloberst
Generalfeldmarschall
Reichsmarschall

Verbandsbezeichnungen der deutschen Luftwaffe

Stand: 1940 - 1942
Geschwader = drei Gruppen zu je drei Staffeln + Stabsschwarm

I. Gruppe	II. Gruppe	III. Gruppe
1. Staffel	4. Staffel	7. Staffel
2. Staffel	5. Staffel	8. Staffel
3. Staffel	6. Staffel	9. Staffel

Verband	Anzahl der Flugzeuge	Dienststellung
Geschwader	120 Flugzeuge	Kommodore
Gruppe + Stabsschwarm	48 Flugzeuge	Gruppenkommandeur
Staffel	12 Flugzeuge	Staffelkapitän
Schwarm	4 Flugzeuge	Schwarmführer
Kette	3 Flugzeuge	
Rotte	2 Flugzeuge	Rottenführer

Verleihungsbedingungen der Auszeichnungen für Jagdflieger der deutschen Luftwaffe

Stand: 1942

Eisernes Kreuz II. Klasse	für 1 bis 3	Luftsiege
Eisernes Kreuz I. Klasse	für 5	Luftsiege
Ehrenpokal der Luftwaffe	für 10 bis 15	Luftsiege
Deutsches Kreuz in Gold	für 15 bis 25	Luftsiege
Ritterkreuz des Eisernen Kreuzes	für 40	Luftsiege
Eichenlaub	für 60 bis 75	Luftsiege
Eichenlaub mit Schwertern	für 100	Luftsiege
Brillanten	für 150	Luftsiege

Abkürzungsverzeichnis

a.a.O.	=	am angegebenen Ort
AD	=	Afrika-Division
a.D.	=	außer Dienst
Ar	=	Arado
Bf	=	Bayerische Flugzeugwerke
brit.	=	britische
cm	=	Zentimeter
DAK	=	Deutsches Afrika-Korps
FHQ	=	Führerhauptquartier
Fi	=	Fieseler
FlK	=	Fliegerkorps
Fw.	=	Feldwebel
Gen.d.Fl.	=	General der Flieger
Gen.Lt.	=	Generalleutnant
Gen.Maj.	=	Generalmajor
Gen.Oberst	=	Generaloberst
GFM	=	Generalfeldmarschall
GR	=	Grenadierregiment
Hptm.	=	Hauptmann
Ia	=	Erster Generalstabsoffizier
Ic	=	Dritter Generalstabsoffizier
i.G.	=	im Generalstab
JG	=	Jagdgeschwader
JgdKdo	=	Jagdkommando (Jägerkommando)
Ju	=	Junkers
KLG	=	Kampflehrgeschwader
KTB	=	Kriegstagebuch
LG	=	Lehrgeschwader
Lt.	=	Leutnant
Maj.	=	Major
Mc	=	Macchi (ital. Jägertyp)
Me	=	Messerschmitt
MG	=	Maschinengewehr
mot.	=	motorisiert
NJG	=	Nachtjagdgeschwader
OB	=	Oberbefehlshaber
Oblt.	=	Oberleutnant

OLt.	=	Oberstleutnant
Ofw.	=	Oberfeldwebel
OKH	=	Oberkommando des Heeres
OKW	=	Oberkommando der Wehrmacht
PD	=	Panzerdivision
PS	=	Pferdestärken
PR	=	Panzerregiment
PzArmee	=	Panzerarmee
PzBrig.	=	Panzerbrigade
PzGr.	=	Panzergruppe
RAAF	=	Royal Australian Air Force
RAF	=	Royal Airforce
RLM	=	Reichsluftfahrtministerium
RM	=	Reichsmarschall
SAAF	=	South African Air Force
StG	=	Sturzkampfgeschwader
TankRgt.	=	Tankregiment (brit.)
Uffz.	=	Unteroffizier
ZG	=	Zerstörergeschwader

Quellenangabe und Literaturverzeichnis
(im Auszug)

Alman, Karl:	Ritterkreuzträger des Afrikakorps, Rastatt 1987 (7. Auflage)
Alman, Karl:	Panzerschlacht bei Sidi Rezegh, Rastatt 1966
Altmann, Josef:	Ein Flieger, Freund und Kamerad: Hans-Joachim Marseille, i. Ms.
Bartz, L.:	Als der Himmel brannte, Hannover 1955
Bharucha, P.C.:	The North African Campaign 1940-1943, London 1948
Constable, Trevor und Toliver, R.F.:	Das waren die deutschen Jagdfliegerasse, Stuttgart 1975
Dettmann, Fritz:	Mein Freund Marseille, Berlin 1944
Deutsches Soldaten-jahrbuch:	Jahrgänge 1953 bis 1994, München
Fellgiebel, Walther-Peer:	Die Ritterkreuzträger des Eisernen Kreuzes 1939-1945, Friedberg 1986
Fraschka, Günter:	Mit Schwertern und Brillanten, München 1989
Fröhlich, Stefan:	Als Fliegerführer in Afrika, i.Ms an Verfasser
Galland, Adolf:	Die Ersten und die Letzten, München 1953
Gemeinschaft der Jagdflieger:	Jägerblatt, Jahrgänge 1962-1995
Haase, O.:	Vom Wesen des Jagdfliegers (Siehe Skawran) i. Ms.
Gollob, Gordon M.:	Fliegernachwuchs-Auslese, ZS 1962
Gollob, Gordon M.:	Gespräche mit dem Autor über die deutschen Jagdflieger, i. Ms.

Hagen, Hans Peter	Husaren des Himmels, Rastatt 1964
Harlinghausen, Martin:	Mein Einsatz in Afrika, i.Ms. an den Autor
Herington, John:	Air war against Germany and Italy 1939-1943, Canberra/Australien 1954
Holl, Hans:	Der Stern von Afrika, Rastatt 1975
Irving, David:	Rommel, Hamburg 1978
Jagdgeschwader 27:	Tagesbefehl vom 2. Oktober 1942
Jagdgeschwader 27:	An den Fliegerführer Afrika: Meldung eines Flugunfalles
Just, Günther:	Die ruhmreichen Vier, Hannover 1972
Kühn, Volkmar:	Mit Rommel in der Wüste, Stuttgart 1991, 9. Aufl.
Kurowski, Franz:	Das Afrikakorps, München 1978
Kurowski, Franz:	Berichte in: Die OASE 1968-1978
Kurowski, Franz:	Luftwaffe am Feind 1939-1945, Dülmen 1988
Kurowski, Franz:	Hans-Joachim Marseille, The Life Story of the Star of Afrika, Atglen, Pennsylvania, USA, 1994
Lange, Herbert:	Wie wir Marseille am Himmel über uns sahen, i. Ms. an den Autor
Marseille, Hans-Rudolf:	Mein Bruder Hans-Joachim Marseille. Tondokumente 1995
Meier, Horst:	"Elbe 1" unvergessen, i. Ms. an den Autor
Müller, Gerhard:	Das Panzerregiment 5 in Afrika, i. Ms.
Murphy, W.E.:	Point 175, The Battle of Sunday of the Dead 1941, Wellington, Neuseeland 1954
Musciano, Walter A.:	Die berühmte Me 109 und ihre Piloten, Stuttgart 1989
Neumann, Eduard:	Über Hans-Joachim Marseille in: Geschichte eines deutschen Jagdfliegers, History Films Nr. G 013
Neumann, Eduard:	Gedenkrede zur Namensgebung der Marseille-Kaserne in Uetersen

Neumann, Eduard:	Das Jagdgeschwader 27 in Afrika, Bericht in: Luftkampf zwischen Sand und Sonne
Nowarra, Heinz-Joachim:	Marseille Star of Africa, Sun Valley, California, USA, 1968
Oberbefehlshaber Süd:	Bericht der Flugunfalluntersuchungsstelle zum Tode von Hptm. Hans-Joachim Marseille vom 8. Okt. 1942, i. Ms.
Obermaier, Ernst:	Die deutsche Luftwaffe im Afrikafeldzug, Stuttgart 1979
Obermaier. Ernst:	Asse der Luftwaffe, München 1981
Obermaier, Ernst:	Die Ritterkreuzträger der Luftwaffe 1939-1945, Bd. II Stuka- und Schlachtflieger, 2. Auflage, Mainz 1988
Obermaier, Ernst:	Die Ritterkreuzträger der Luftwaffe 1939-1945, Bd. I Jagdflieger, 2. Auflage, Mainz 1989
Overy, R.J.:	The Air War 1939-1945, New York 1980
Panzenhagen, Albert:	Legionäre sehen Marseille über sich im Kampf um Marsa Matruk, i. Ms.
Prien, Jochen:	Geschichte des Jagdgeschwaders 77, Teil 1, Hamburg 1992
Richter, Franz:	Marseille und sein Rottenflieger Pöttgen: Ein dauerhaftes Gespann des Erfolges, i. Ms.
Rieckhoff, H.J.:	Trumpf oder Bluff, Genf 1945
Ring, Hans u. Shores, Christopher:	Luftkampf zwischen Sand und Sonne, Stuttgart 1969
Ring, Hans u. Girbig, Werner:	Jagdgeschwader 27, 7. Auflage, Stuttgart 1991
Rommel, Erwin:	Krieg ohne Haß, Heidenheim 1950
Schulz, Johann:	So fiel Bir Hacheim, München 1961
Schulz, Johann:	Oberst Ernst-Günther Baade, der Sieger von Bir Hacheim, München 1962
Schulze, Robert:	Wir nannten ihn Jochen, i. Ms.

Skawran, Prof. Dr. Paul Robert:	Ikaros, Persönlichkeit und Wesen des deutschen Jagdfliegers im 2. Weltkrieg, Steinebach am Wörthsee 1970
Skawran, Prof. Dr. Paul Robert:	Alter und Leistung in der Jagdfliegerei, Jägerblatt 7-8, 1954
Skawran, Prof. Dr. Paul Robert:	Das Hochleistungsalter der Jagdfliegerei, Jägerblatt 10-11 1962
Stahlschmidt, Hans-Arnold:	Briefe in die Heimat, i. Ms.
Stahlschmidt, Hilde:	Mein Sohn Hans-Arnold, Briefe, Berichte und Einsatzschilderungen, i. Ms. an den Autor
Stiller, Günter:	Der Playboy mit dem Ritterkreuz, Serie in Bild am Sonntag, Hamburg 1979
Südafrikanisches Panorama:	Nr. 147, Bonn, Oktober 1984
United Kingdom:	History of the Second World War, London 1956
Wehrmacht, Die:	Jahrgang 1942, Berlin 1942
Westphal, Siegfried:	Schicksal Nordafrika, 1954
Winter, Franz Florian:	Die verlorenen Adler, München 1993
Wirsing, Gieselher:	Das Zeitalter des Ikaros, Jena 1944
Witte, Helmut:	Marseille im Luftkampf von der Erde aus gesehen (aus dem Panzer), i. Ms.
Wolter, Udo:	Hauptmann Hans-Joachim Marseille, Serie in Revue, München, 1954
Wolz, Alwin:	Rommelnde Luftwaffenflak in Afrika, i. Ms. an den Autor
Wübbe, Walther:	Hans-Joachim Marseille - Ein Jagdfliegerleben, i. Ms.
Yindrich, I. J.:	Fortress Tobruk, London 1951
Zimmermann, K.:	Junge Jäger, in: DAS REICH 1942
Zink, J.:	Hat der Flieger Angst? ZS Zeitwende 1943

Dank und Bitte des Verlages und des Autors

Die Erstellung dieses Werkes wäre ohne zahlreiche Hilfe von vielen Ungenannten nicht möglich gewesen. Ihnen an dieser Stelle zu danken, ist Verlag und Autor ein besonderes Anliegen.

Ganz besonders hervorzuheben sind Herr Botschafter a.D. Franz Elles, Herr Prof. Dr. Ludwig Franzisket +, Herr Dipl. Bibliothekar Bernhard E. Köster, Herr Walter Matthiesen, Herr Oberst a.D. Eduard Neumann, Herr Ernst Obermaier, Herr Herbert Ring sowie Herr Fritz Kuhnd für die Überprüfung der technischen Details dieser Arbeit.

Eine wesentliche Hilfe leistete der Bruder des Verstorbenen, Herr Hans-Rudolf Marseille, der das Manuskript kritisch durcharbeitete.

Schließlich ist all jenen zu danken, die durch die Leihgabe von Bildern zur Veröffentlichung beitrugen und sich um die Erfassung des Manuskriptes intensiv kümmerten.

Zwangsläufig entspricht die Qualität zahlreicher Bilder, die vor über fünf Jahrzehnten angefertigt wurden, nicht immer den heutigen Anforderungen. Wir bitten um Verständnis.
Gleichzeitig danken wir im voraus für berichtigende Hinweise und weitere Bilder, die in einer hoffentlich bald folgenden Neuauflage berücksichtigt werden sollen.